Mie Washio

# Gestatten, ich bin's, Isoji

2



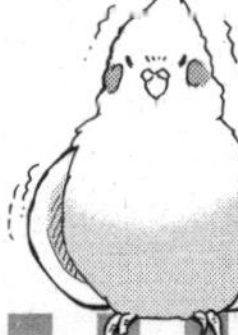

# INHALT

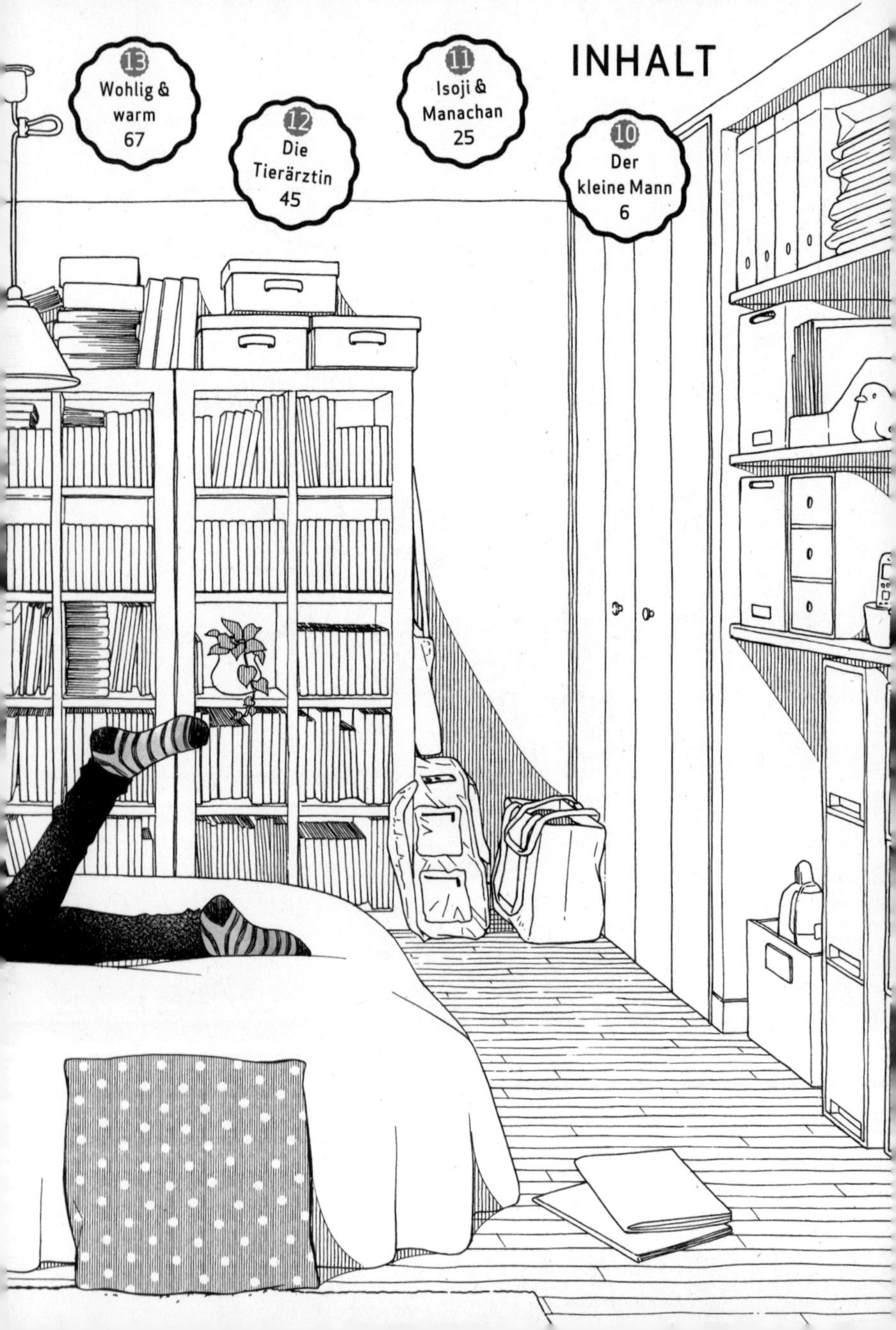

10 Der kleine Mann 6
11 Isoji & Manachan 25
12 Die Tierärztin 45
13 Wohlig & warm 67

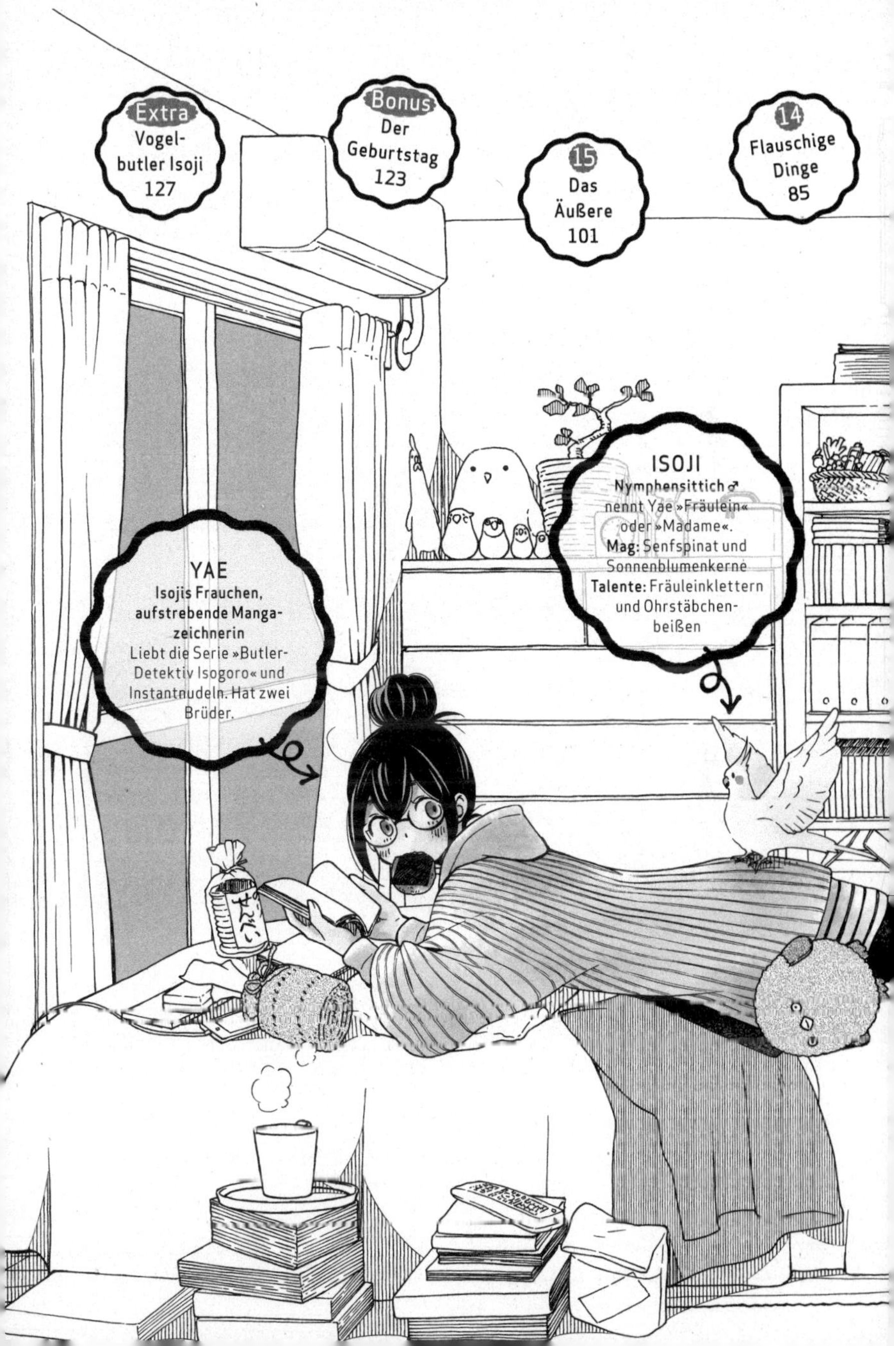
Extra
Vogel-
butler Isoji
127
Bonus
Der
Geburtstag
123
15
Das
Äußere
101
14
Flauschige
Dinge
85
ISOJI
Nymphensittich ♂
nennt Yae »Fräulein«
oder »Madame«.
Mag: Senfspinat und
Sonnenblumenkerne
Talente: Fräuleinklettern
und Ohrstäbchen-
beißen
YAE
Isojis Frauchen,
aufstrebende Manga-
zeichnerin
Liebt die Serie »Butler-
Detektiv Isogoro« und
Instantnudeln. Hat zwei
Brüder.

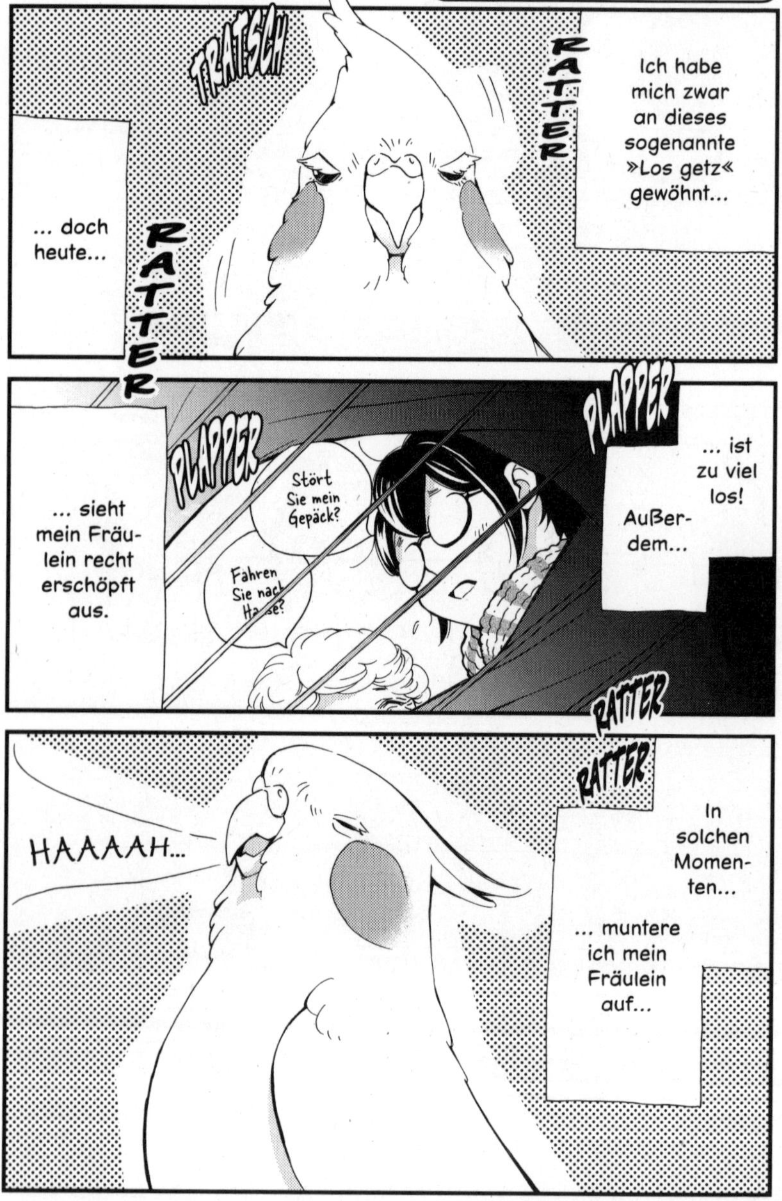
TRATSCH
RATTER
Ich habe mich zwar an dieses sogenannte »Los getz« gewöhnt...
... doch heute...
RATTER
PLAPPER
PLAPPER
... ist zu viel los!
Außerdem...
... sieht mein Fräulein recht erschöpft aus.
Stört Sie mein Gepäck?
Fahren Sie nach Ha se?
RATTER
RATTER
In solchen Momenten...
... muntere ich mein Fräulein auf...
HAAAAH...

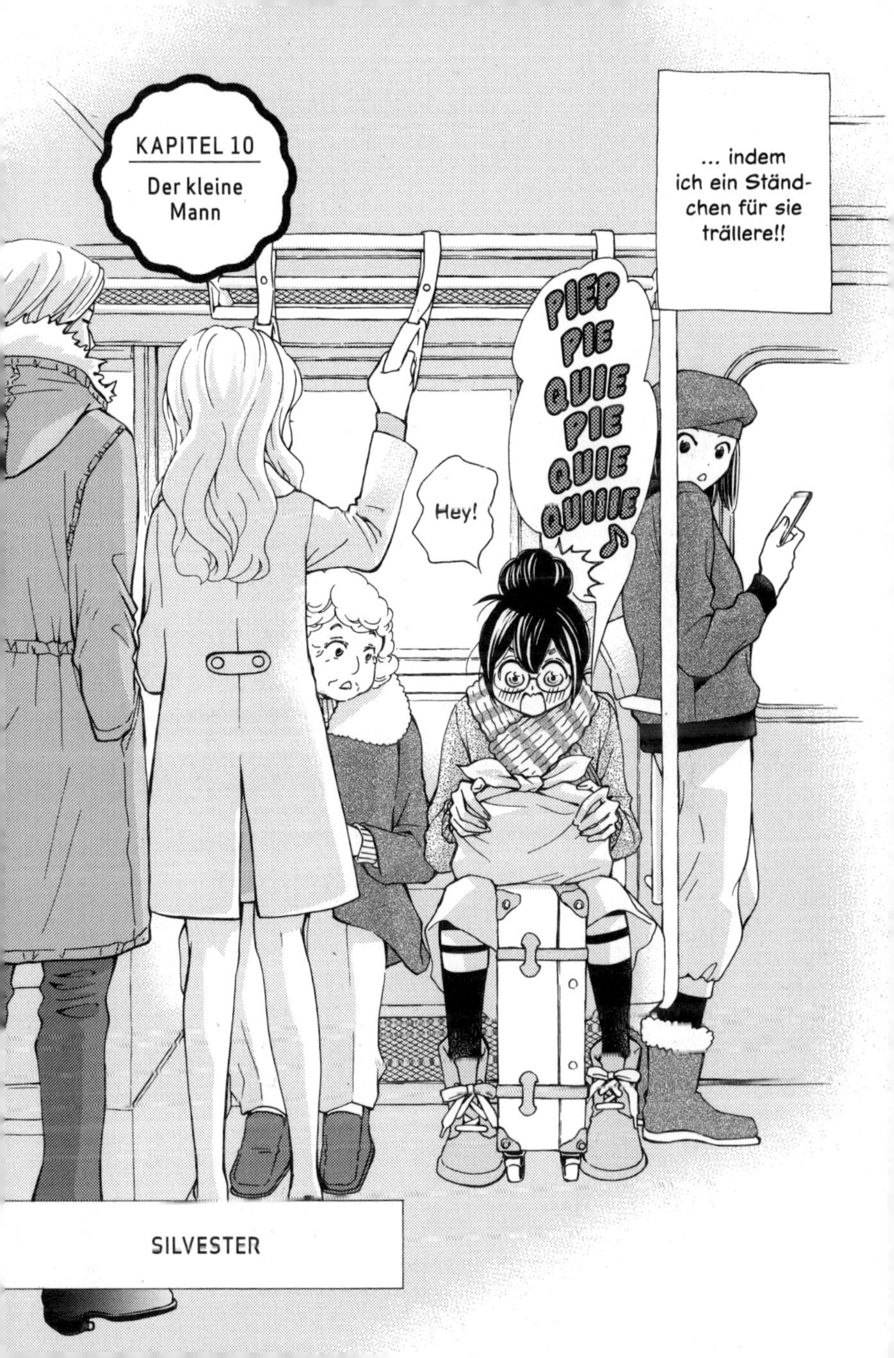
KAPITEL 10
Der kleine Mann
... indem ich ein Ständchen für sie trällere!!
PIEP PIE QUIE PIE QUIE QUIIIE ♪
Hey!
SILVESTER

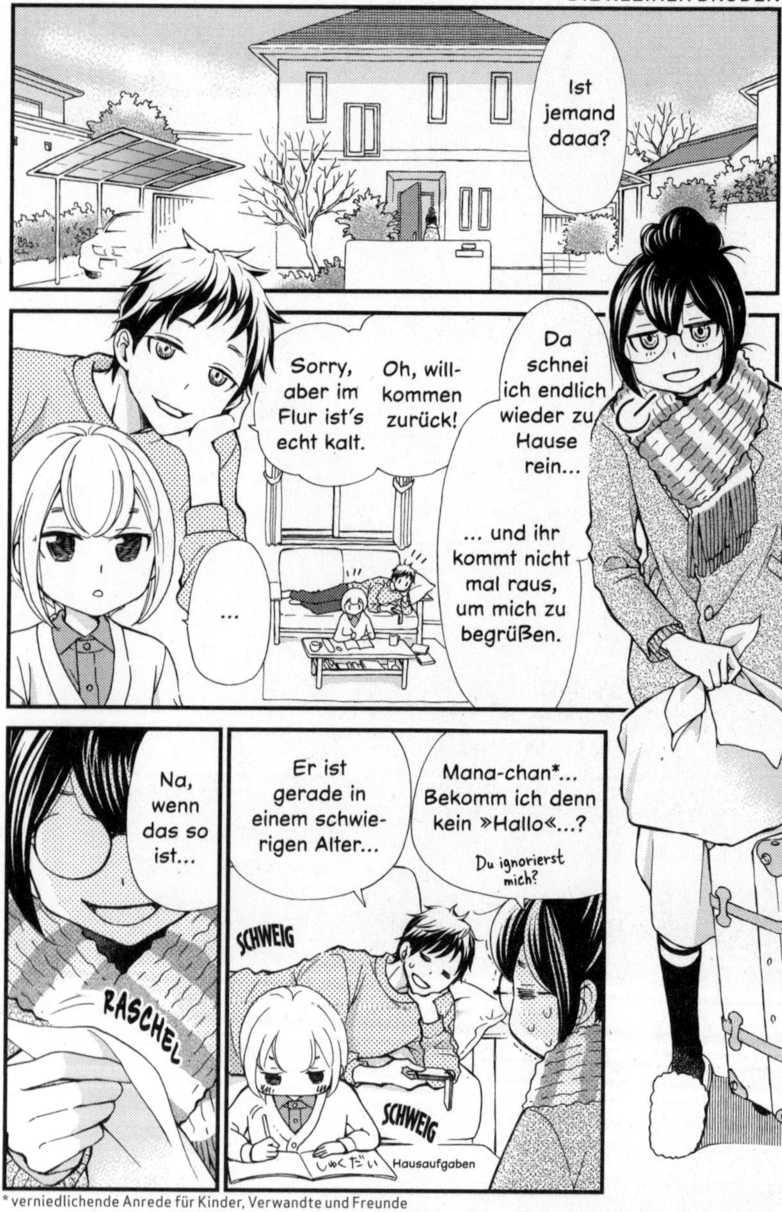


* verniedlichende Anrede für Kinder, Verwandte und Freunde

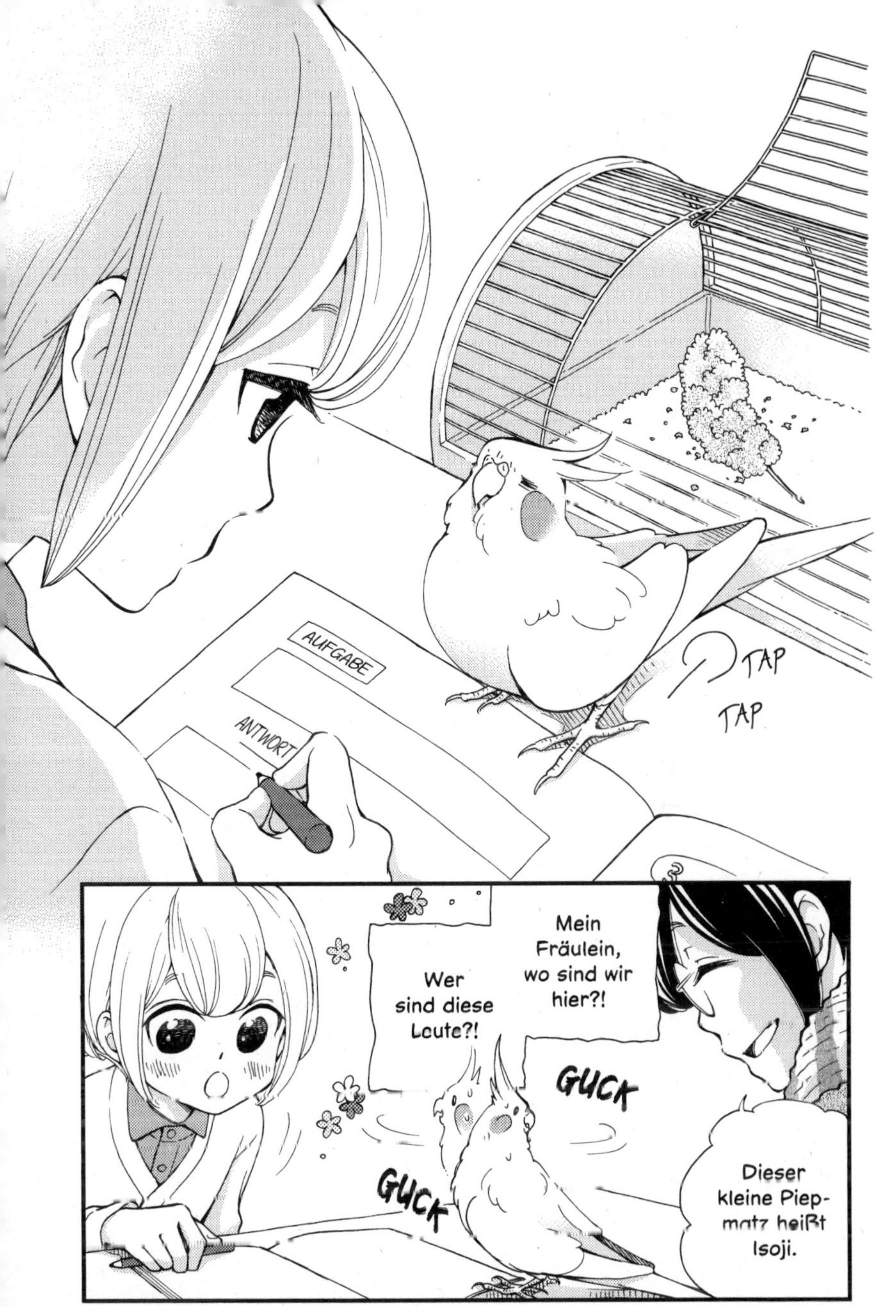
AUFGABE
ANTWORT
TAP
TAP
Mein Fräulein, wo sind wir hier?!
Wer sind diese Leute?!
GUCK
GUCK
Dieser kleine Piepmatz heißt Isoji.

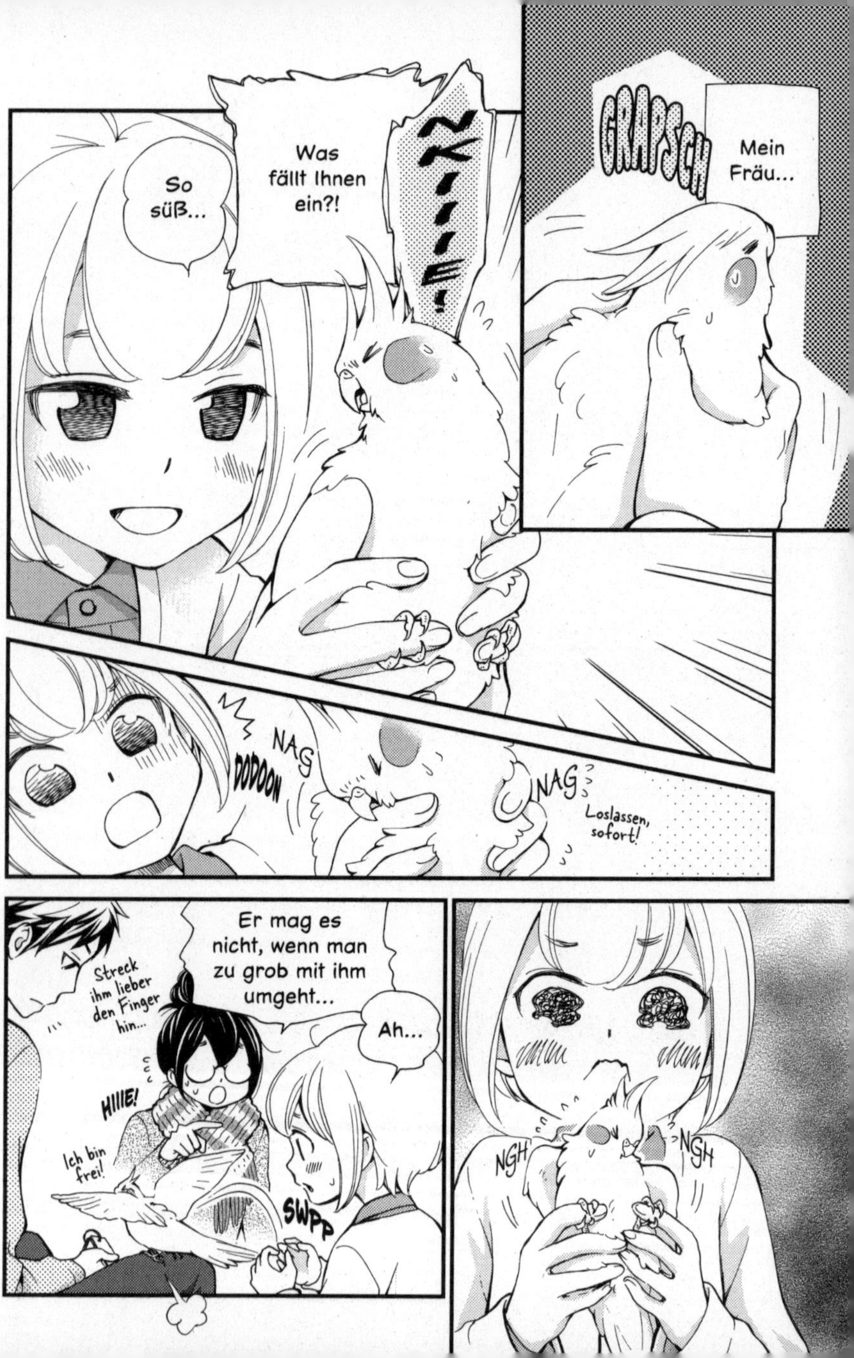

GRAPSCH
Mein Fräu...
NKIIIE!
Was fällt Ihnen ein?!
So süß...
NAG
NAG
Loslassen, sofort!
DODOON
Er mag es nicht, wenn man zu grob mit ihm umgeht...
Ah...
Streck ihm lieber den Finger hin...
HIIIE!
Ich bin frei!
SWPP
NGH
NGH

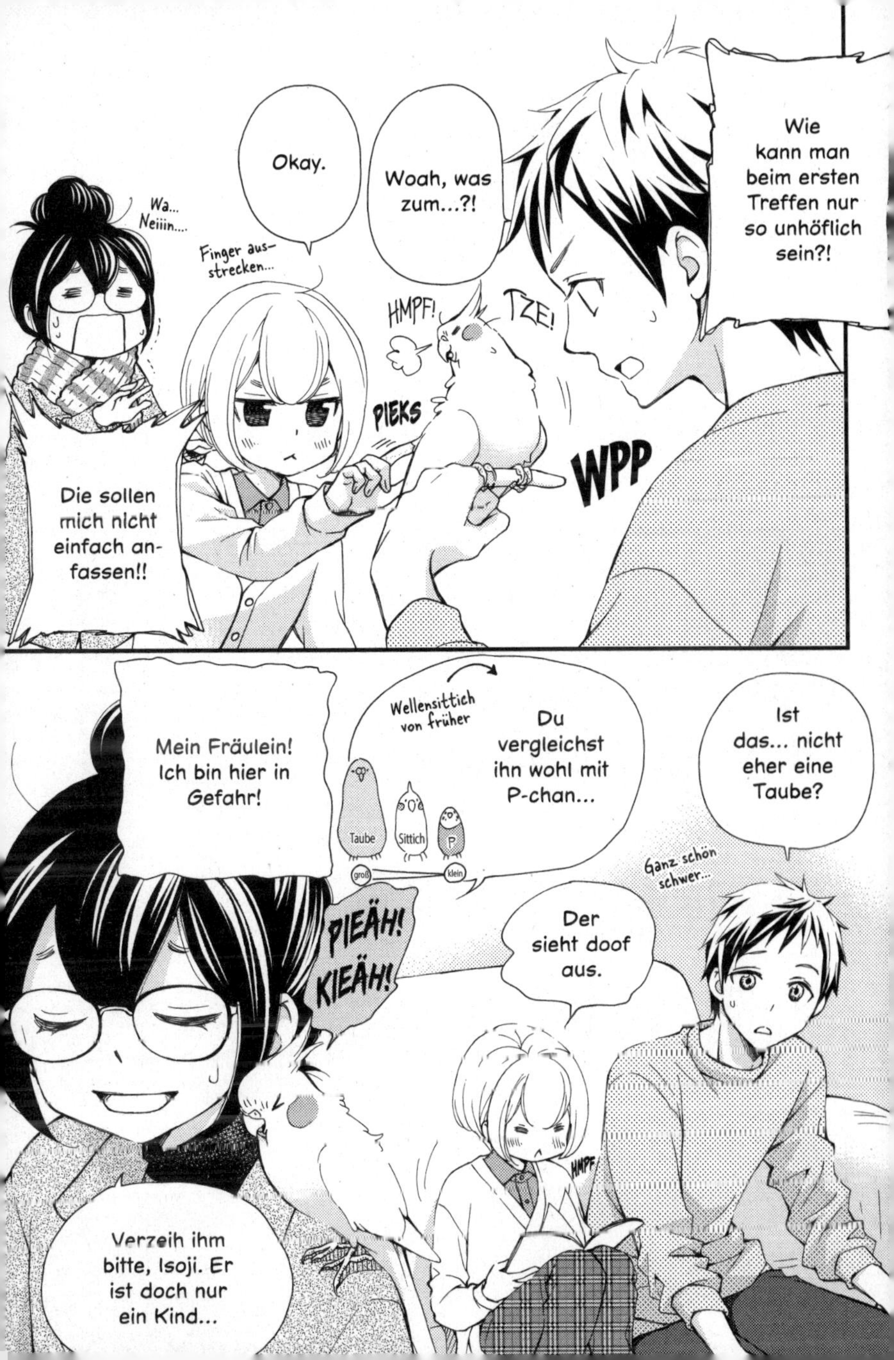
Wie kann man beim ersten Treffen nur so unhöflich sein?!
Woah, was zum...?!
Okay.
Finger aus-strecken...
Wa... Neiiin....
TZE!
HMPF!
PIEKS
WPP
Die sollen mich nicht einfach an-fassen!!
Ist das... nicht eher eine Taube?
Du vergleichst ihn wohl mit P-chan...
Wellensittich von früher
Taube
Sittich
P
groß
klein
Mein Fräulein! Ich bin hier in Gefahr!
Ganz schön schwer...
Der sieht doof aus.
PIEÄH! KIEÄH!
HMPF
Verzeih ihm bitte, Isoji. Er ist doch nur ein Kind...

SO STARK!

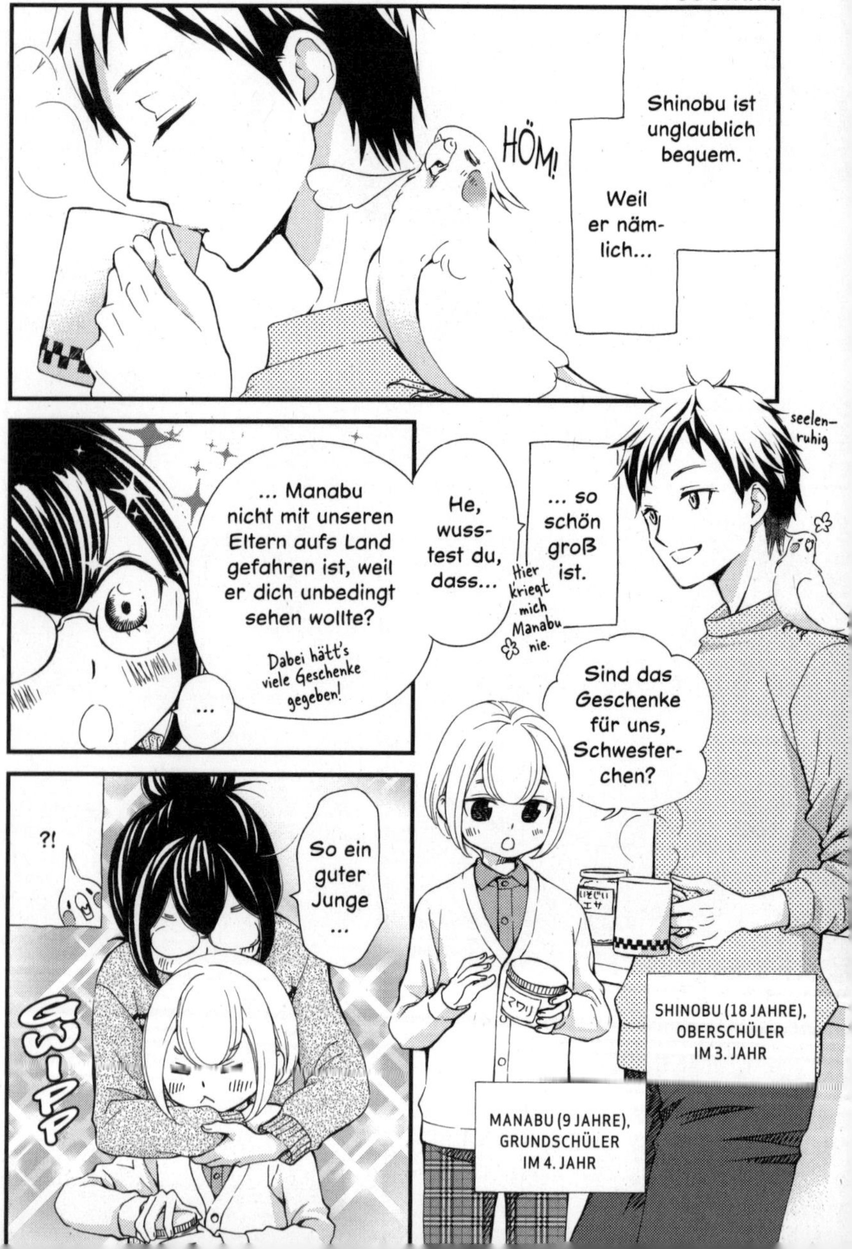
Shinobu ist unglaublich bequem.
Weil er nämlich...
HÖM!
seelenruhig
... so schön groß ist.
Hier kriegt mich Manabu nie.
He, wusstest du, dass...
... Manabu nicht mit unseren Eltern aufs Land gefahren ist, weil er dich unbedingt sehen wollte?
Dabei hätt's viele Geschenke gegeben!
...
Sind das Geschenke für uns, Schwesterchen?
SHINOBU (18 JAHRE), OBERSCHÜLER IM 3. JAHR
MANABU (9 JAHRE), GRUNDSCHÜLER IM 4. JAHR
So ein guter Junge ...
?!
GWIPP

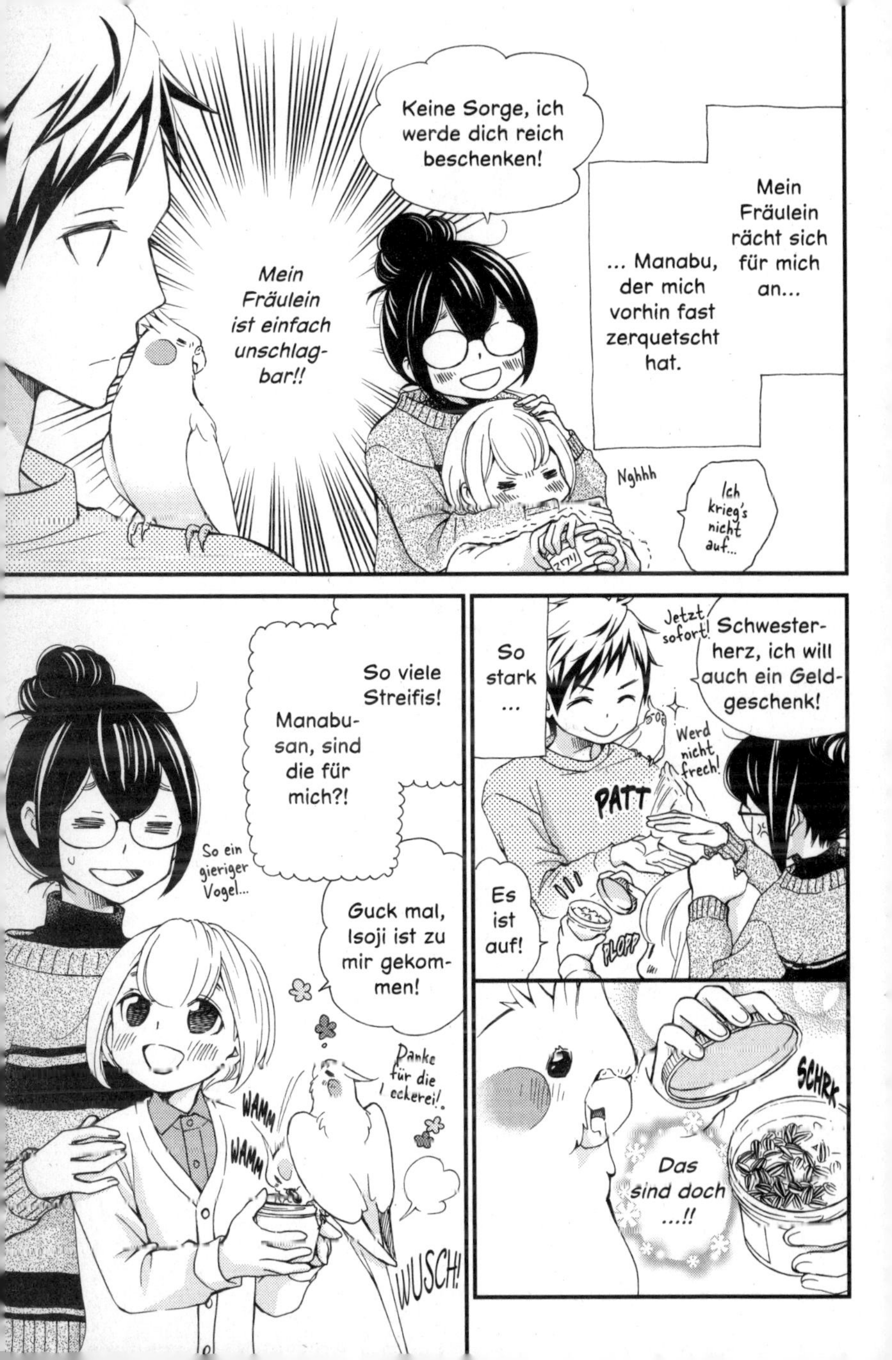
Mein Fräulein rächt sich für mich an...
... Manabu, der mich vorhin fast zerquetscht hat.
Nghhh
Ich krieg's nicht auf...
Keine Sorge, ich werde dich reich beschenken!
Mein Fräulein ist einfach unschlagbar!!
Schwester-herz, ich will auch ein Geld-geschenk!
Jetzt sofort!
Werd nicht frech!
PATT
So stark ...
Es ist auf!
PLOPP
SCHRK
Das sind doch ...!!
So viele Streifis!
Manabu-san, sind die für mich?!
So ein gieriger Vogel...
Guck mal, Isoji ist zu mir gekommen!
Danke für die Leckerei!
WAMM
WAMM
WUSCH!

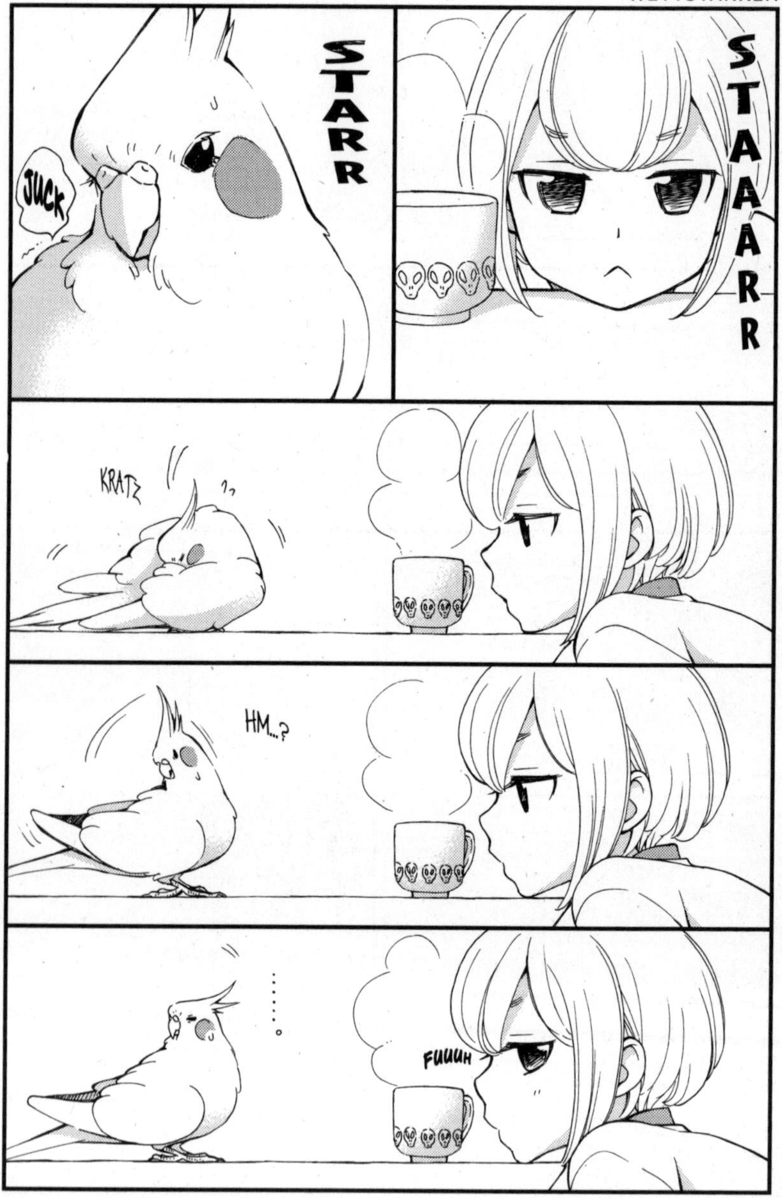
STAAARR
STARR
JUCK
KRATZ
HM...?
.......
FUUUH

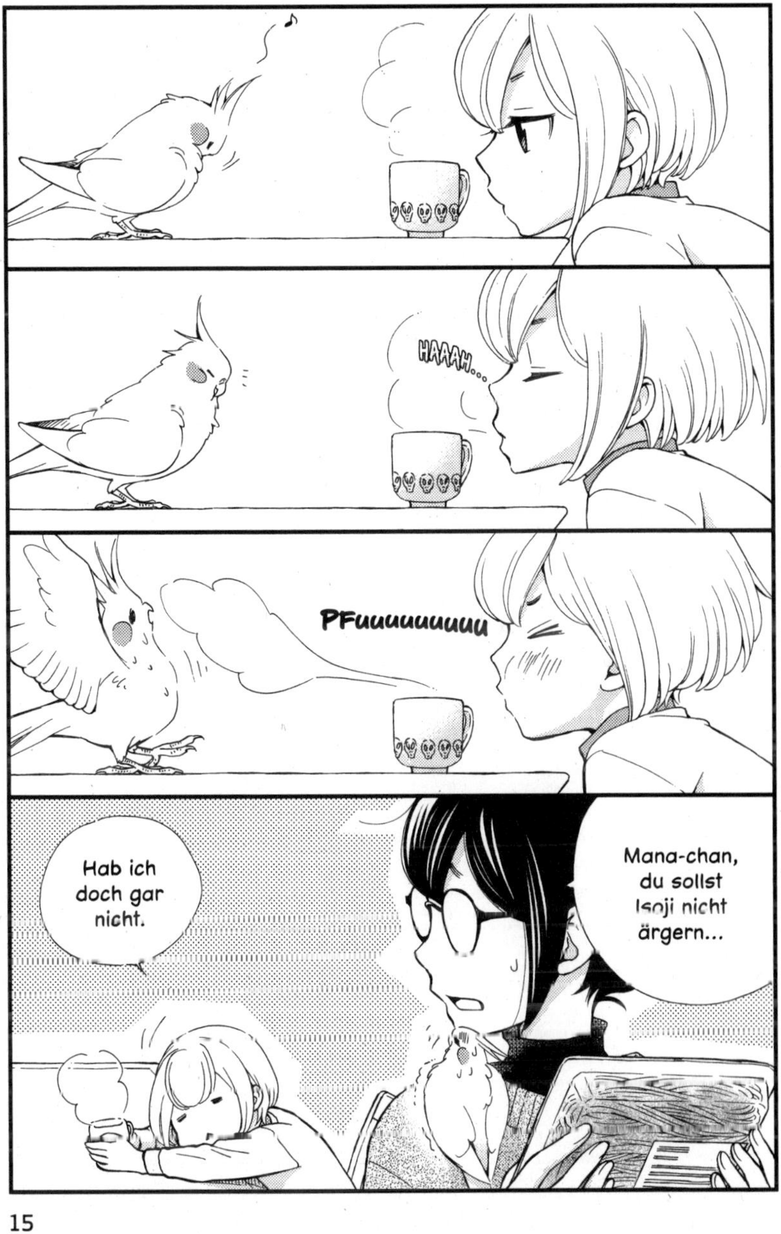
HAAAH...
PFuuuuuuuuu
Mana-chan, du sollst Isoji nicht ärgern...
Hab ich doch gar nicht.

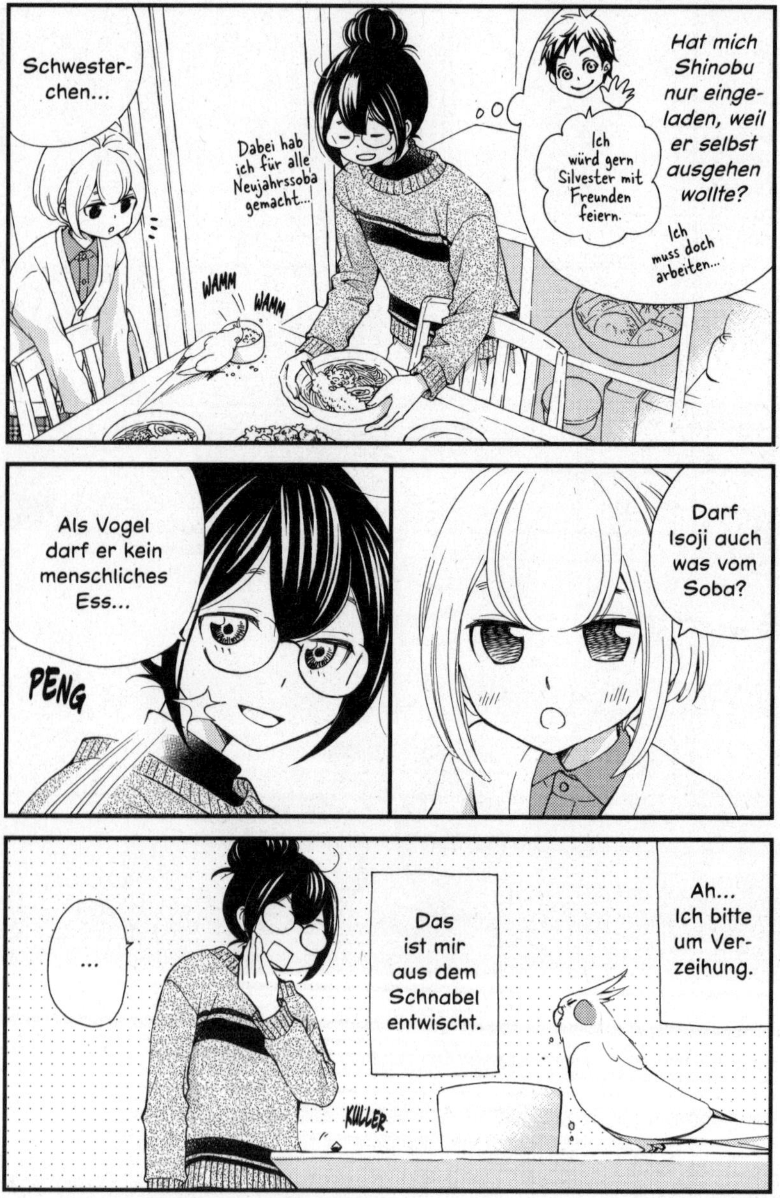

Hat mich Shinobu nur eingeladen, weil er selbst ausgehen wollte?
Ich würd gern Silvester mit Freunden feiern.
Ich muss doch arbeiten...
Dabei hab ich für alle Neujahrssoba gemacht...
WAMM
WAMM
Schwesterchen...
Darf Isoji auch was vom Soba?
Als Vogel darf er kein menschliches Ess...
PENG
Ah... Ich bitte um Verzeihung.
Das ist mir aus dem Schnabel entwischt.
KULLER
...

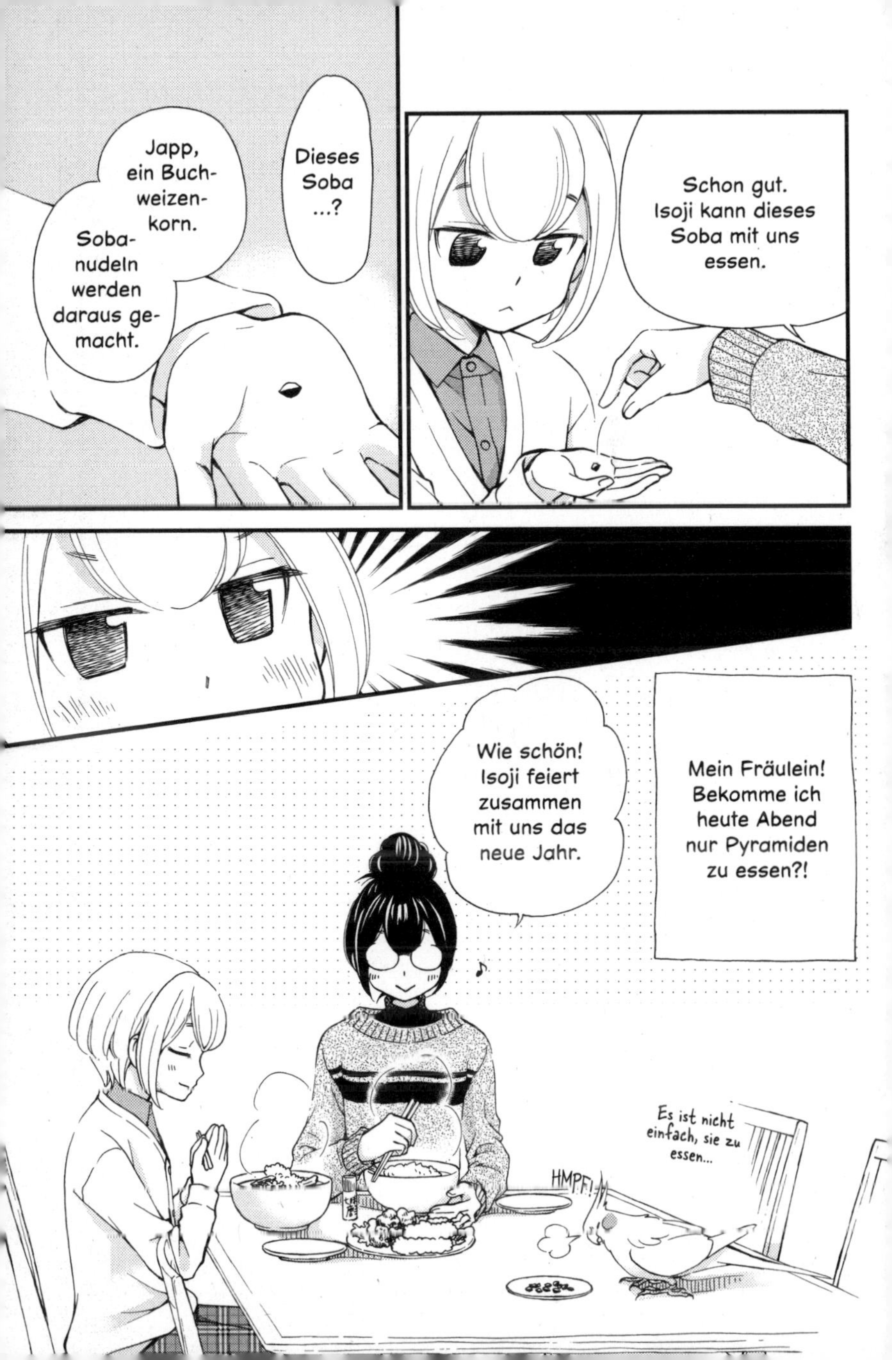
Dieses Soba ...?
Japp, ein Buchweizenkorn.
Sobanudeln werden daraus gemacht.
Schon gut. Isoji kann dieses Soba mit uns essen.
Wie schön! Isoji feiert zusammen mit uns das neue Jahr.
Mein Fräulein! Bekomme ich heute Abend nur Pyramiden zu essen?!
HMPF!
Es ist nicht einfach, sie zu essen...

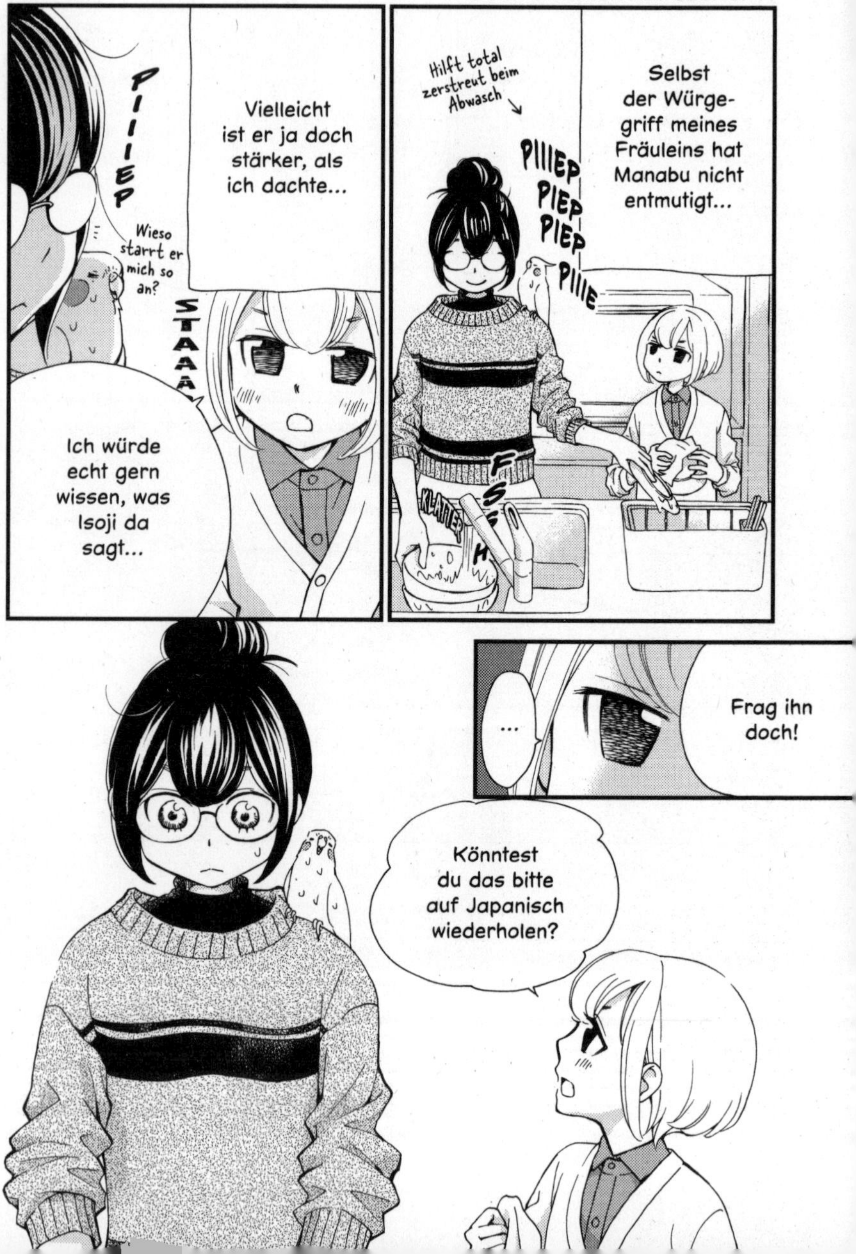
Selbst der Würgegriff meines Fräuleins hat Manabu nicht entmutigt...
Hilft total zerstreut beim Abwasch
PIIIEP PIEP PIEP PIIIE
FSSH
KLAPPER
Vielleicht ist er ja doch stärker, als ich dachte...
PIIIEP
Wieso starrt er mich so an?
STAAAA
Ich würde echt gern wissen, was Isoji da sagt...
Frag ihn doch!
...
Könntest du das bitte auf Japanisch wiederholen?

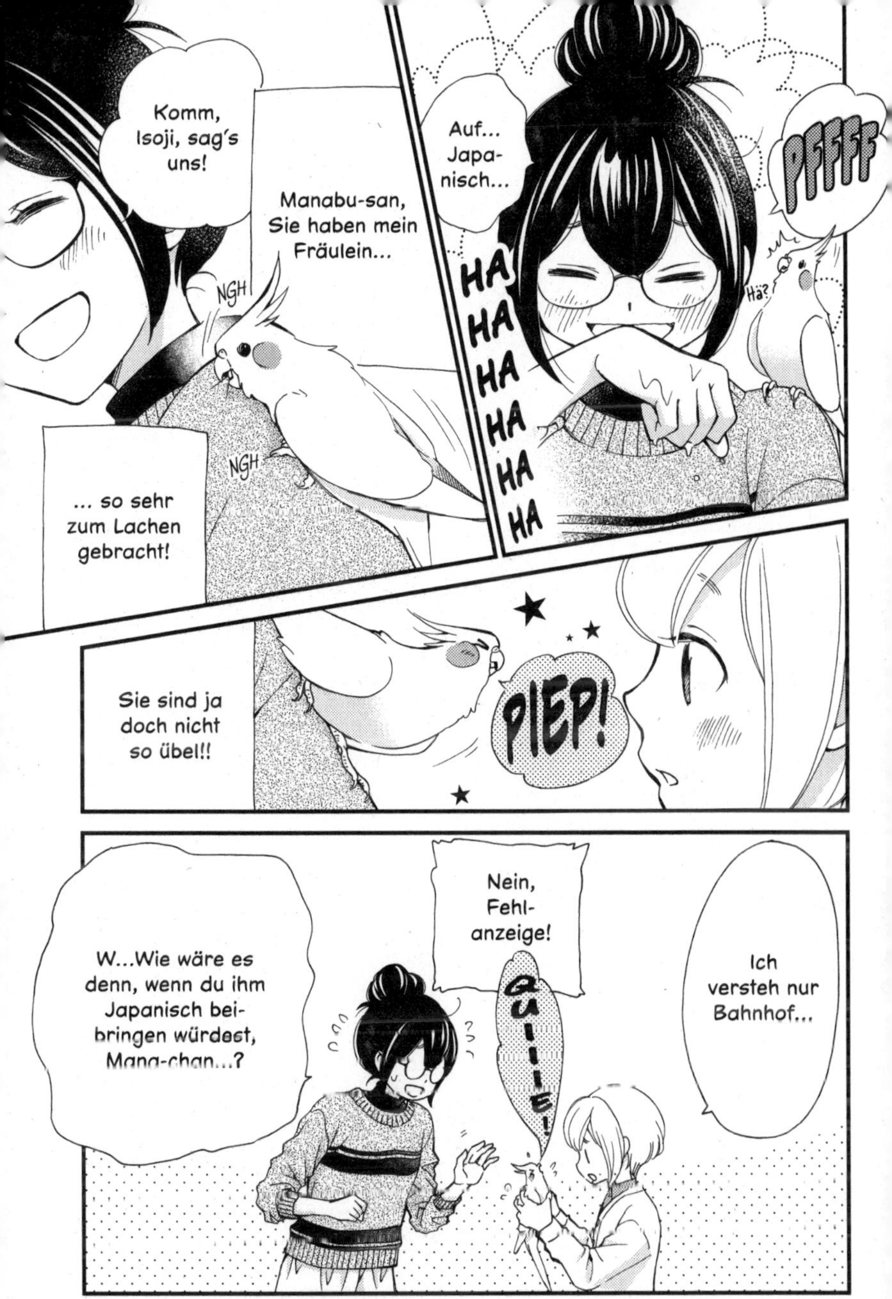
PFFFF
Auf... Japa-nisch...
HA HA HA HA HA HA HA HA
Hä?
Komm, Isoji, sag's uns!
Manabu-san, Sie haben mein Fräulein...
NGH
NGH
... so sehr zum Lachen gebracht!
PIEP!
Sie sind ja doch nicht so übel!!
Ich versteh nur Bahnhof...
Nein, Fehl-anzeige!
QUIIIE!
W...Wie wäre es denn, wenn du ihm Japanisch bei-bringen würdest, Mana-chan...?

## ICH WILL NUR SCHLAFEN...

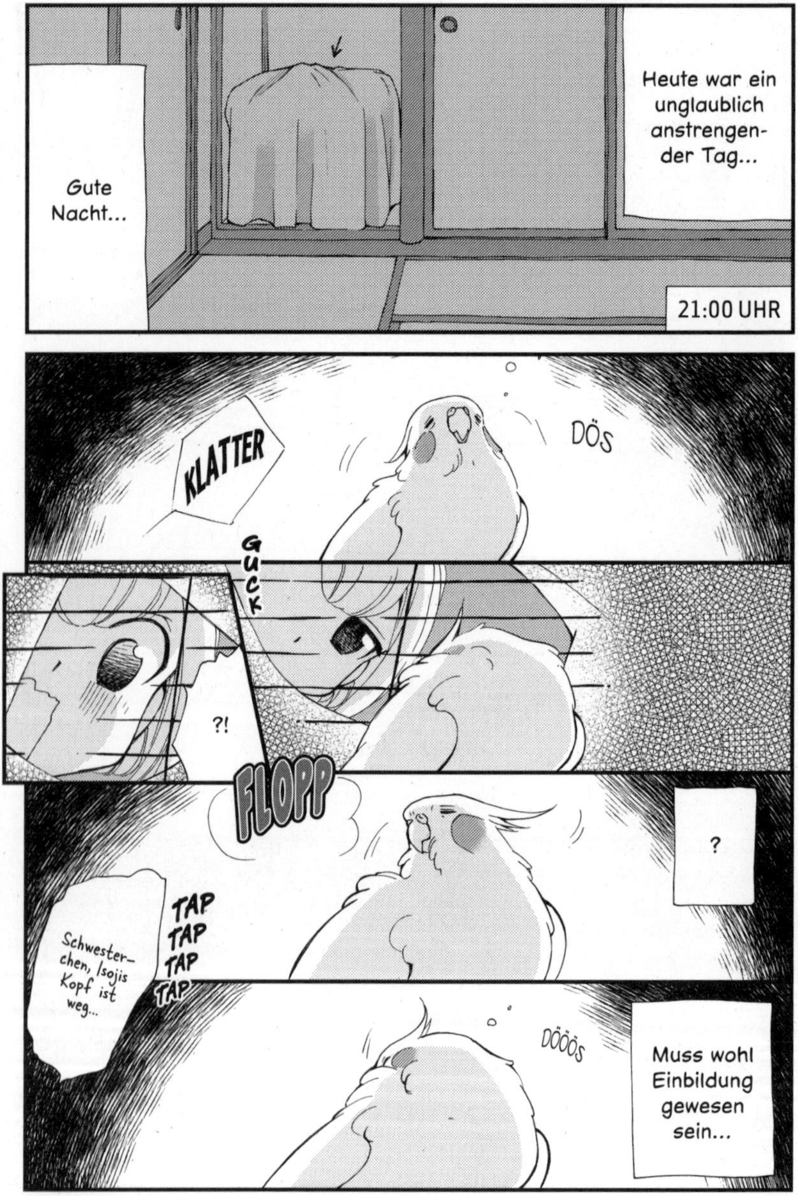

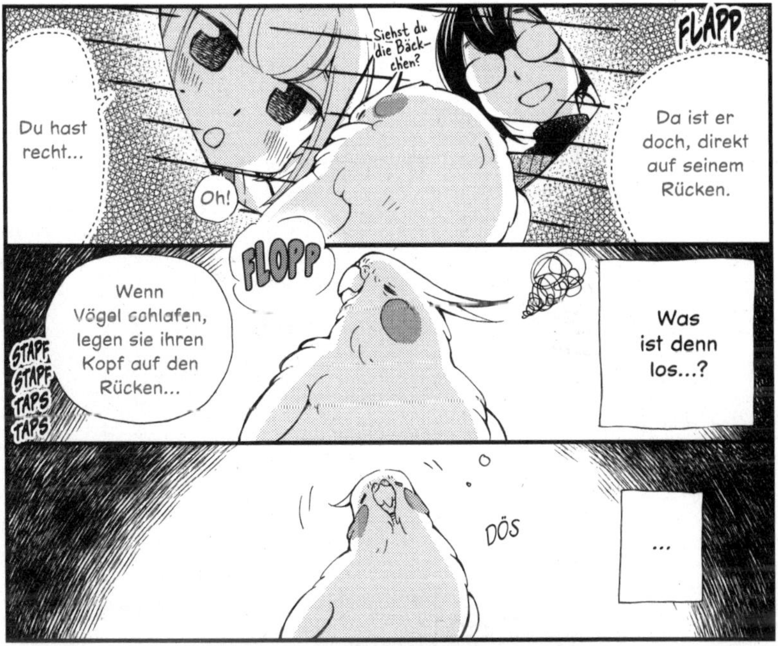
FLAPP
Da ist er doch, direkt auf seinem Rücken.
Siehst du die Bäck-chen?
Oh!
Du hast recht...
Was ist denn los...?
FLOPP
Wenn Vögel schlafen, legen sie ihren Kopf auf den Rücken...
STAPF STAPF TAPS TAPS
DÖS
...

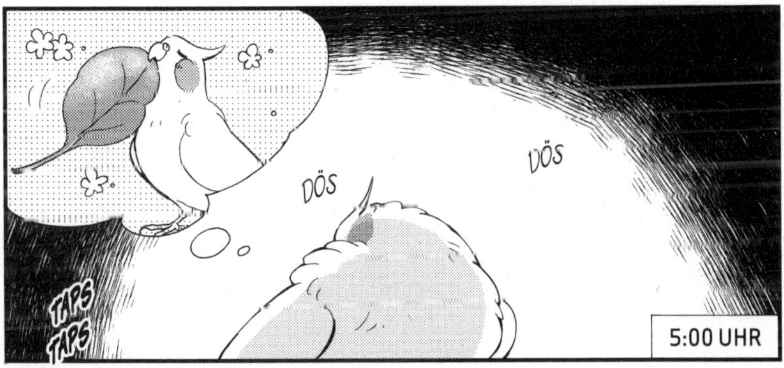
5:00 UHR
DÖS
DÖS
TAPS TAPS

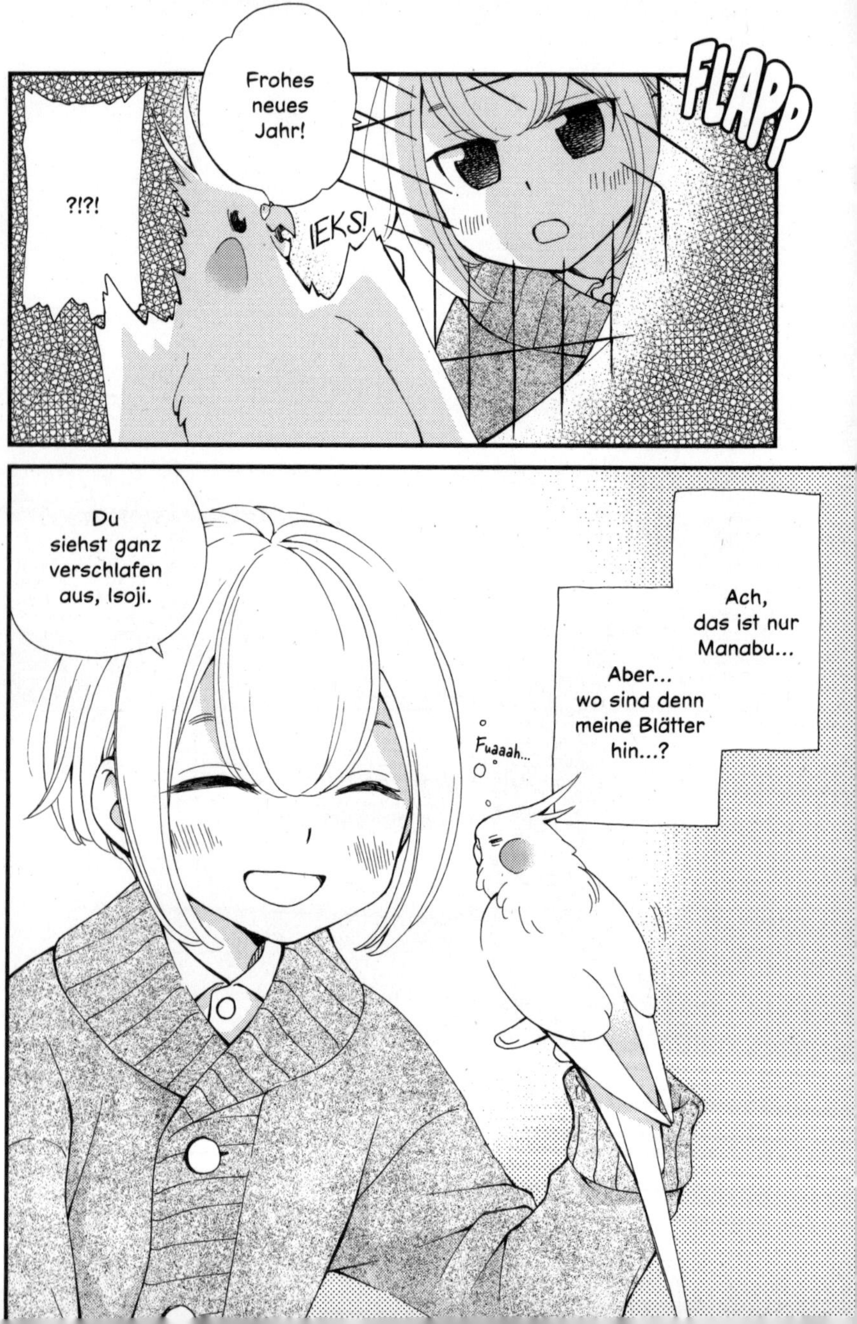
FLAPP
Frohes neues Jahr!
IEKS!
?!?!
Ach, das ist nur Manabu...
Aber... wo sind denn meine Blätter hin...?
Fuaaah...
Du siehst ganz verschlafen aus, Isoji.

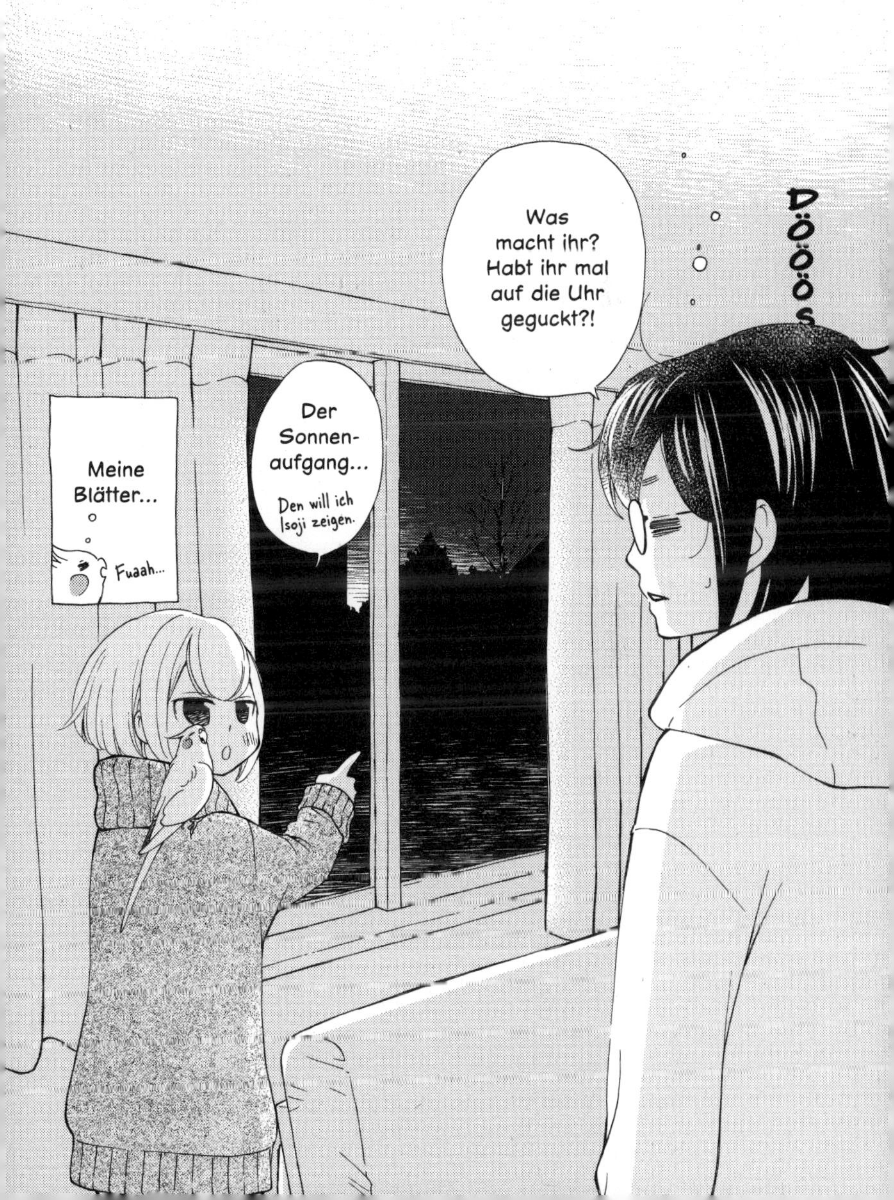
DÖÖÖS
Was macht ihr? Habt ihr mal auf die Uhr geguckt?!
Der Sonnen-aufgang...
Den will ich Isoji zeigen.
Meine Blätter...
Fuaah...

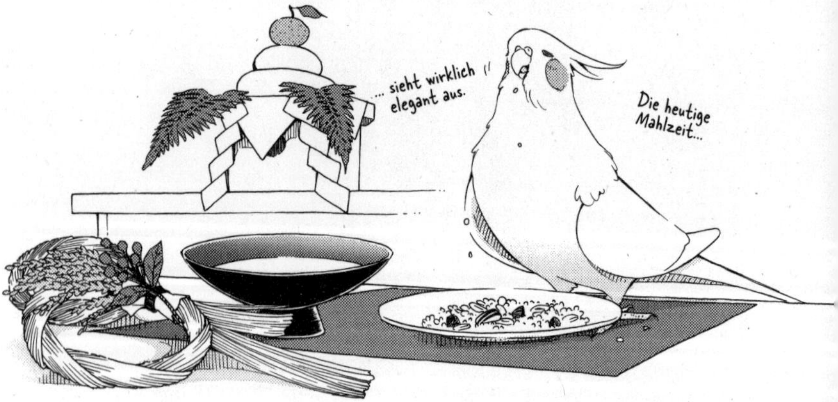
Die heutige Mahlzeit...
... sieht wirklich elegant aus.

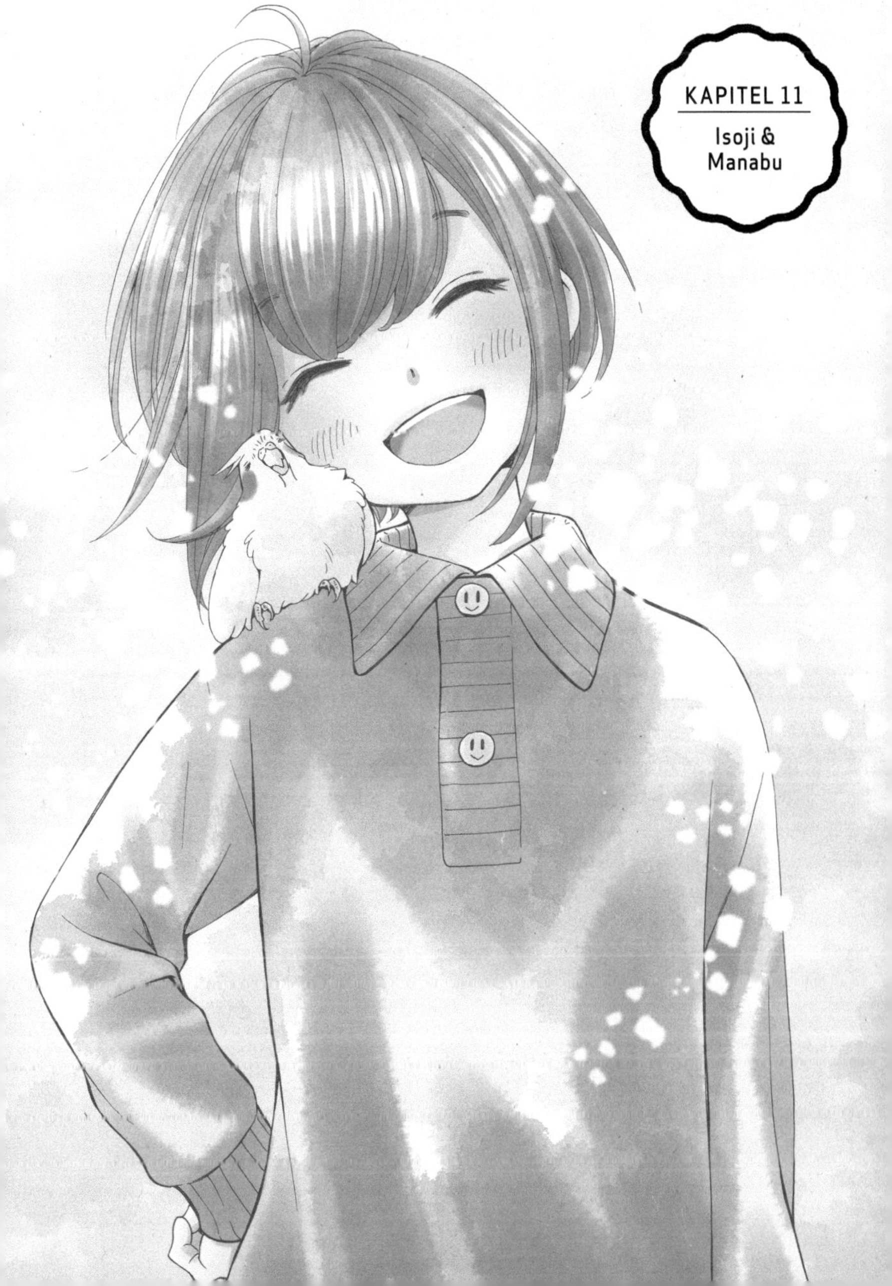
KAPITEL 11
Isoji &
Manabu

WO IST MEIN FRÄULEIN?

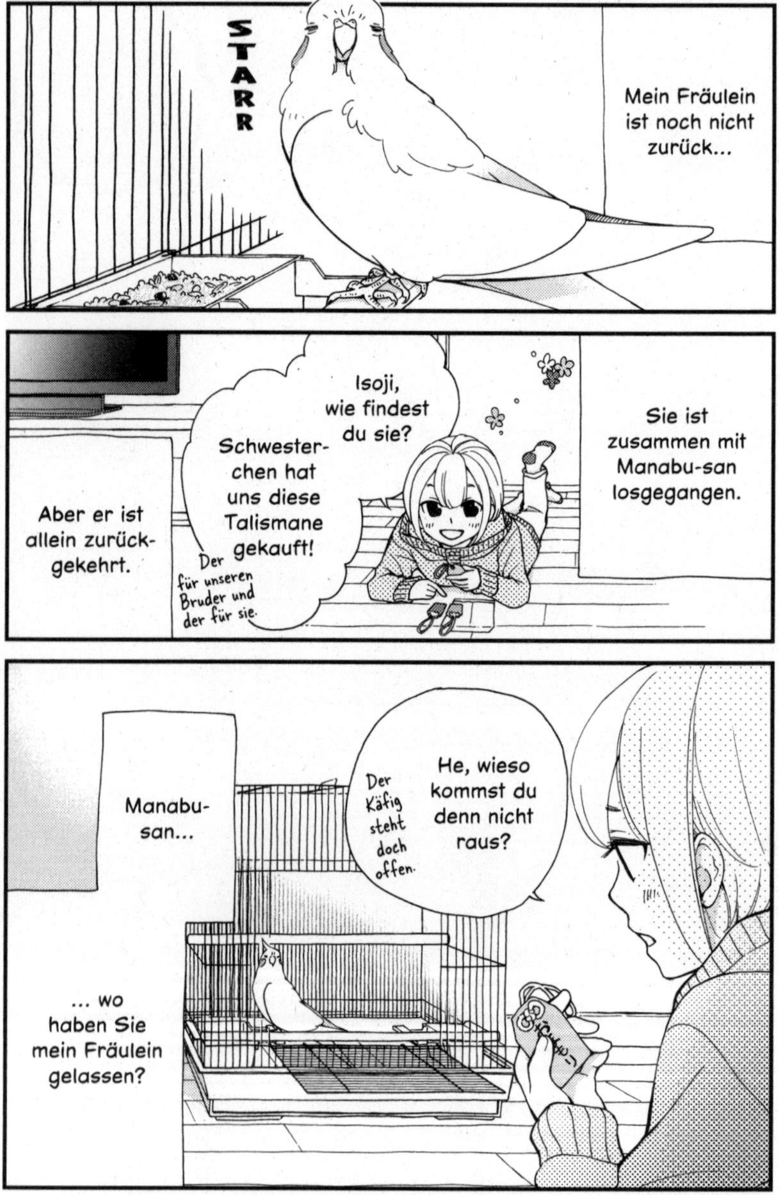

## ICH HABE ANGST!

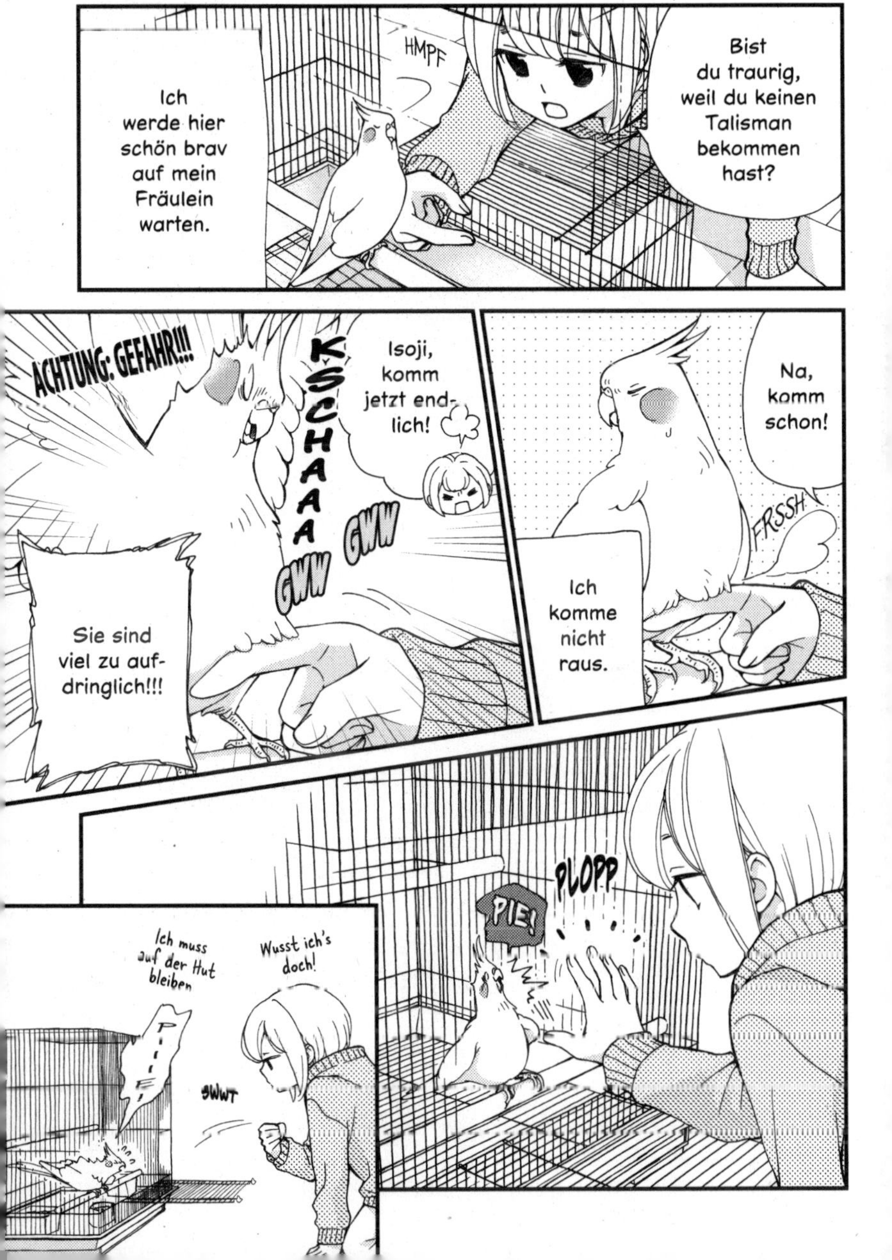

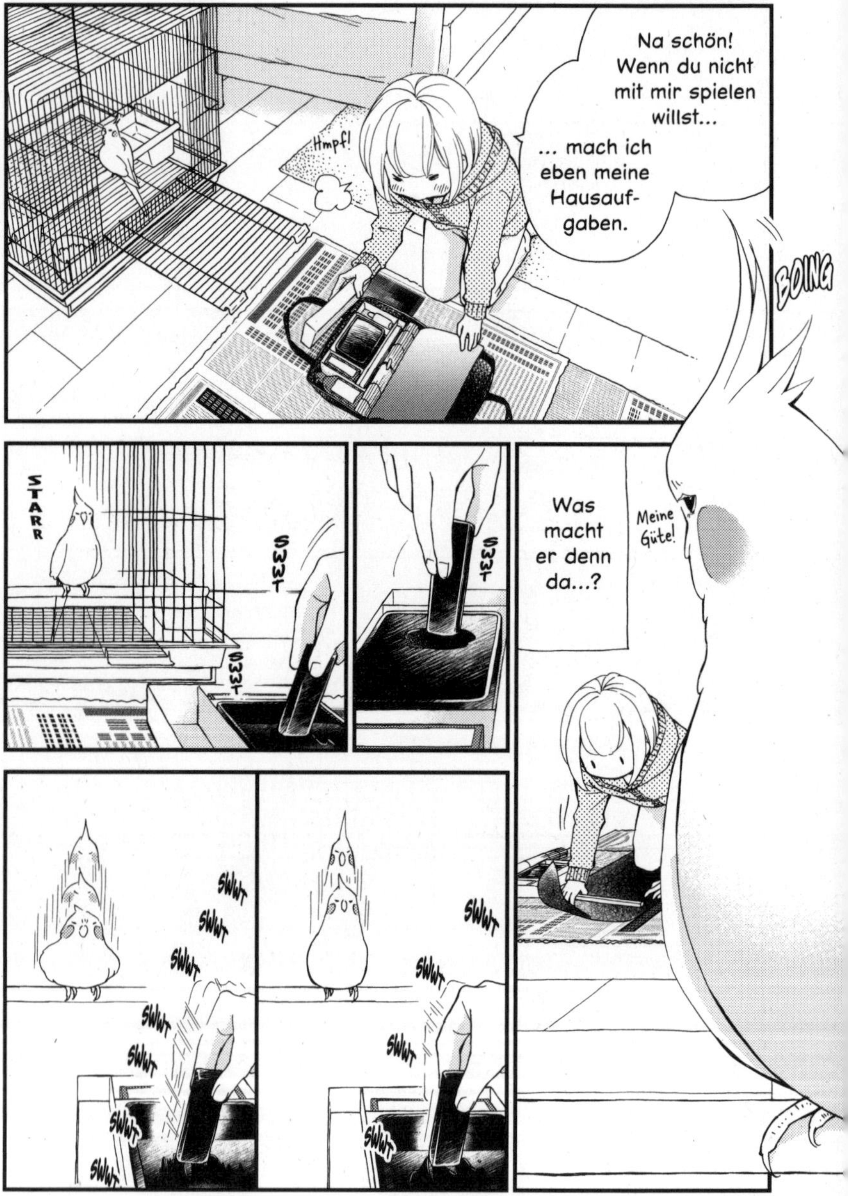
Na schön! Wenn du nicht mit mir spielen willst...
... mach ich eben meine Hausaufgaben.
Hmpf!
BOING
Was macht er denn da...?
Meine Güte!
STARR
SWWT
SWWT
SWWT
SWWT
SWWT
SWWT
SWWT
SWWT
SWWT
SWWT
SWWT
SWWT
SWWT
SWWT

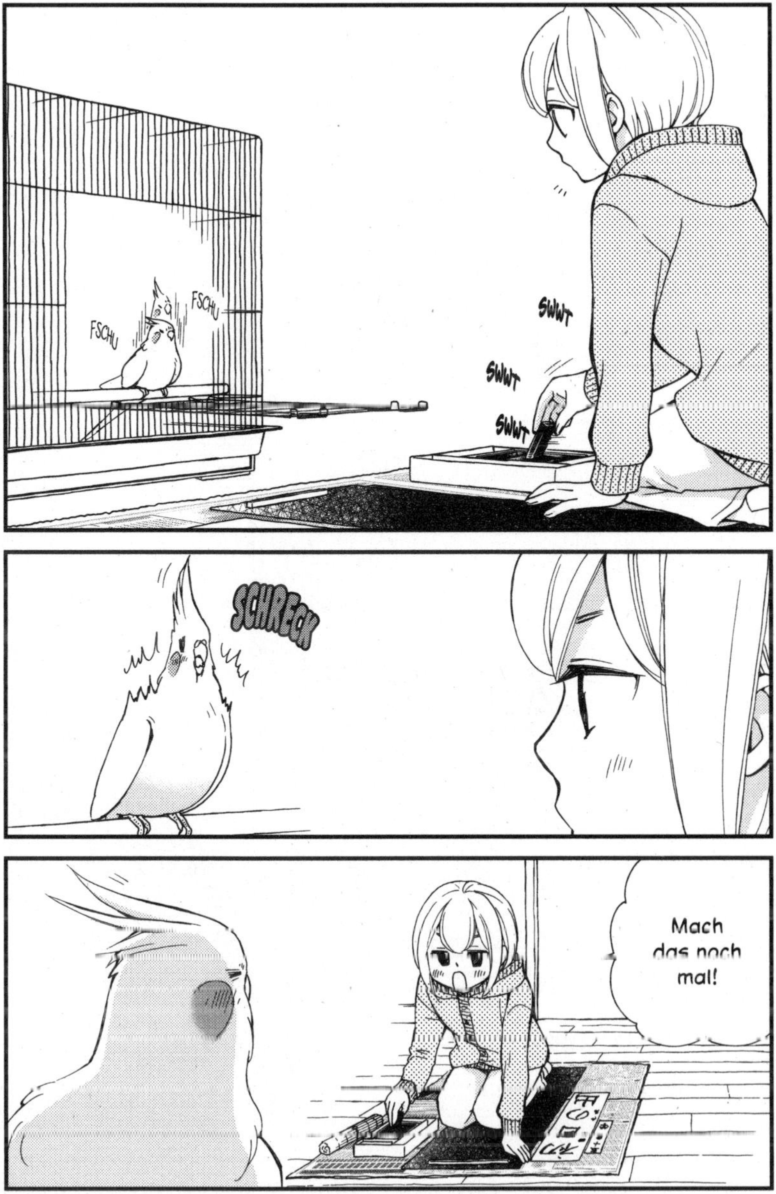
FSCHU
FSCHU
SWWT
SWWT
SWWT
SCHRECK
Mach das noch mal!

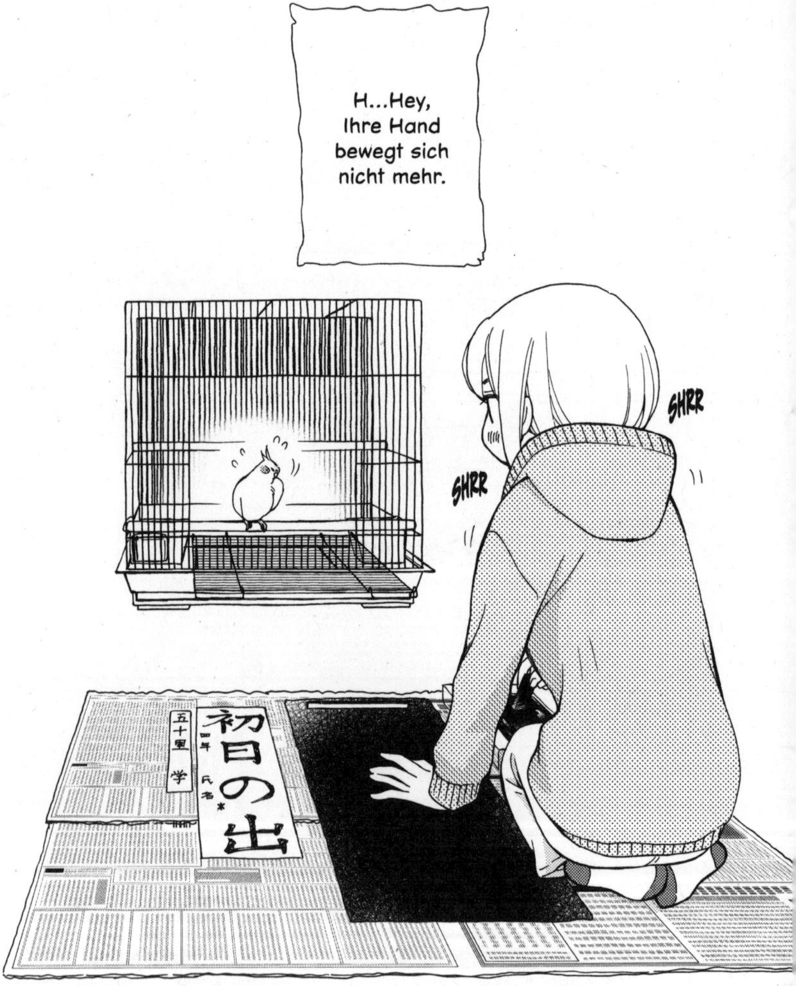


* Sonnenaufgang am Neujahrsmorgen/Manabu Ikari

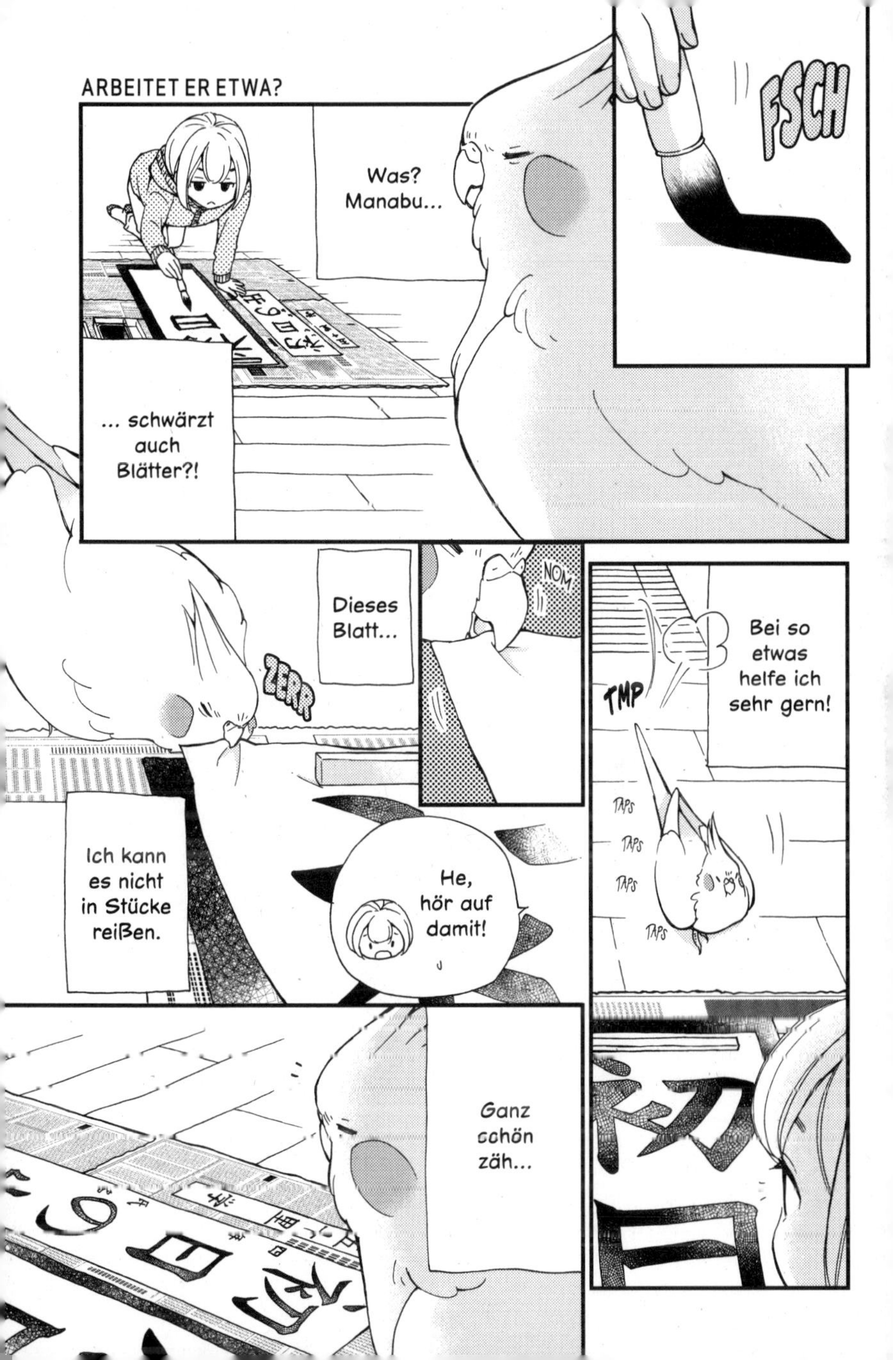
ARBEITET ER ETWA?
FSCH
Was? Manabu...
... schwärzt auch Blätter?!
Bei so etwas helfe ich sehr gern!
TMP
TAPS
TAPS
TAPS
TAPS
NOM
Dieses Blatt...
ZERR
He, hör auf damit!
Ich kann es nicht in Stücke reißen.
Ganz schön zäh...

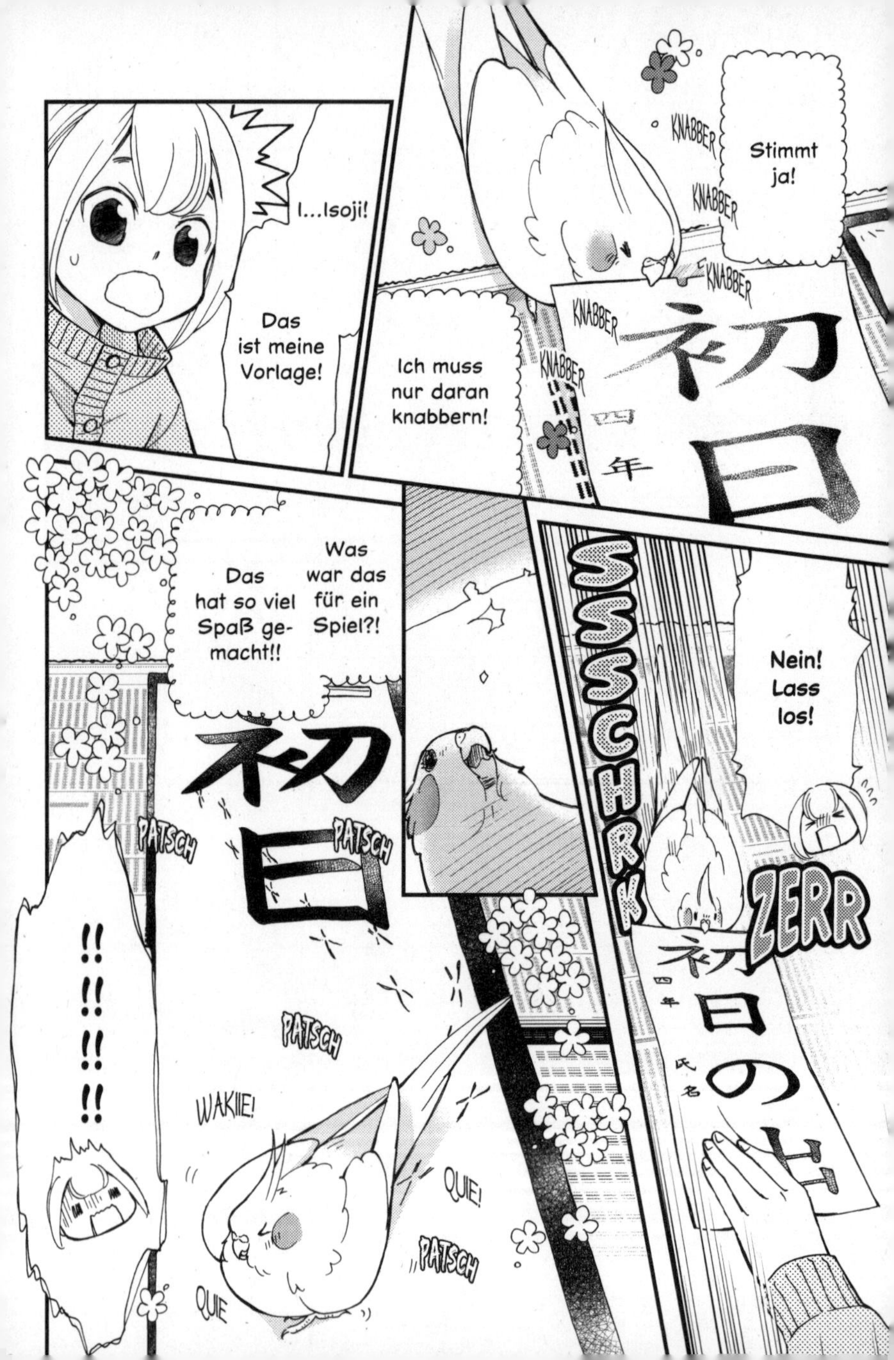
Stimmt ja!
KNABBER
KNABBER
KNABBER
KNABBER
KNABBER
Ich muss nur daran knabbern!
I...Isoji!
Das ist meine Vorlage!
Nein! Lass los!
SSSCHRK
ZERR
Was war das für ein Spiel?!
Das hat so viel Spaß gemacht!!
PATSCH
PATSCH
PATSCH
WAKIIE!
QUIE!
PATSCH
QUIE
!!!!!!!!!!

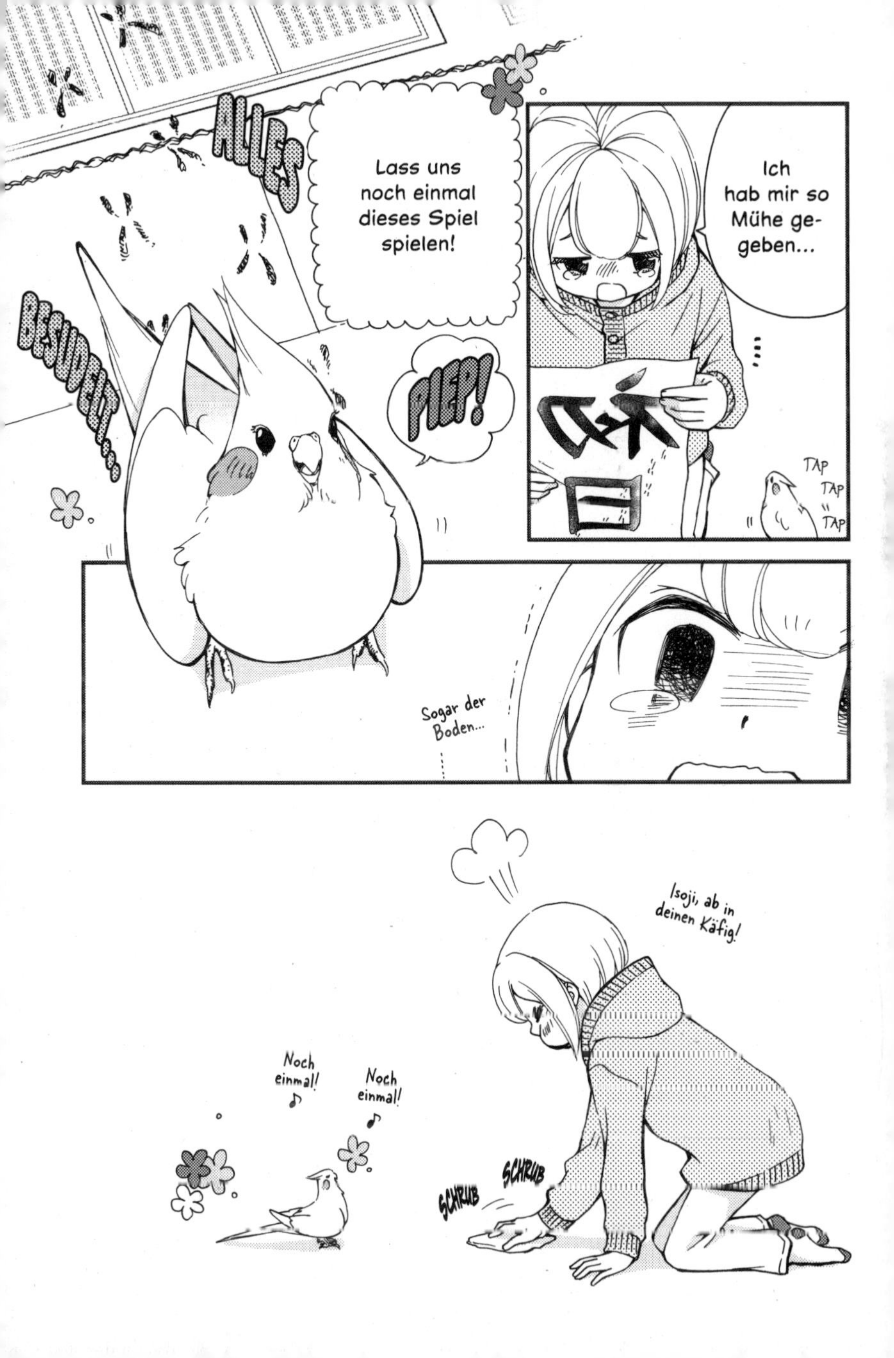
Ich hab mir so Mühe gegeben...
...
TAP TAP TAP
ALLES BESUDELT...
Lass uns noch einmal dieses Spiel spielen!
PIEP!
Sogar der Boden...
Isoji, ab in deinen Käfig!
SCHRUB
SCHRUB
Noch einmal! ♪
Noch einmal! ♪

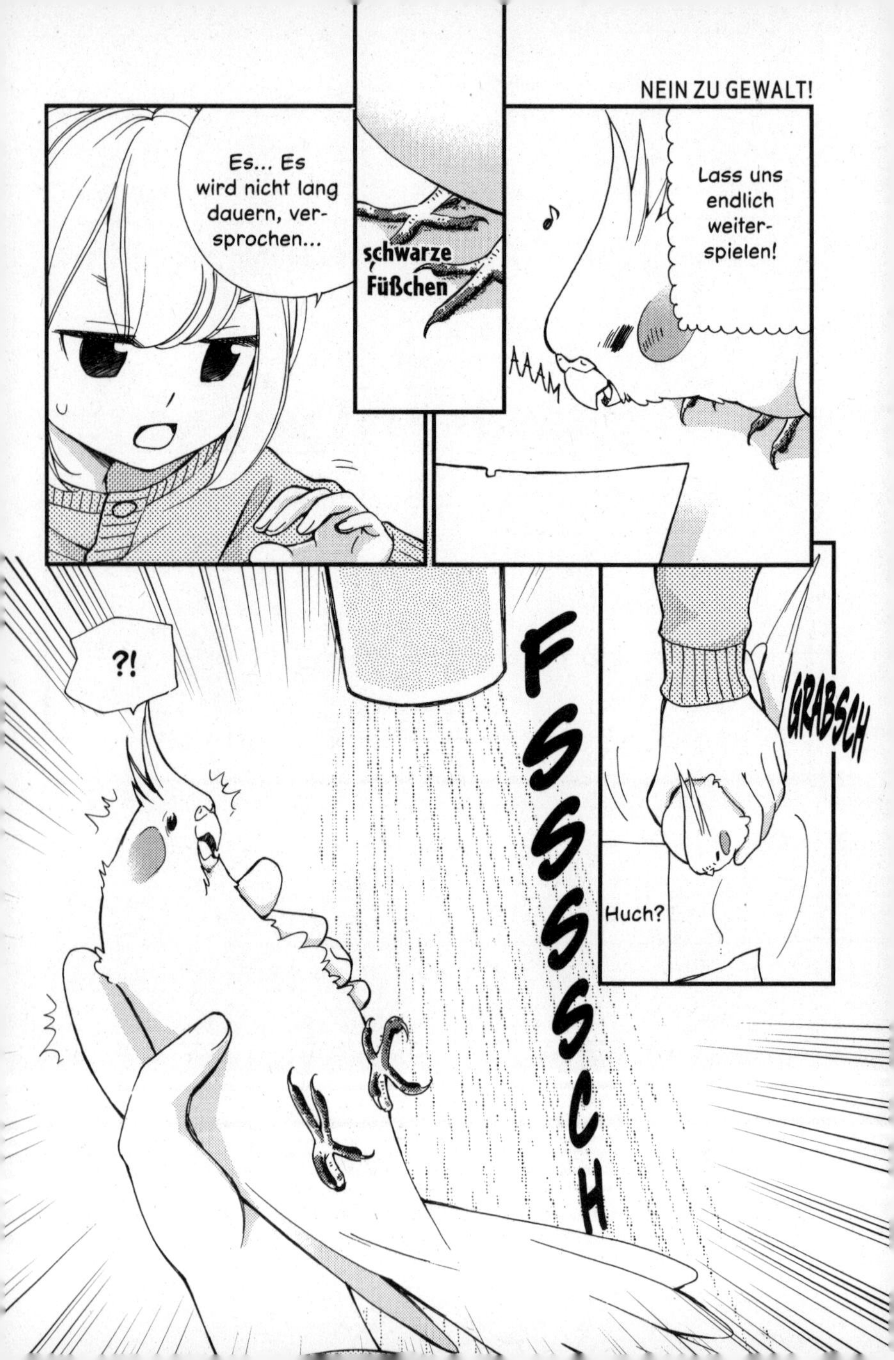
NEIN ZU GEWALT!
Es... Es wird nicht lang dauern, versprochen...
schwarze Füßchen
Lass uns endlich weiterspielen!
AAAM
GRABSCH
Huch?
FSSSSCH
?!

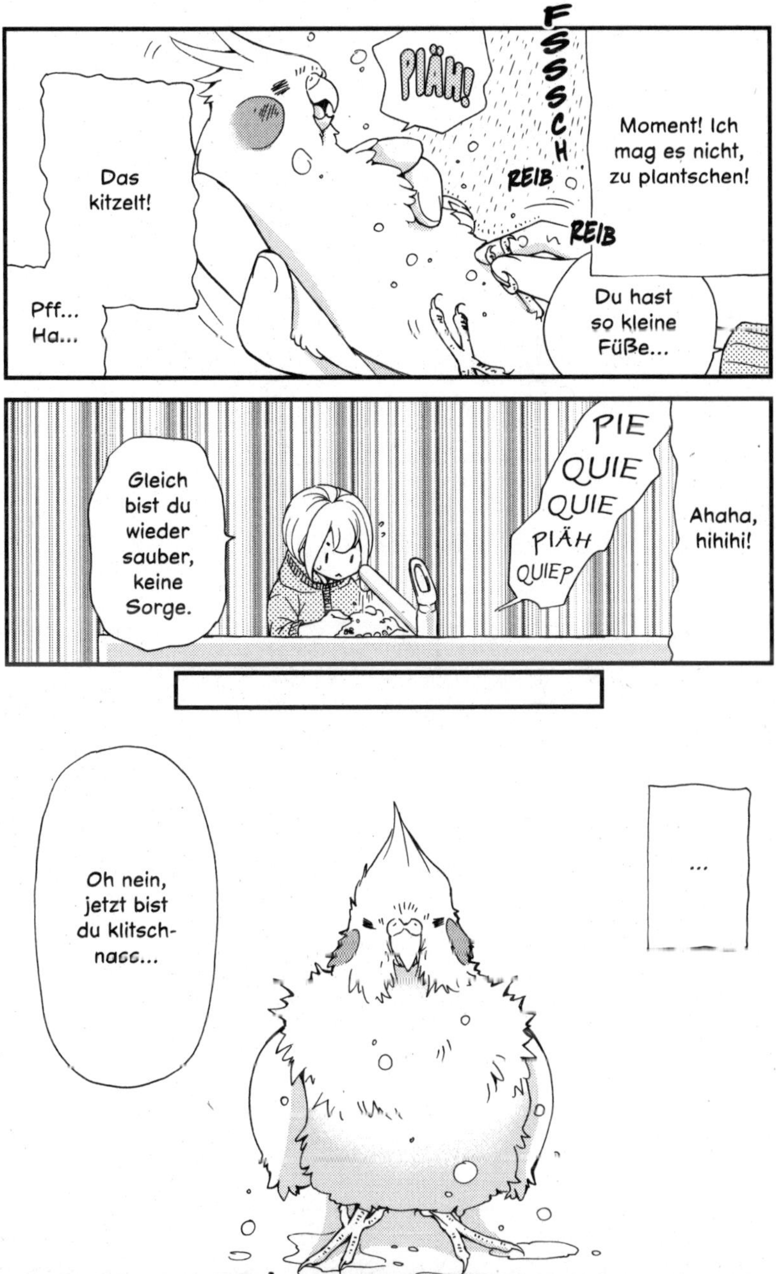
Moment! Ich mag es nicht, zu plantschen!
FSSSCH
PIÄH!
REIB
REIB
Du hast so kleine Füße...
Das kitzelt!
Pff... Ha...
Ahaha, hihihi!
PIE QUIE QUIE PIÄH QUIEP
Gleich bist du wieder sauber, keine Sorge.
...
Oh nein, jetzt bist du klitsch-nacc...

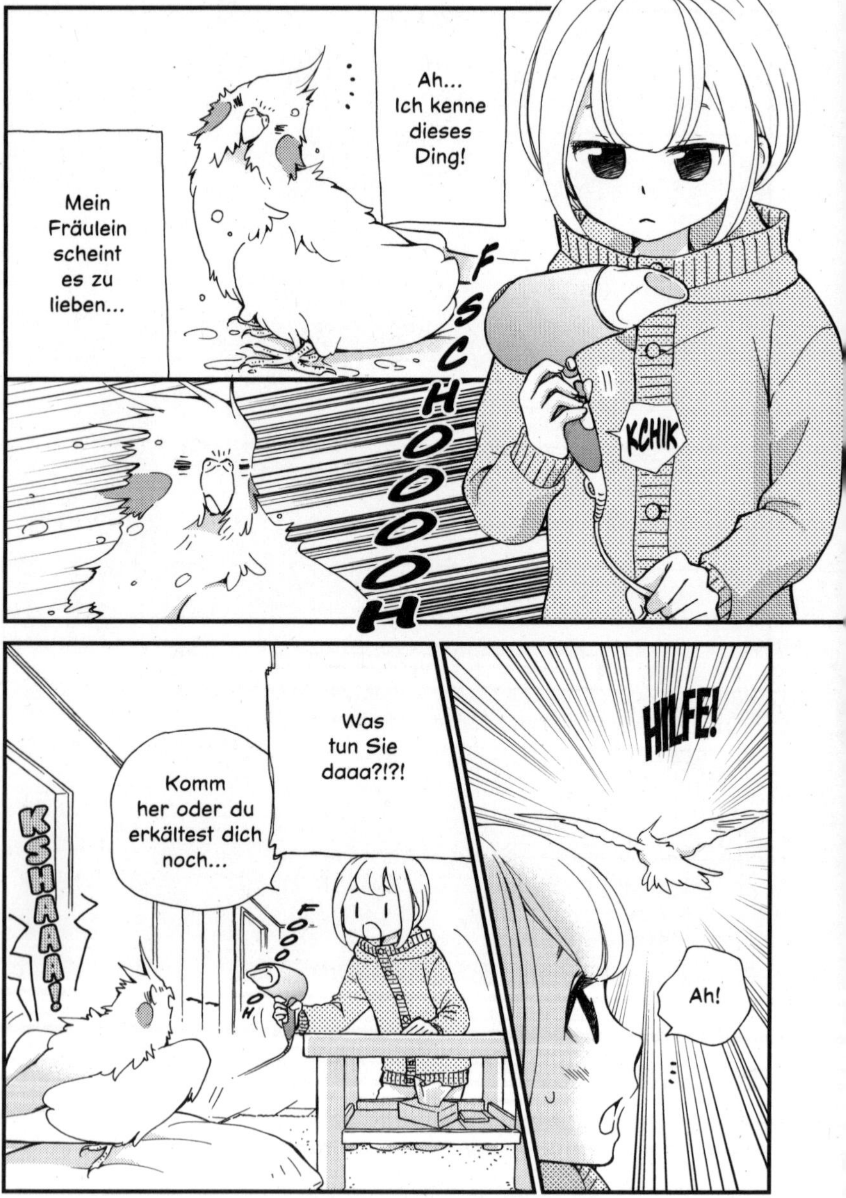
Ah...
Ich kenne
dieses
Ding!
Mein
Fräulein
scheint
es zu
lieben...
KCHIK
FSCHOOOOOOH
HILFE!
Ah!
Was
tun Sie
daaa?!?!
Komm
her oder du
erkältest dich
noch...
FOOOOH
KSHAAAA!

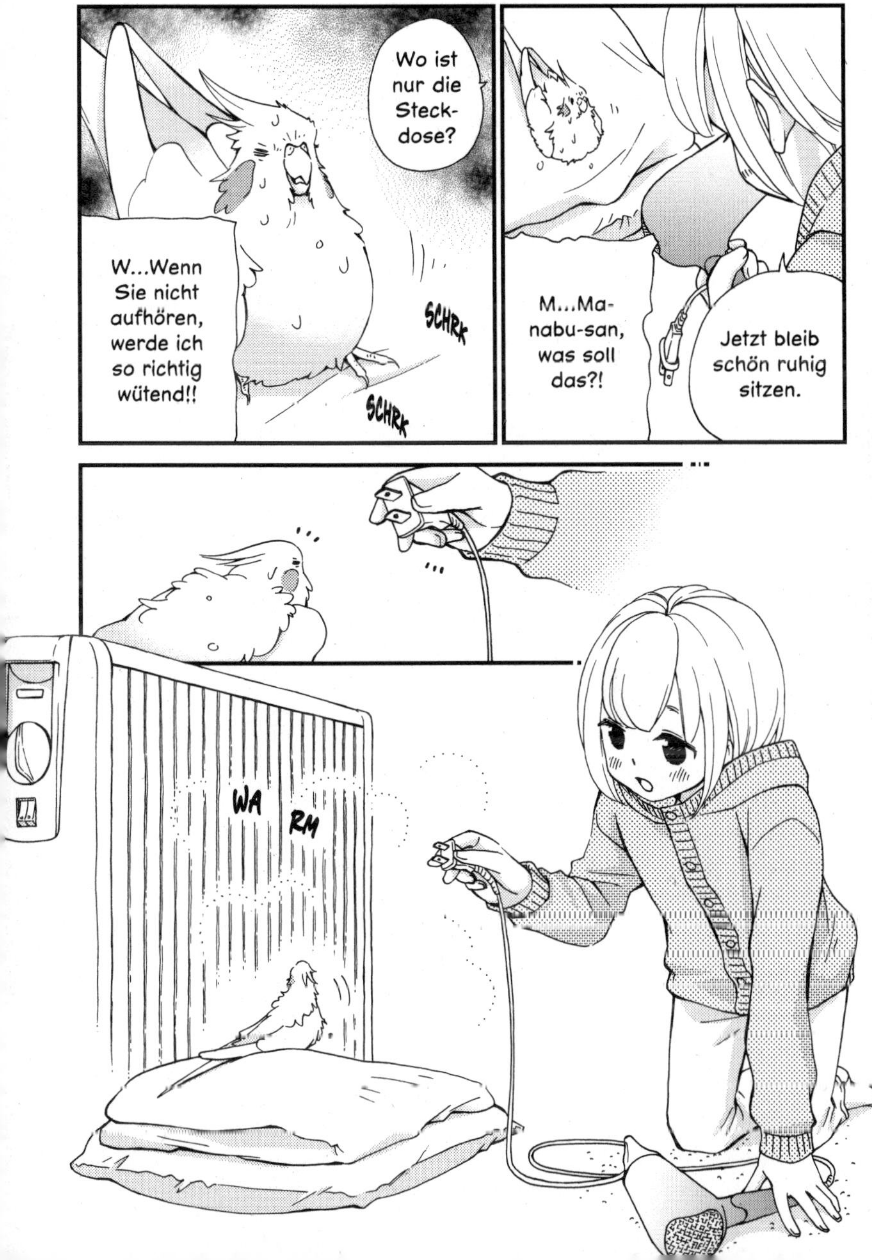

Jetzt bleib schön ruhig sitzen.
M...Manabu-san, was soll das?!
Wo ist nur die Steckdose?
W...Wenn Sie nicht aufhören, werde ich so richtig wütend!!
SCHRK
SCHRK
WARM

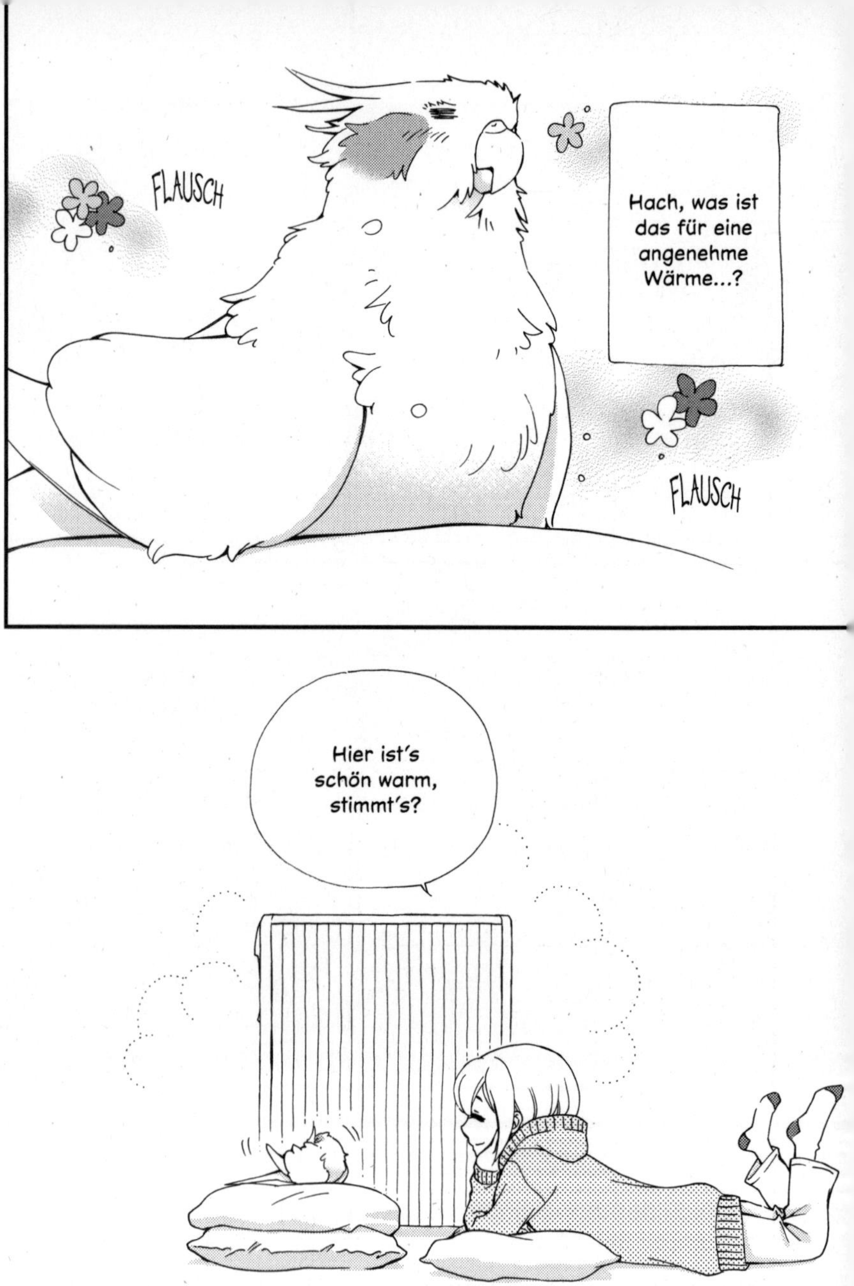
FLAUSCH
Hach, was ist das für eine angenehme Wärme...?
FLAUSCH
Hier ist's schön warm, stimmt's?

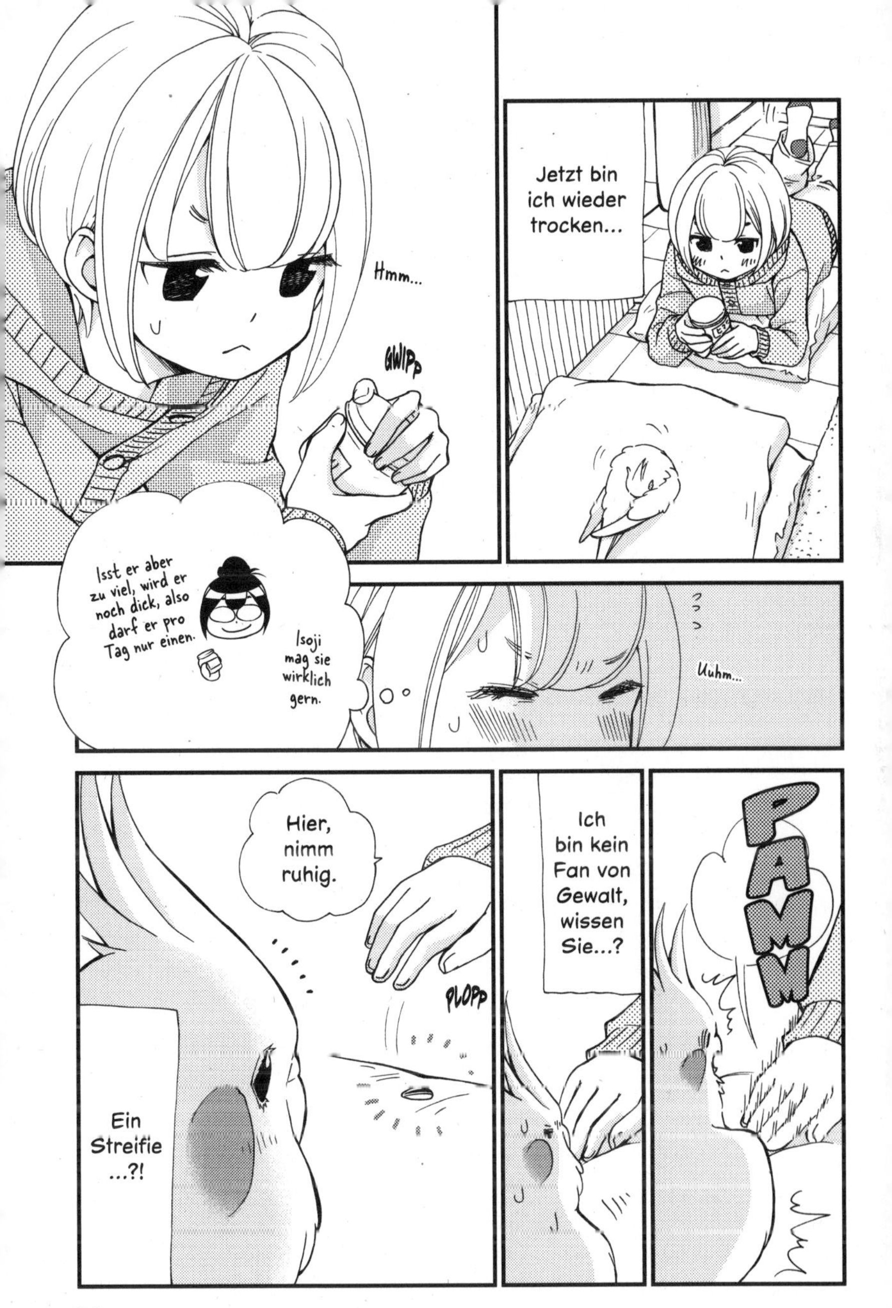
Jetzt bin ich wieder trocken...
Hmm...
GWIPP
Isst er aber zu viel, wird er noch dick, also darf er pro Tag nur einen.
Isoji mag sie wirklich gern.
Uuhm...
Ich bin kein Fan von Gewalt, wissen Sie...?
PAMM
Hier, nimm ruhig.
PLOPP
Ein Streifie ...?!

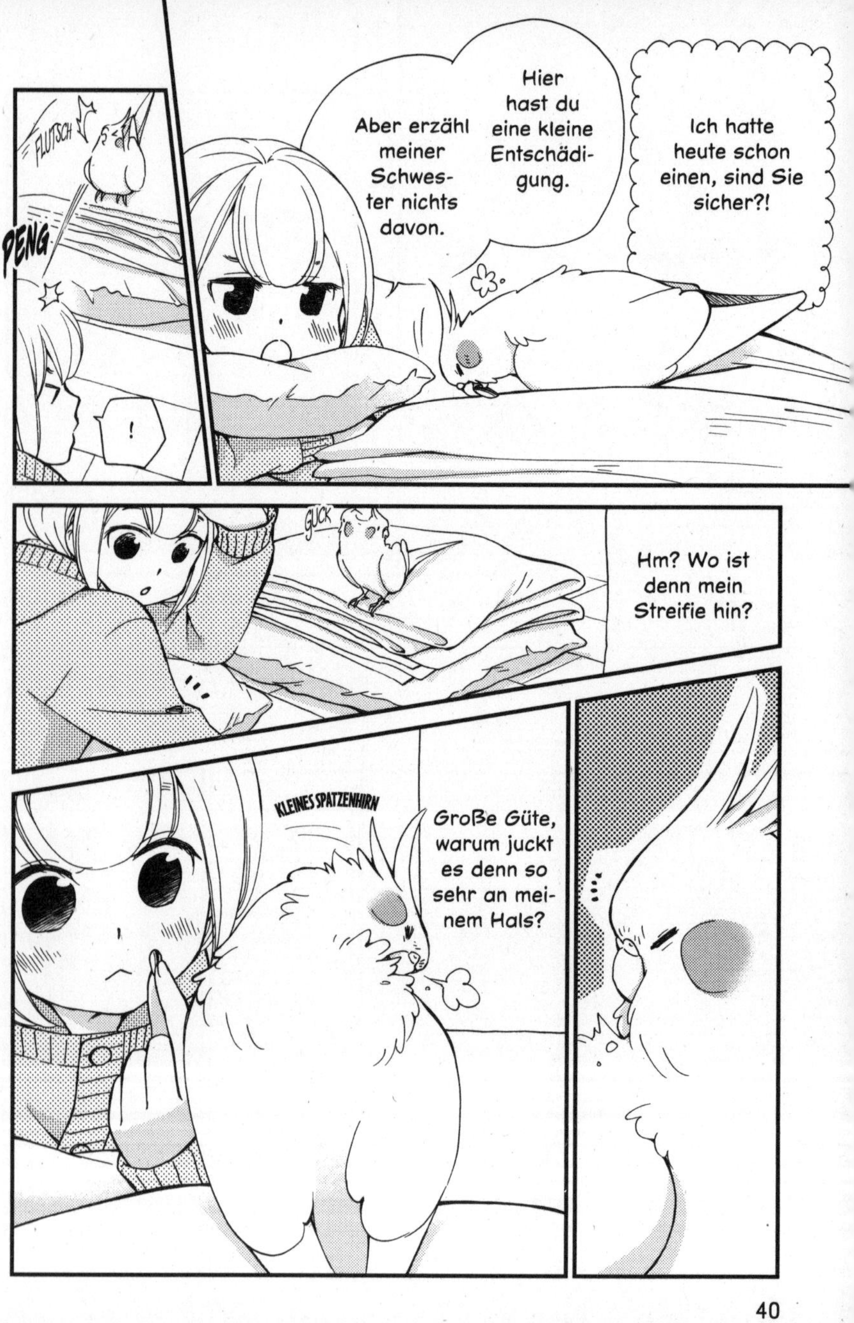
Hier hast du eine kleine Entschädigung.
Aber erzähl meiner Schwester nichts davon.
Ich hatte heute schon einen, sind Sie sicher?!
FLUTSCH
PENG
!
GUCK
Hm? Wo ist denn mein Streifie hin?
KLEINES SPATZENHIRN
Große Güte, warum juckt es denn so sehr an meinem Hals?

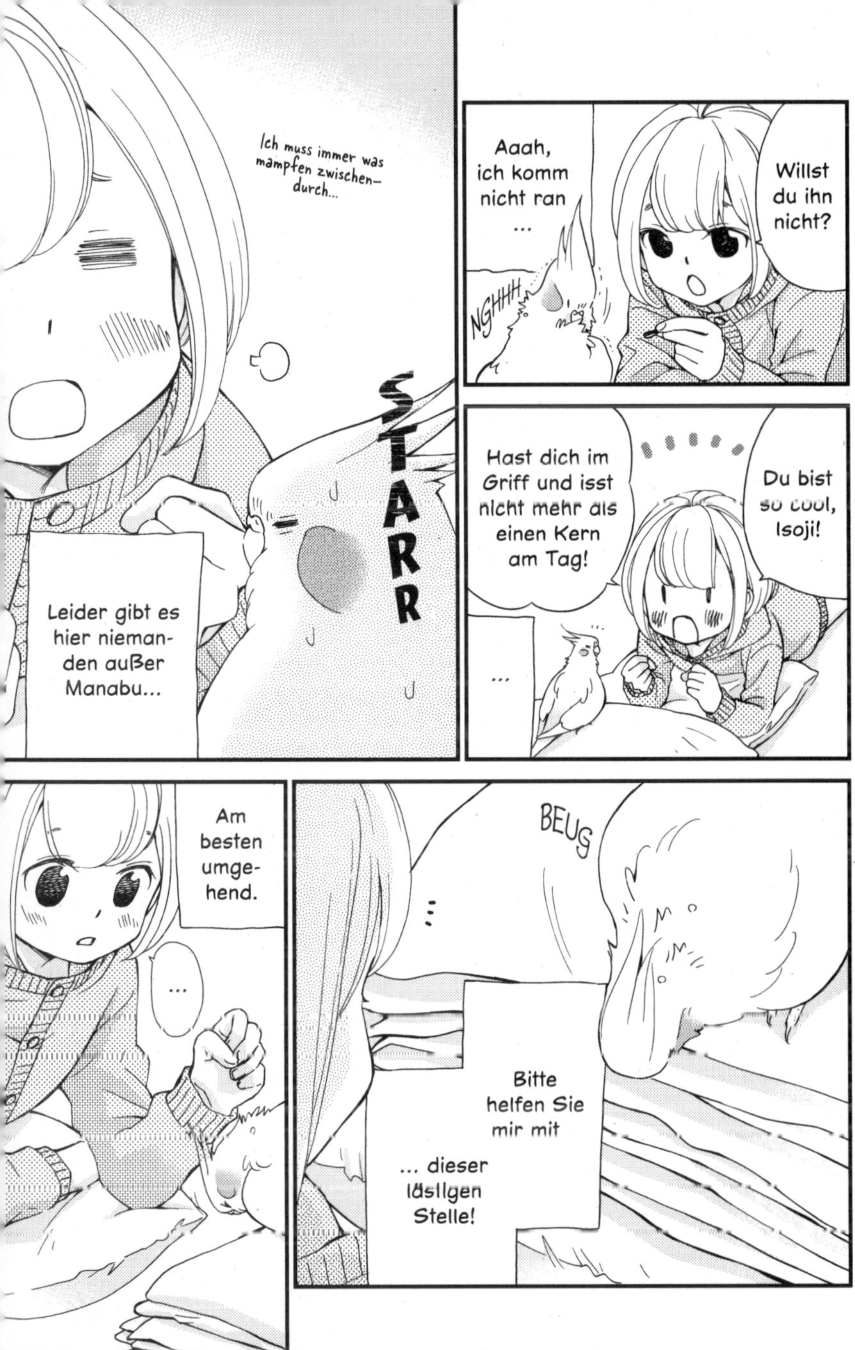
Willst du ihn nicht?
Aaah, ich komm nicht ran ...
NGHHH
Du bist so cool, Isoji!
Hast dich im Griff und isst nicht mehr als einen Kern am Tag!
...
Ich muss immer was mampfen zwischendurch...
STARR
Leider gibt es hier niemanden außer Manabu...
BEUG
...
Bitte helfen Sie mir mit
... dieser lästigen Stelle!
Am besten umgehend.
...

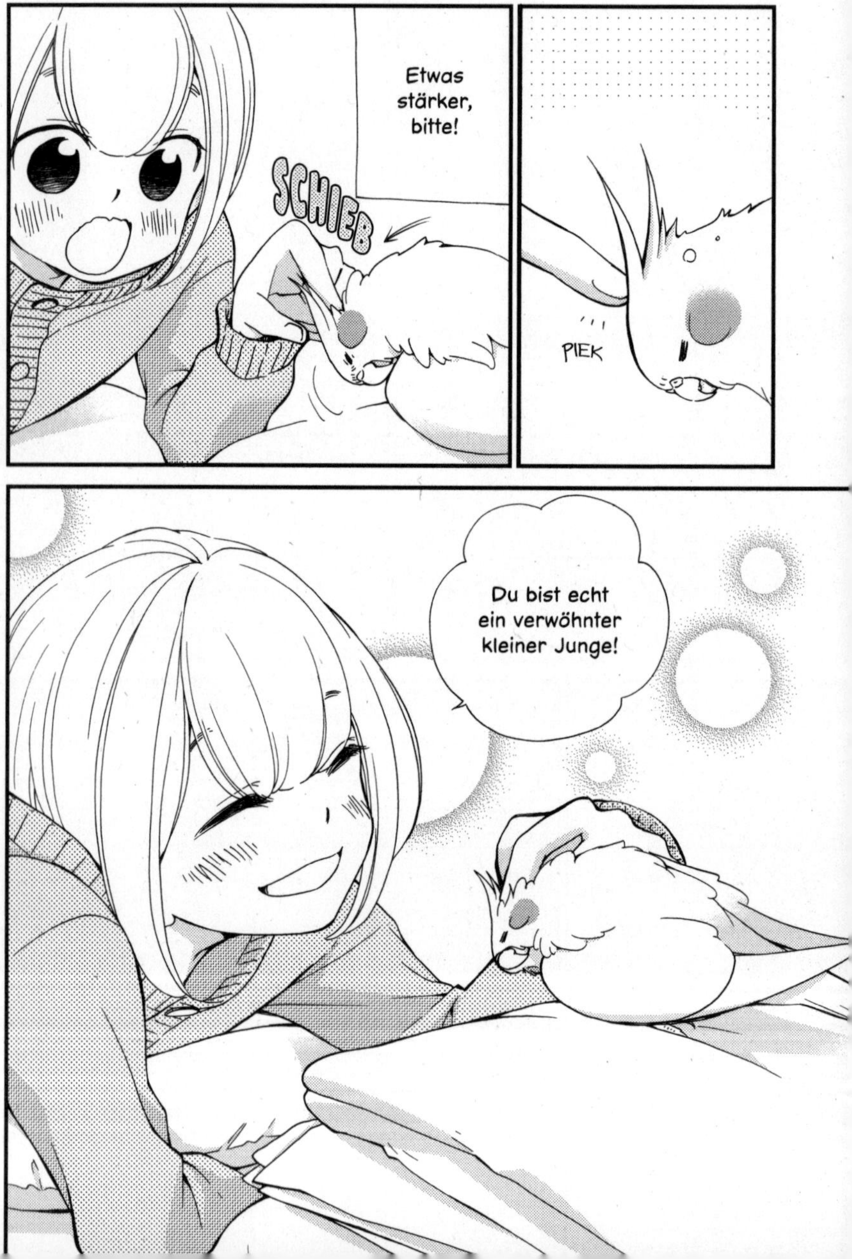
Etwas stärker, bitte!
SCHIEB
PIEK
Du bist echt ein verwöhnter kleiner Junge!

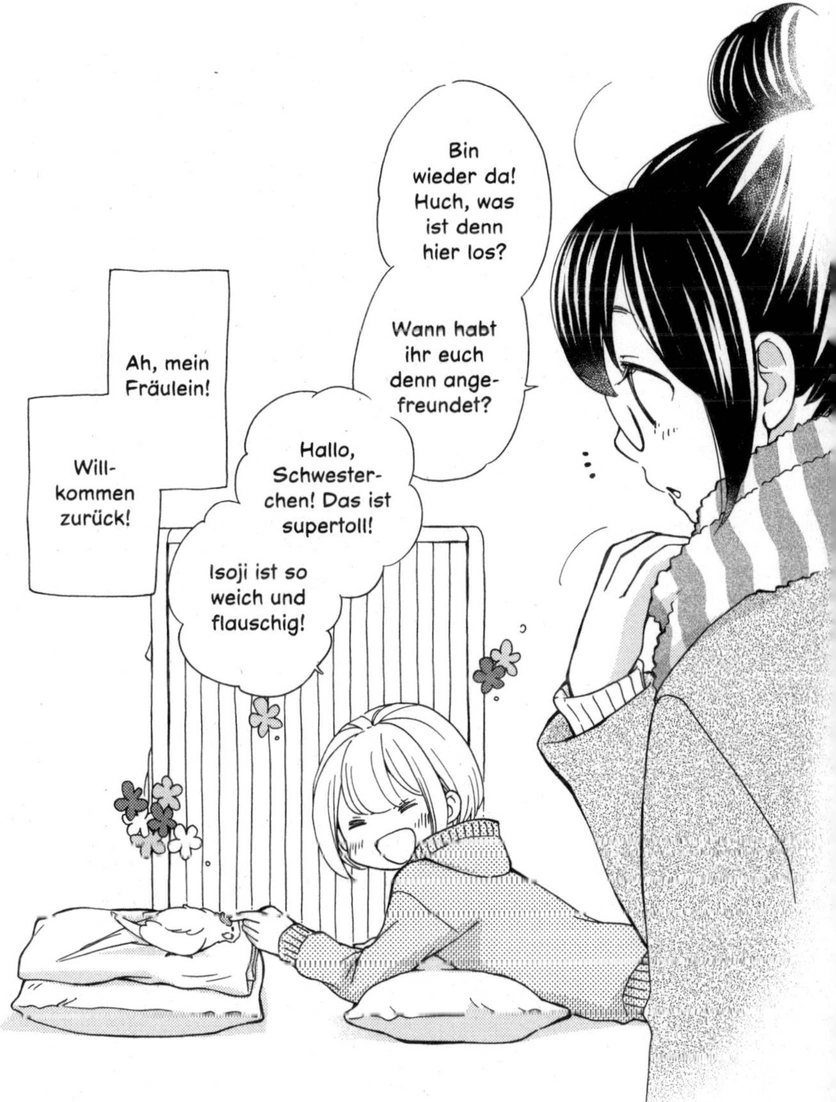
Bin wieder da! Huch, was ist denn hier los?
Wann habt ihr euch denn ange-freundet?
Hallo, Schwester-chen! Das ist supertoll!
Isoji ist so weich und flauschig!
Ah, mein Fräulein!
Will-kommen zurück!

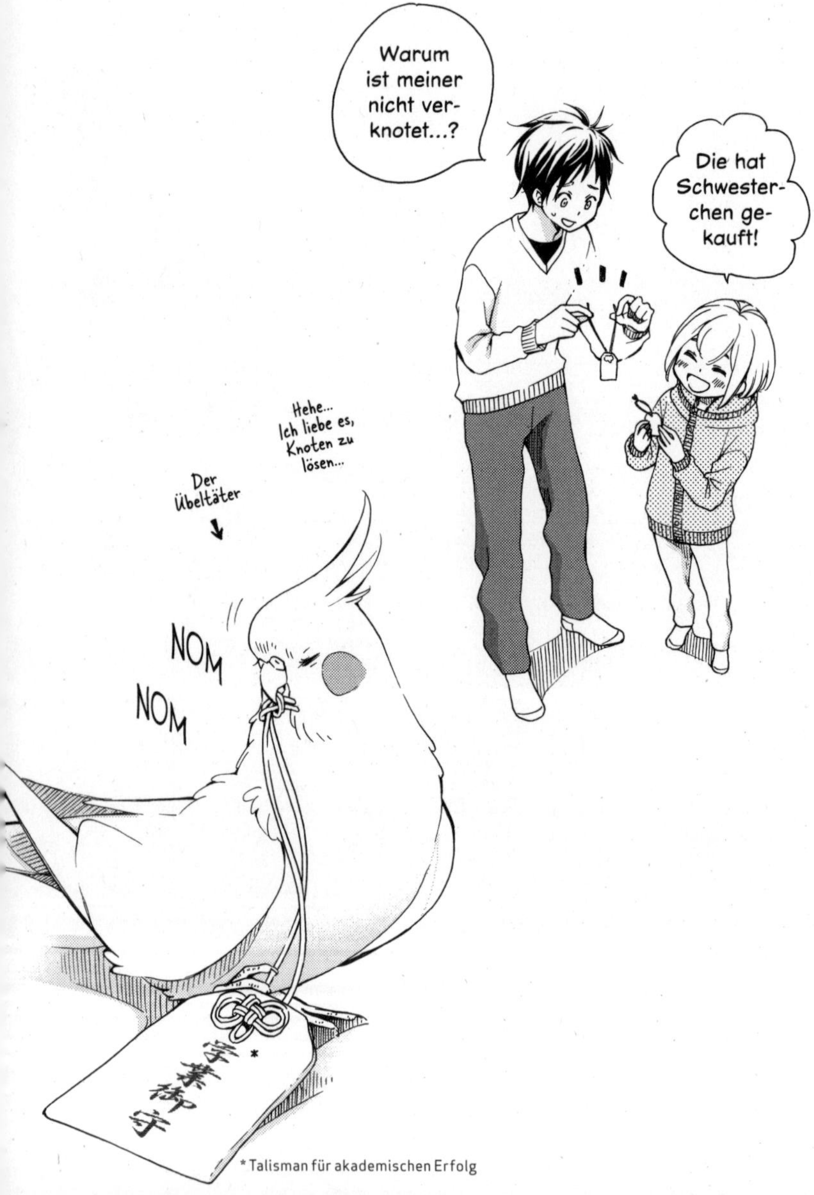

* Talisman für akademischen Erfolg

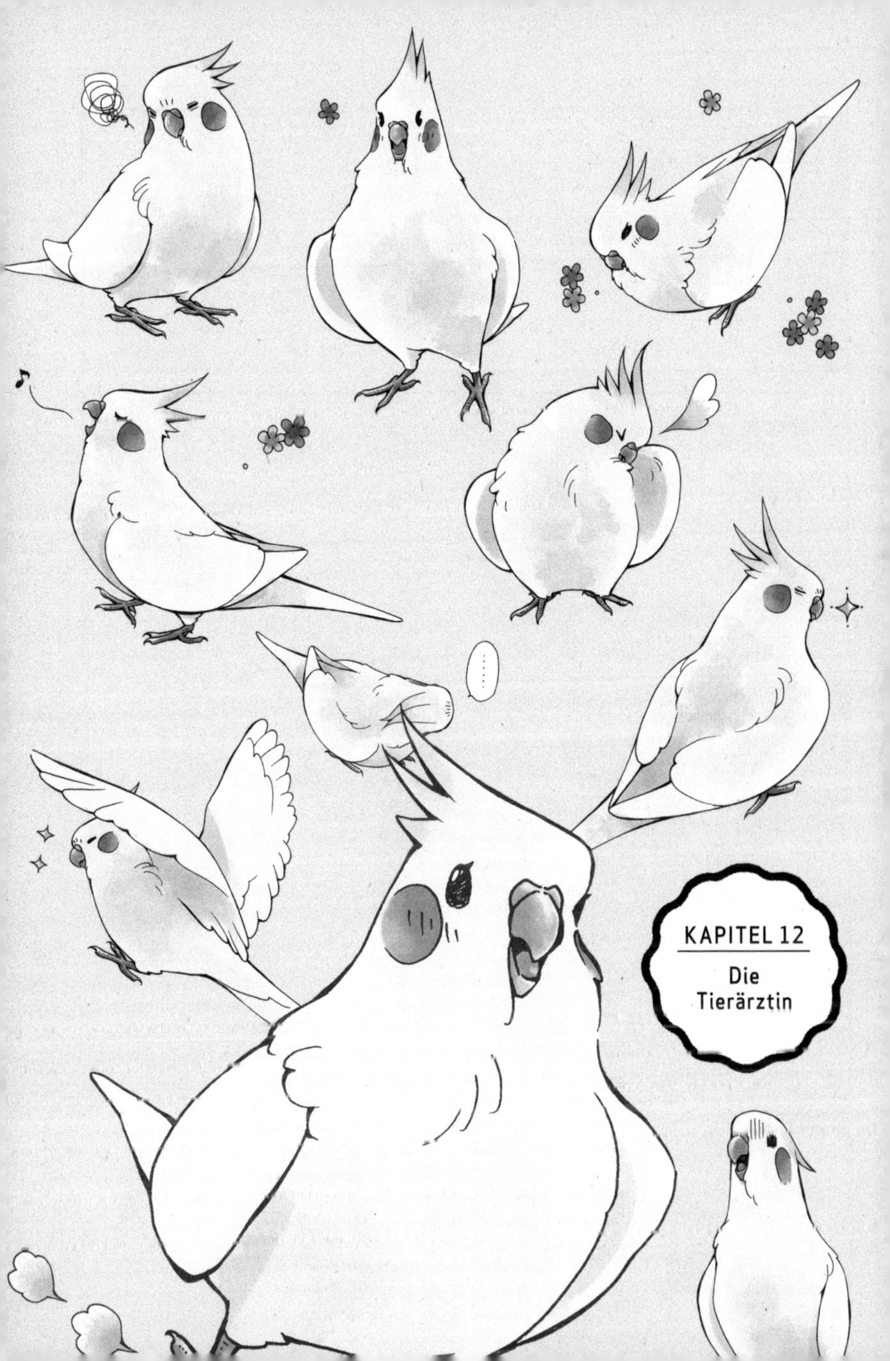
…
KAPITEL 12
Die Tierärztin

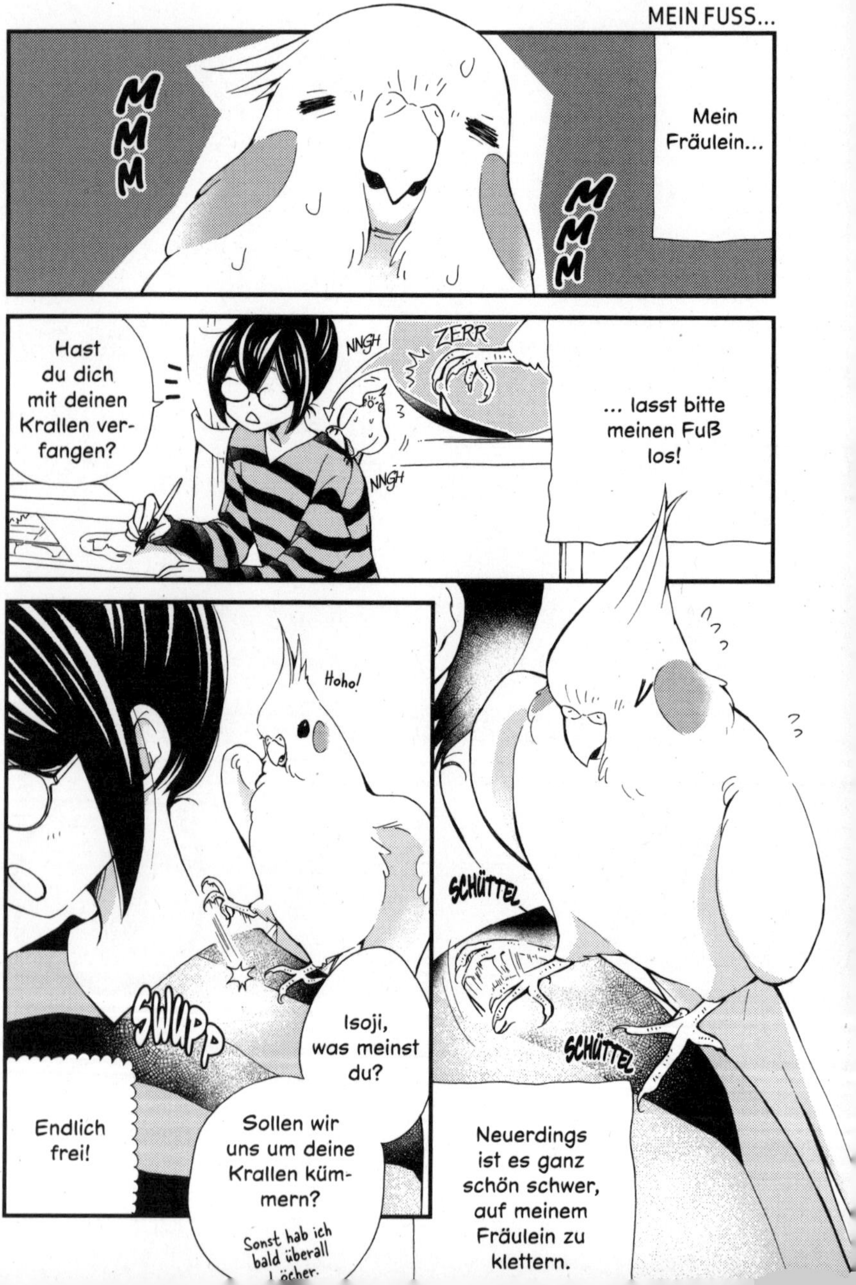
MEIN FUSS...
Mein Fräulein...
MMM
MMM
... lasst bitte meinen Fuß los!
ZERR
NNGH
NNGH
Hast du dich mit deinen Krallen verfangen?
Neuerdings ist es ganz schön schwer, auf meinem Fräulein zu klettern.
SCHÜTTEL
SCHÜTTEL
Hoho!
SWUPP
Endlich frei!
Isoji, was meinst du?
Sollen wir uns um deine Krallen kümmern?
Sonst hab ich bald überall Löcher.

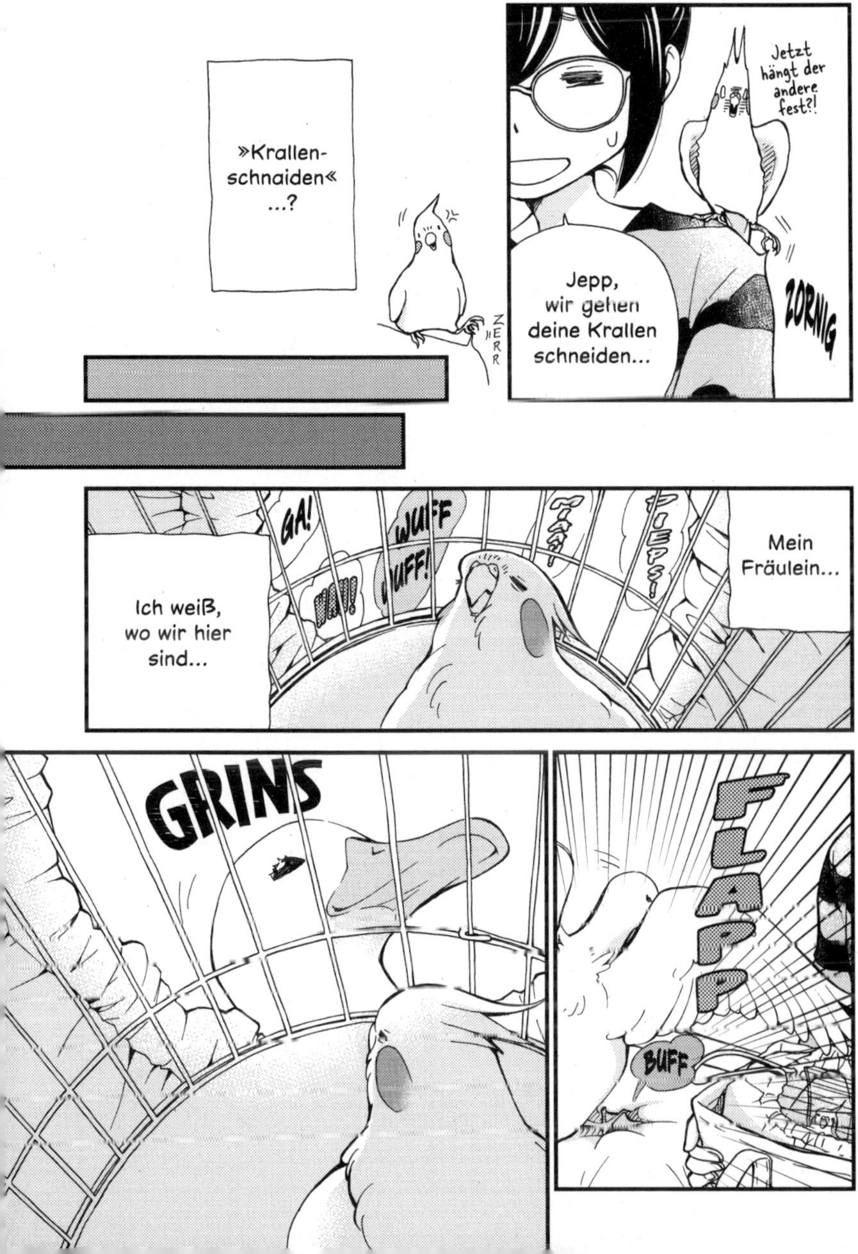
Jetzt hängt der andere fest?!
ZORNIG
Jepp, wir gehen deine Krallen schneiden...
»Krallen-schnaiden« ...?
ZERR
Mein Fräulein...
PIEPS!
WUFF
GA!
Ich weiß, wo wir hier sind...
FLAPP
BUFF
GRINS

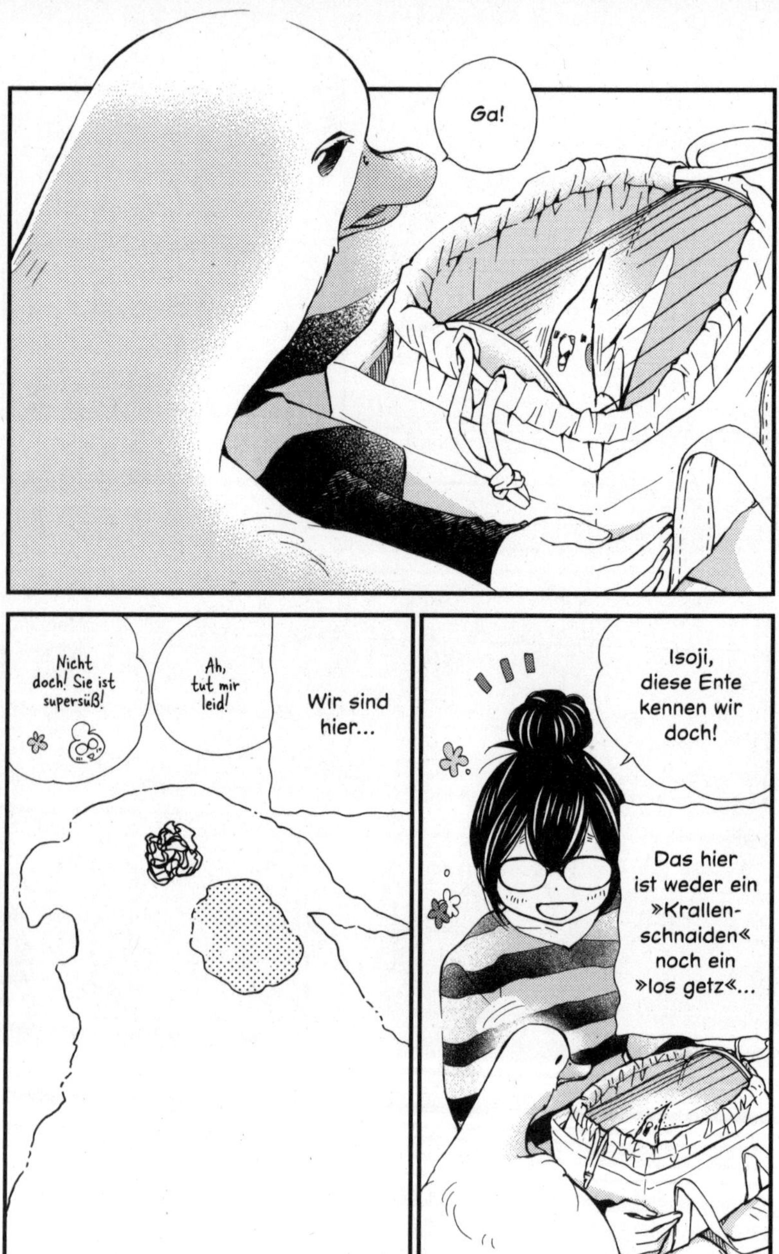
Ga!
Isoji, diese Ente kennen wir doch!
Das hier ist weder ein »Krallen-schnaiden« noch ein »los getz«...
Wir sind hier...
Ah, tut mir leid!
Nicht doch! Sie ist supersüß!

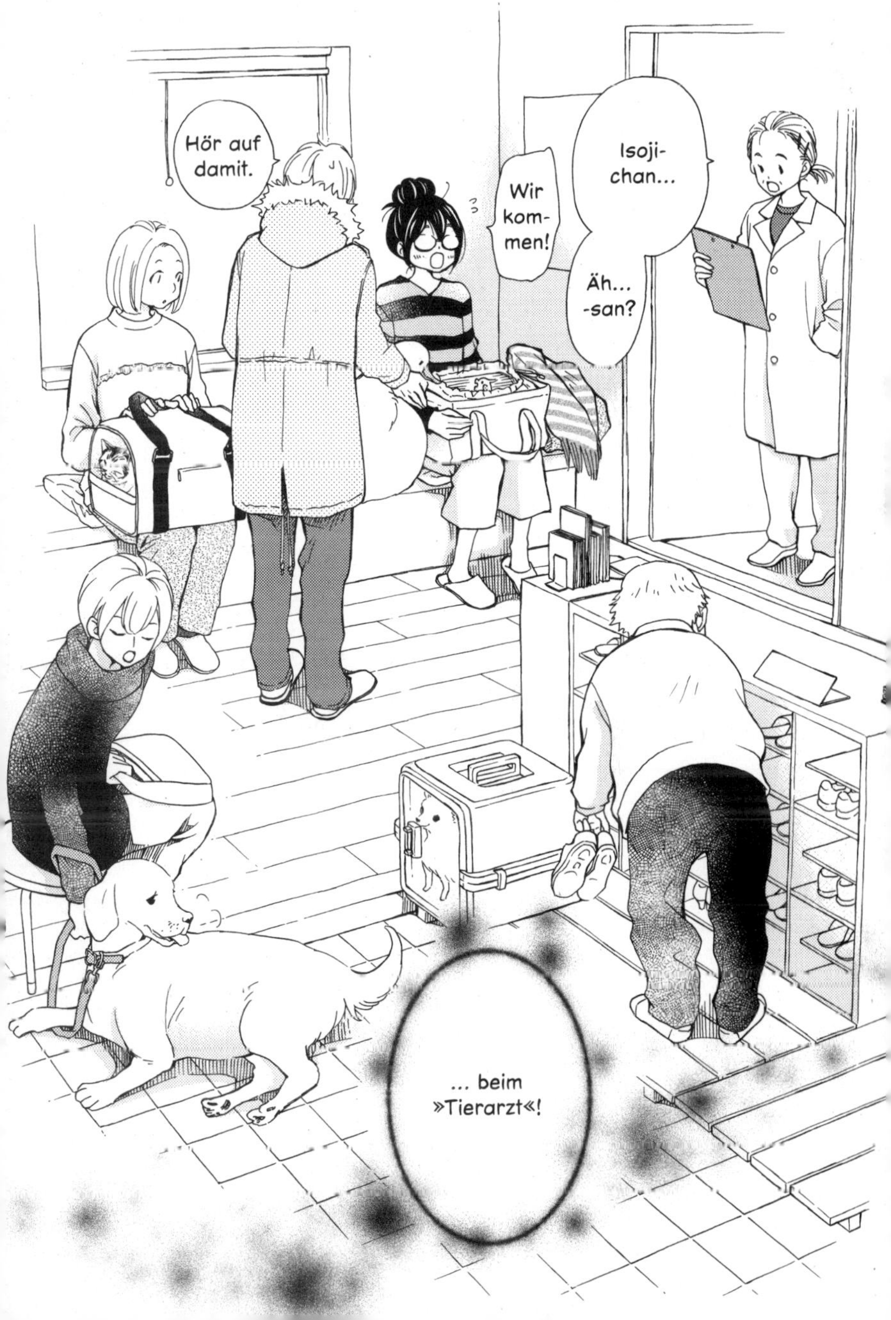
Isoji-chan...
Äh... -san?
Wir kommen!
Hör auf damit.
... beim »Tierarzt«!

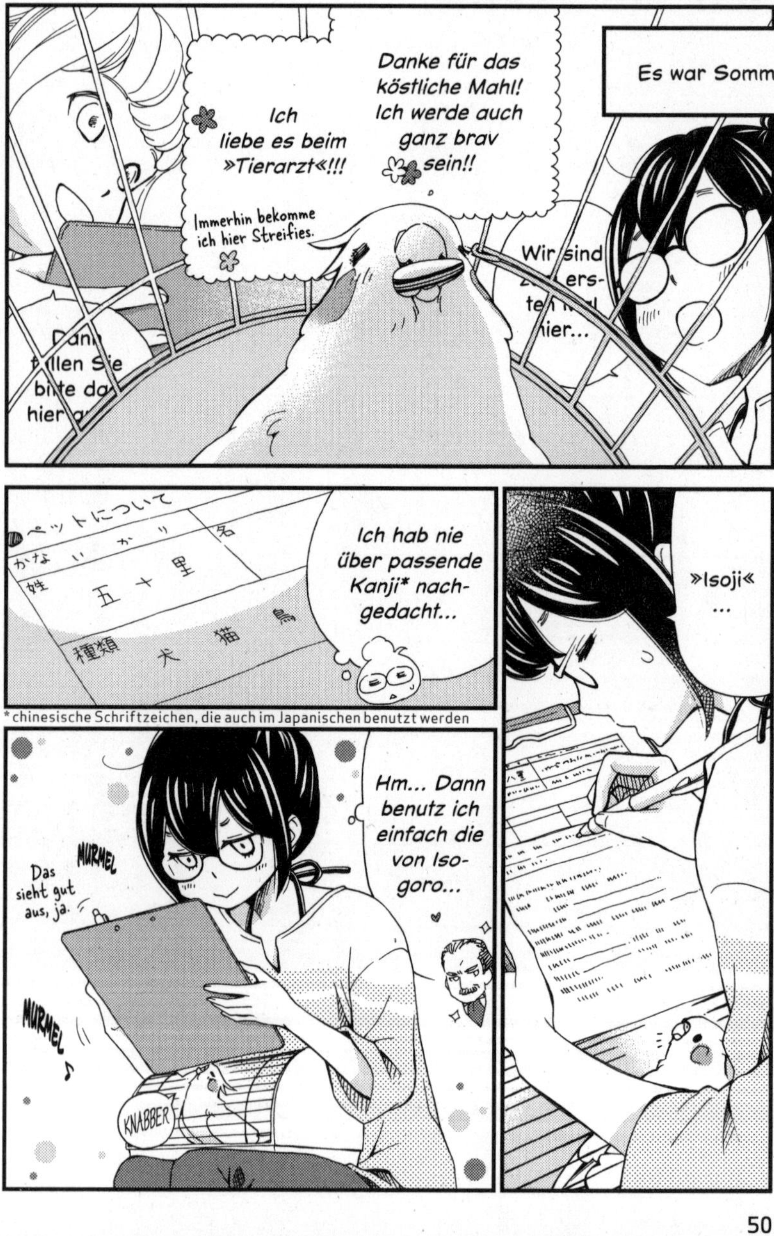


* chinesische Schriftzeichen, die auch im Japanischen benutzt werden

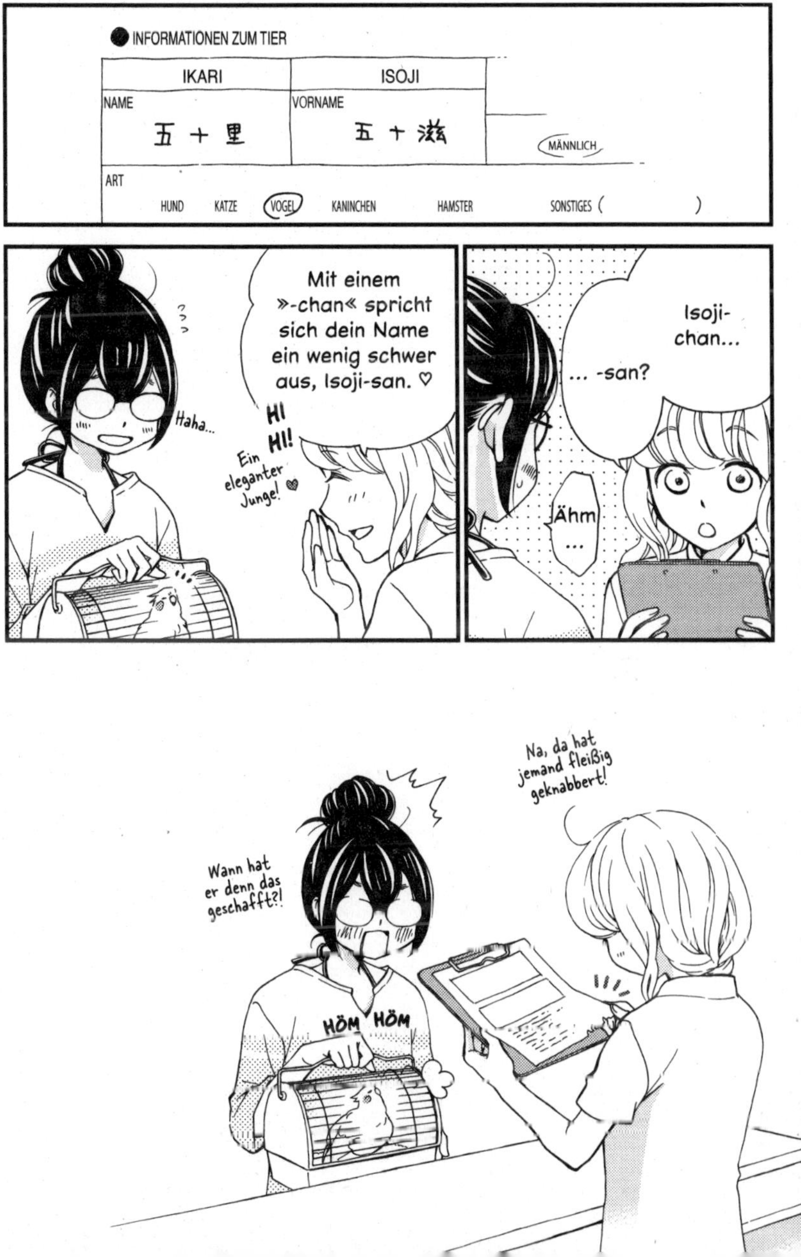
INFORMATIONEN ZUM TIER
IKARI
ISOJI
NAME
五十里
VORNAME
五十滋
MÄNNLICH
ART
HUND
KATZE
VOGEL
KANINCHEN
HAMSTER
SONSTIGES ( )
Isoji-chan...
... -san?
Ähm ...
Mit einem »-chan« spricht sich dein Name ein wenig schwer aus, Isoji-san. ♡
HI HI!
Ein eleganter Junge!
Haha...
Na, da hat jemand fleißig geknabbert!
Wann hat er denn das geschafft?!
HÖM HÖM

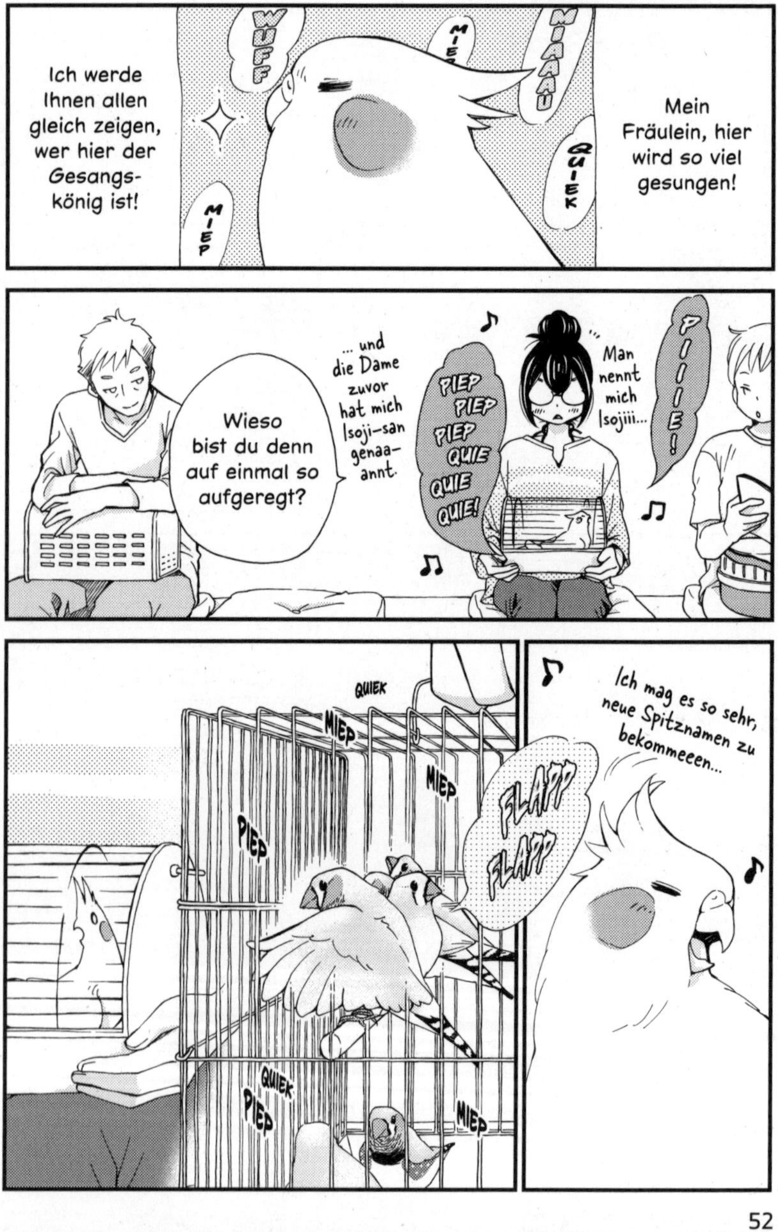
Mein Fräulein, hier wird so viel gesungen!
MIAAAU
QUIEK
MIEP
WUFF
MIEP
Ich werde Ihnen allen gleich zeigen, wer hier der Gesangs-könig ist!
PIIIIE!
Man nennt mich Isojiii...
PIEP PIEP PIEP QUIE QUIE QUIE!
... und die Dame zuvor hat mich Isoji-san genaa-annt.
Wieso bist du denn auf einmal so aufgeregt?
Ich mag es so sehr, neue Spitznamen zu bekommeeen...
FLAPP FLAPP
QUIEK
MIEP
MIEP
PIEP
QUIEK
PIEP
MIEP

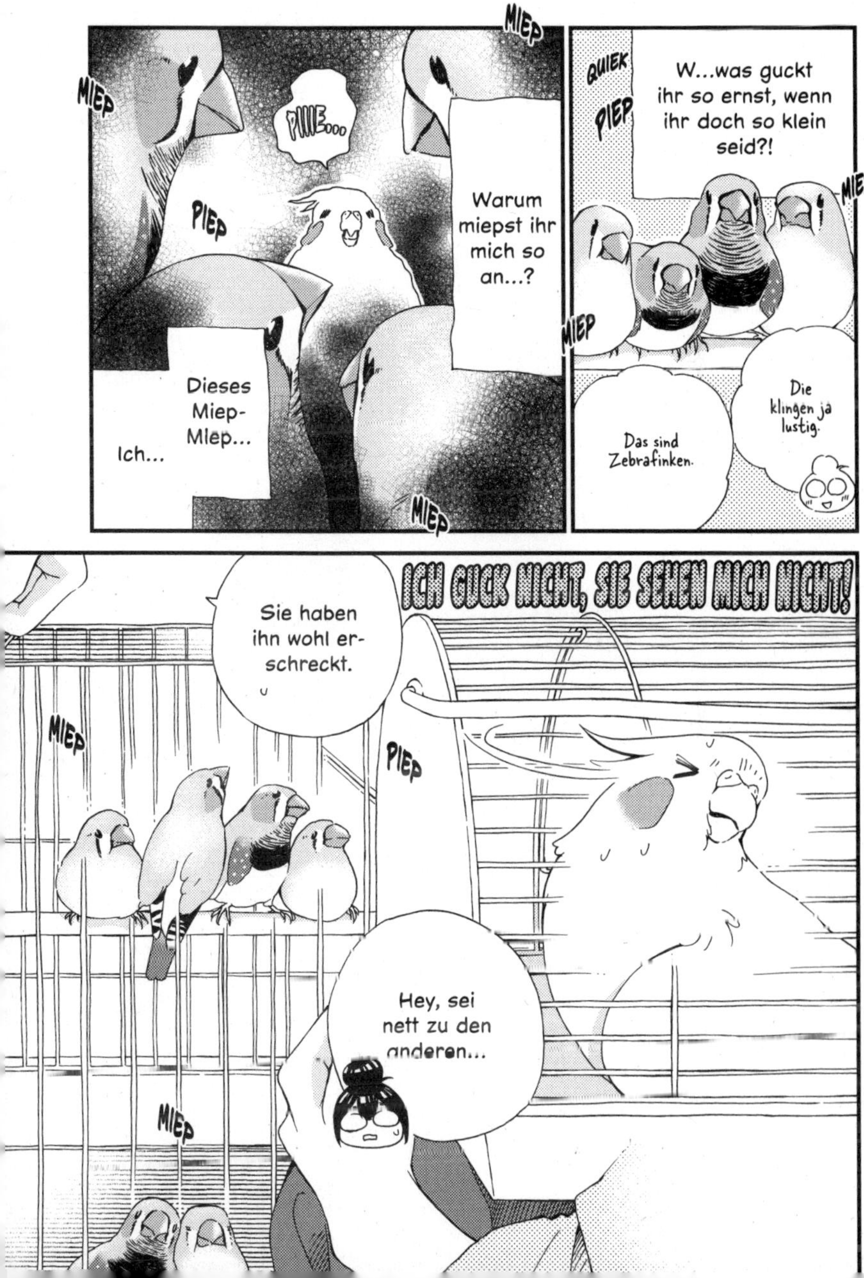
QUIEK
PIEP
W...was guckt ihr so ernst, wenn ihr doch so klein seid?!
MIEP
MIEP
Die klingen ja lustig.
Das sind Zebrafinken.
MIEP
MIEP
PIIIE...
Warum miepst ihr mich so an...?
PIEP
Dieses Miep-Miep...
Ich...
MIEP
ICH GUCK NICHT, SIE SEHEN MICH NICHT!
Sie haben ihn wohl erschreckt.
MIEP
PIEP
Hey, sei nett zu den anderen...
MIEP

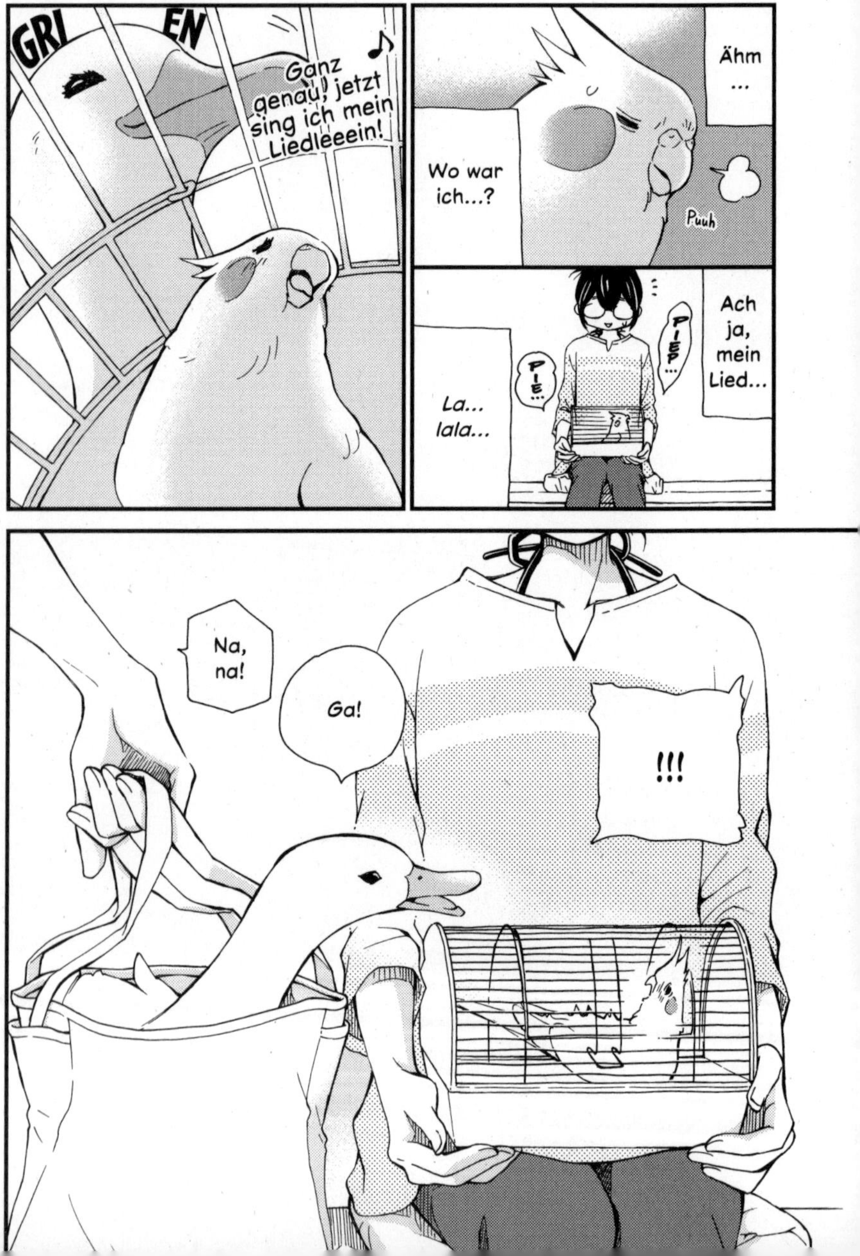

GRIEN
Ganz genau, jetzt sing ich mein Liedleeein!
Ähm ...
Wo war ich...?
Puuh
Ach ja, mein Lied...
PIEP...
PIE...
La... lala...
Na, na!
Ga!
!!!

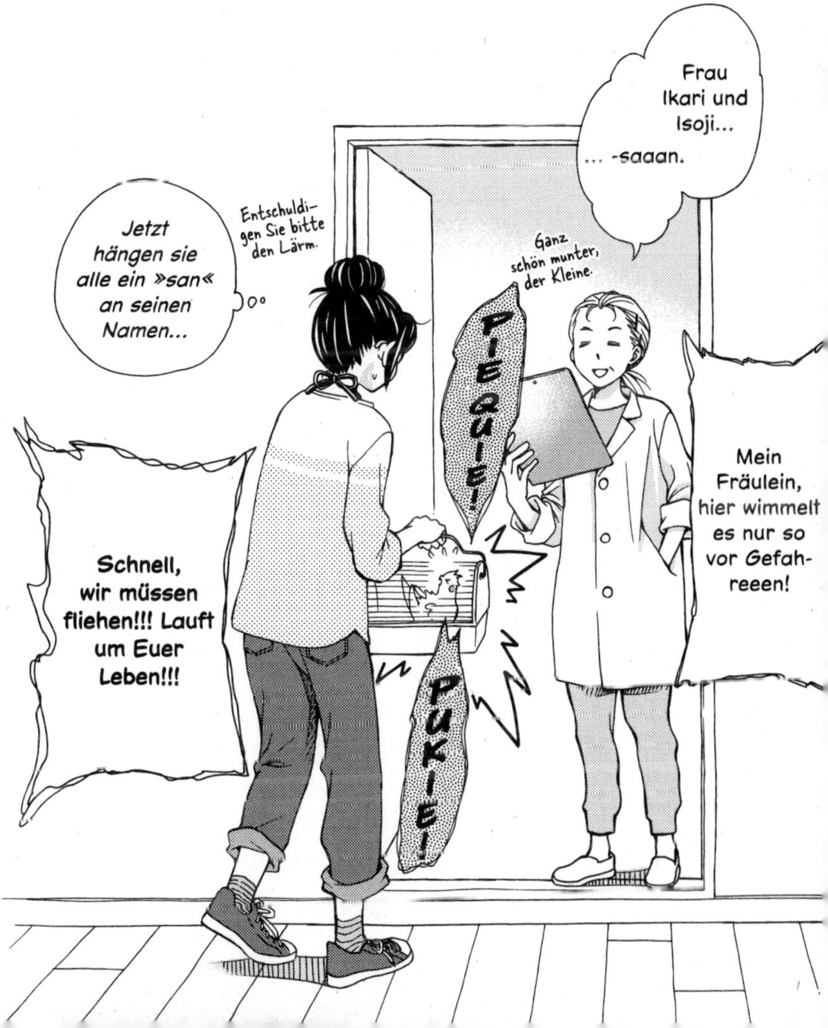
Frau Ikari und Isoji...
... -saaan.
Ganz schön munter, der Kleine.
Mein Fräulein, hier wimmelt es nur so vor Gefah-reeen!
PIEQUIE!
PUKIE!
Entschuldigen Sie bitte den Lärm.
Jetzt hängen sie alle ein »san« an seinen Namen...
Schnell, wir müssen fliehen!!! Lauft um Euer Leben!!!

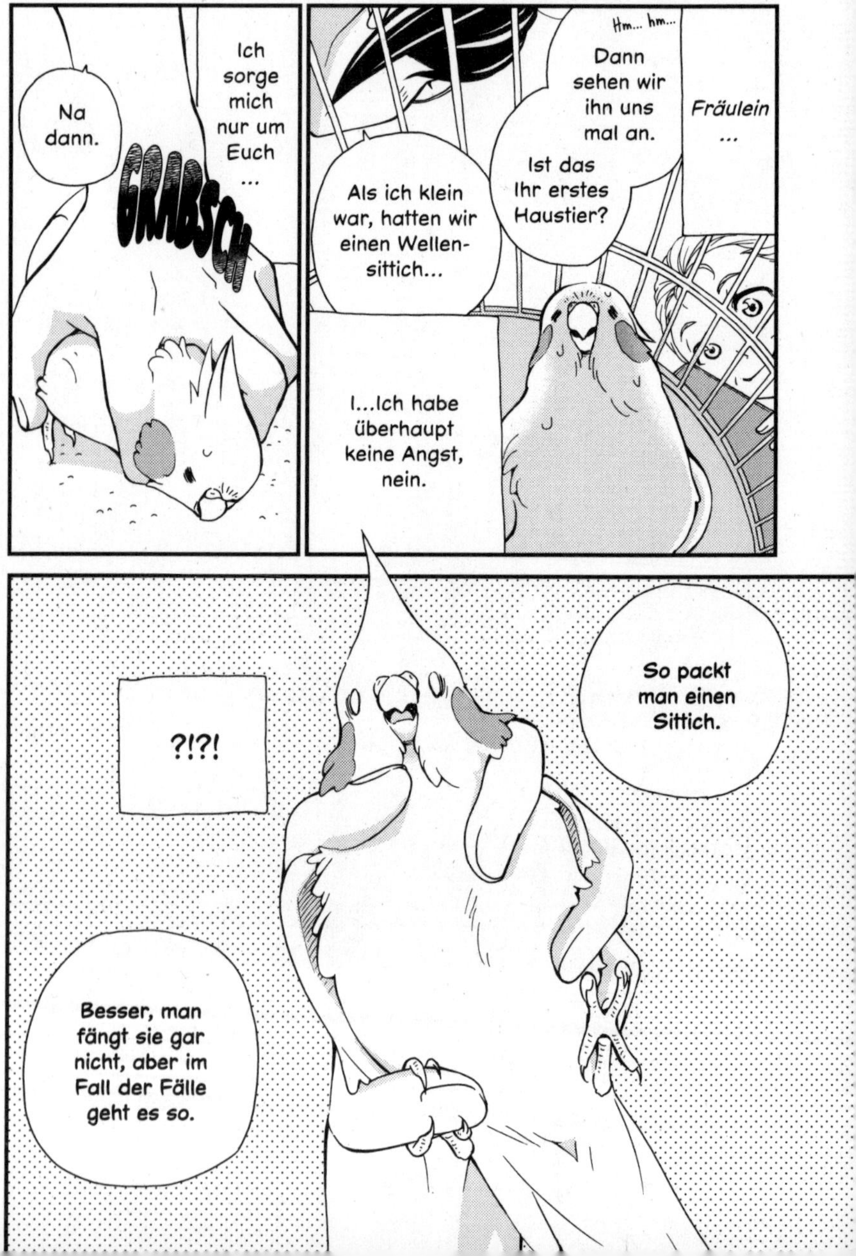
Fräulein ...
Hm... hm...
Dann sehen wir ihn uns mal an.
Ist das Ihr erstes Haustier?
Als ich klein war, hatten wir einen Wellen-sittich...
I...Ich habe überhaupt keine Angst, nein.
Ich sorge mich nur um Euch ...
Na dann.
GRABSCH
So packt man einen Sittich.
?!?!
Besser, man fängt sie gar nicht, aber im Fall der Fälle geht es so.

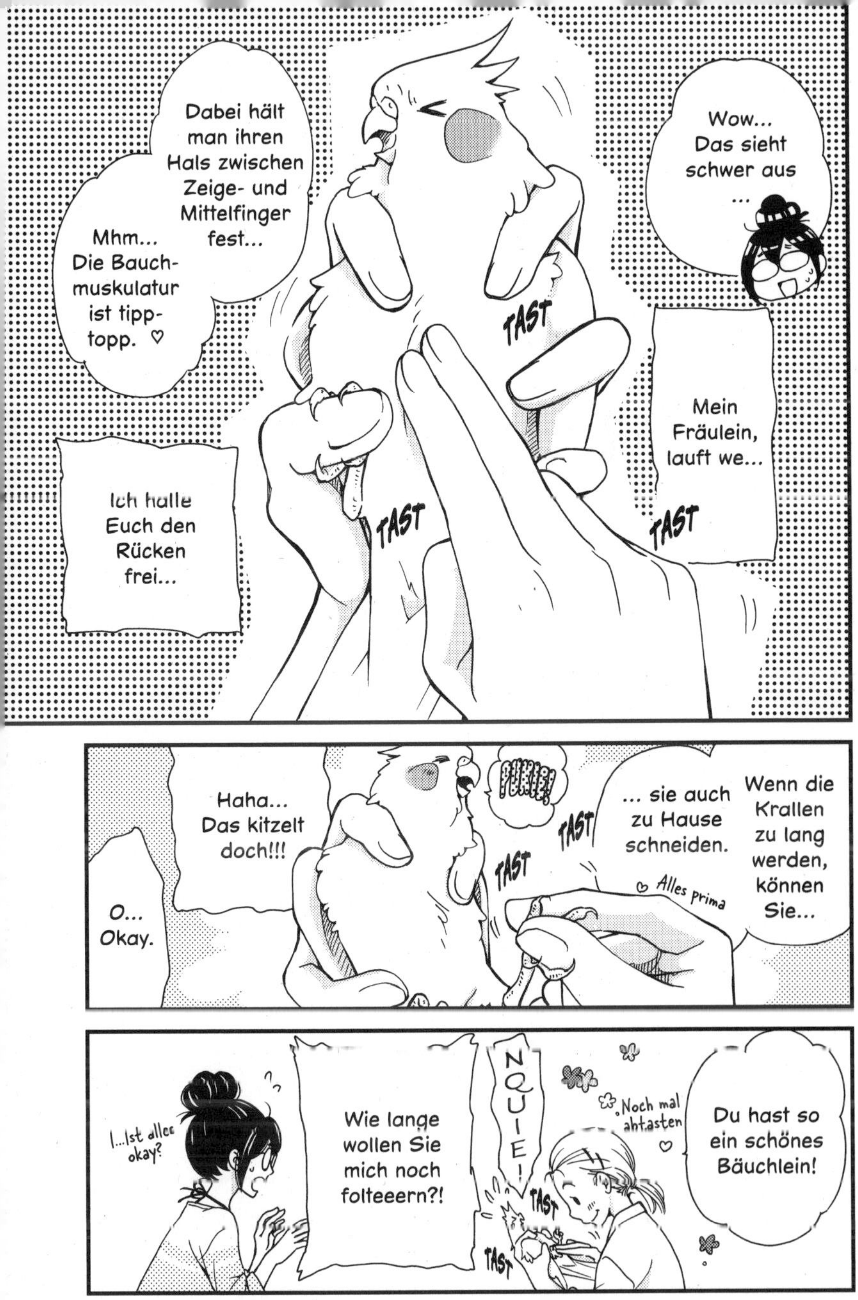
Wow... Das sieht schwer aus ...
Mein Fräulein, lauft we...
Dabei hält man ihren Hals zwischen Zeige- und Mittelfinger fest...
Mhm... Die Bauchmuskulatur ist tipptopp. ♡
Ich halte Euch den Rücken frei...
TAST
TAST
TAST
Wenn die Krallen zu lang werden, können Sie...
... sie auch zu Hause schneiden.
♡ Alles prima
TAST
TAST
PUKIE!
Haha... Das kitzelt doch!!!
O... Okay.
Du hast so ein schönes Bäuchlein!
Noch mal abtasten ♡
NQUIE!
TAST
TAST
Wie lange wollen Sie mich noch folteeern?!
I...Ist alles okay?

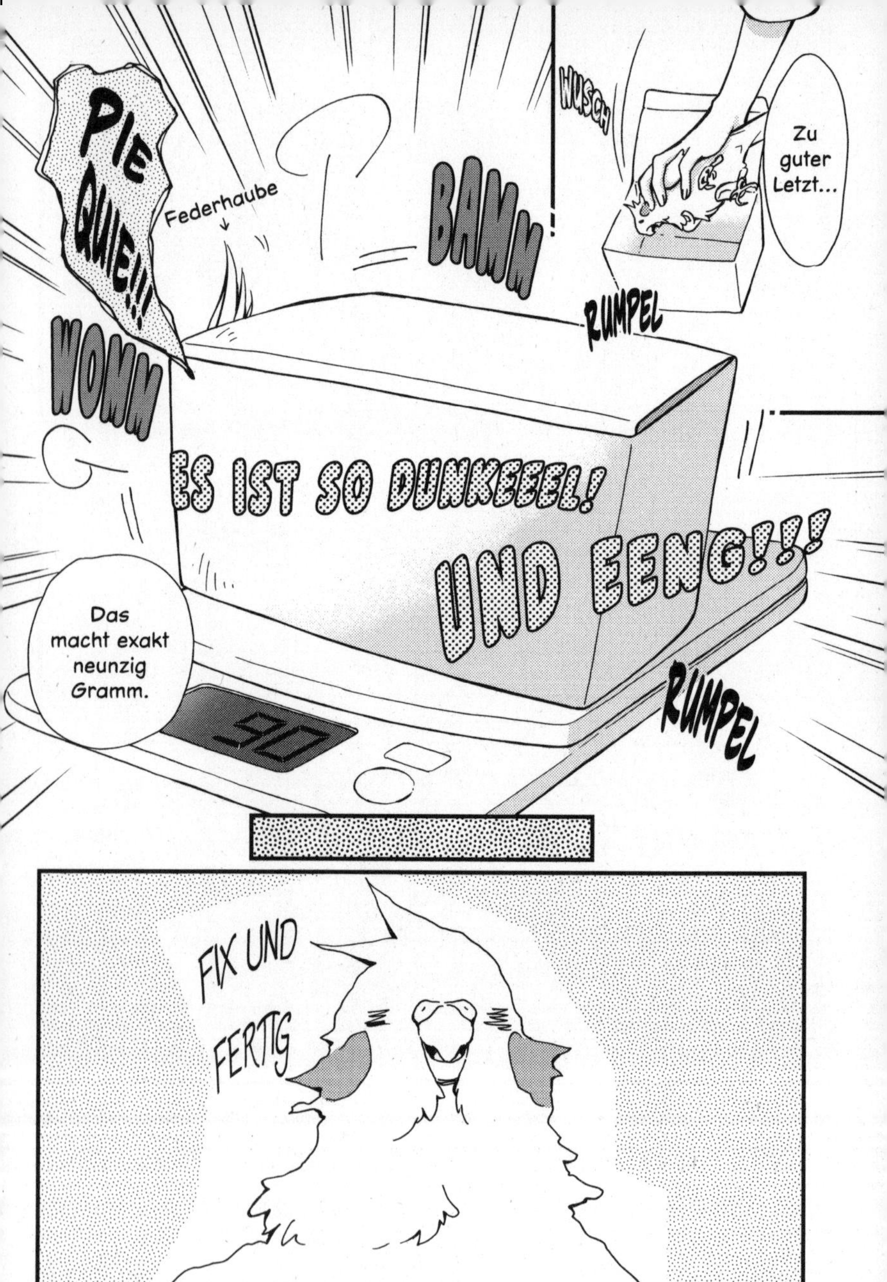
WUSCH
Zu guter Letzt...
BAMM
PIE QUIE!!!
Federhaube
WOMM
RUMPEL
ES IST SO DUNKEEEL!
UND EENG!!!
RUMPEL
Das macht exakt neunzig Gramm.
90
FIX UND FERTIG

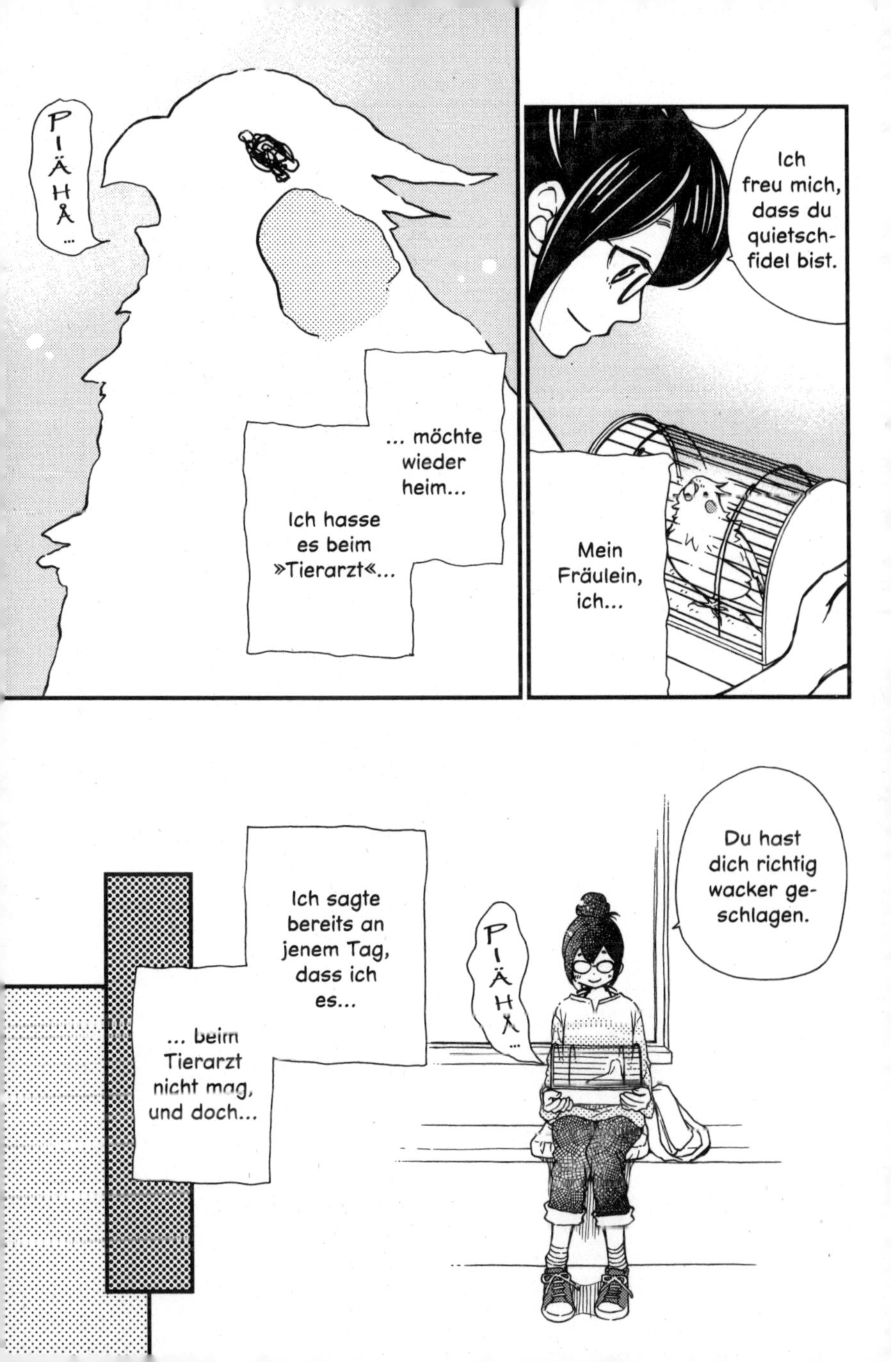
Ich freu mich, dass du quietsch-fidel bist.
Mein Fräulein, ich...
... möchte wieder heim...
Ich hasse es beim »Tierarzt«...
PIÄHÄ...
Du hast dich richtig wacker ge-schlagen.
PIÄHÄ...
Ich sagte bereits an jenem Tag, dass ich es...
... beim Tierarzt nicht mag, und doch...

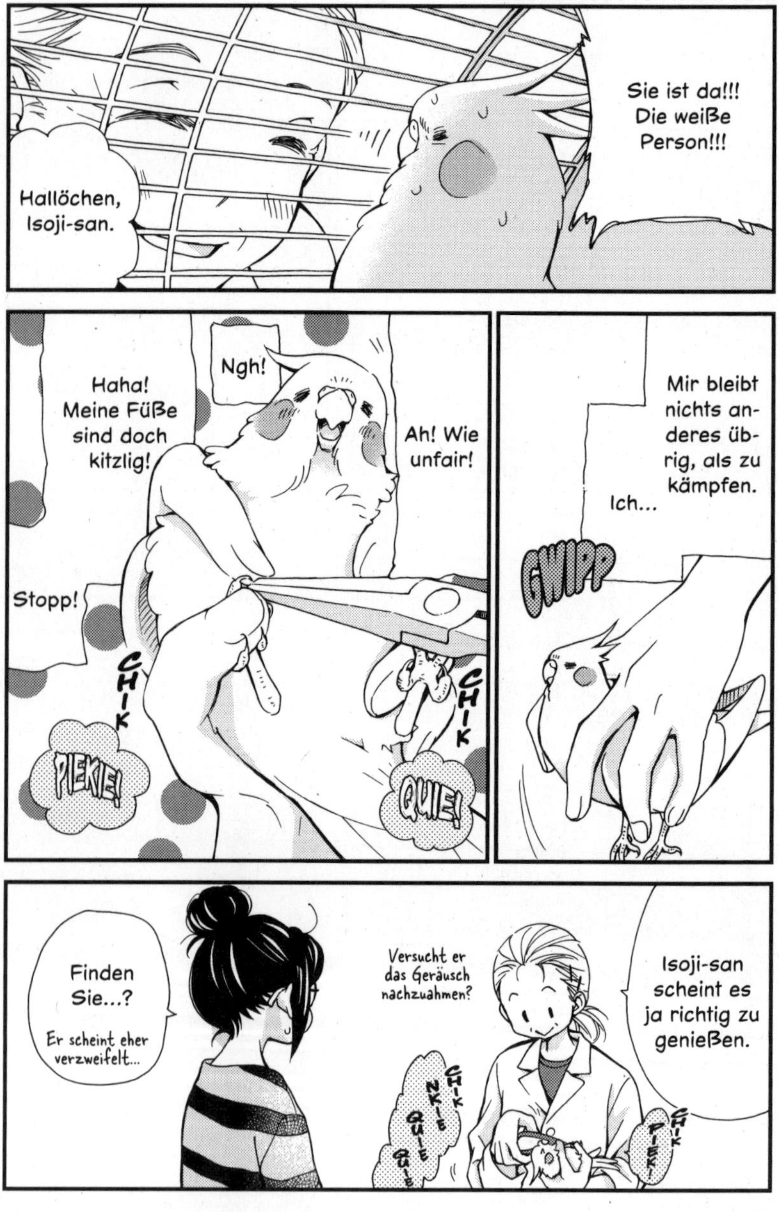
Sie ist da!!! Die weiße Person!!!
Hallöchen, Isoji-san.
Ich...
Mir bleibt nichts an-deres üb-rig, als zu kämpfen.
GWIPP
Ngh!
Ah! Wie unfair!
Haha! Meine Füße sind doch kitzlig!
Stopp!
CHIK
CHIK
PIEKIE!
QUIE!
Isoji-san scheint es ja richtig zu genießen.
CHIK
PIEKI
Versucht er das Geräusch nachzuahmen?
CHIK
NKIE
QUIE
QUIE
Finden Sie...?
Er scheint eher verzweifelt...

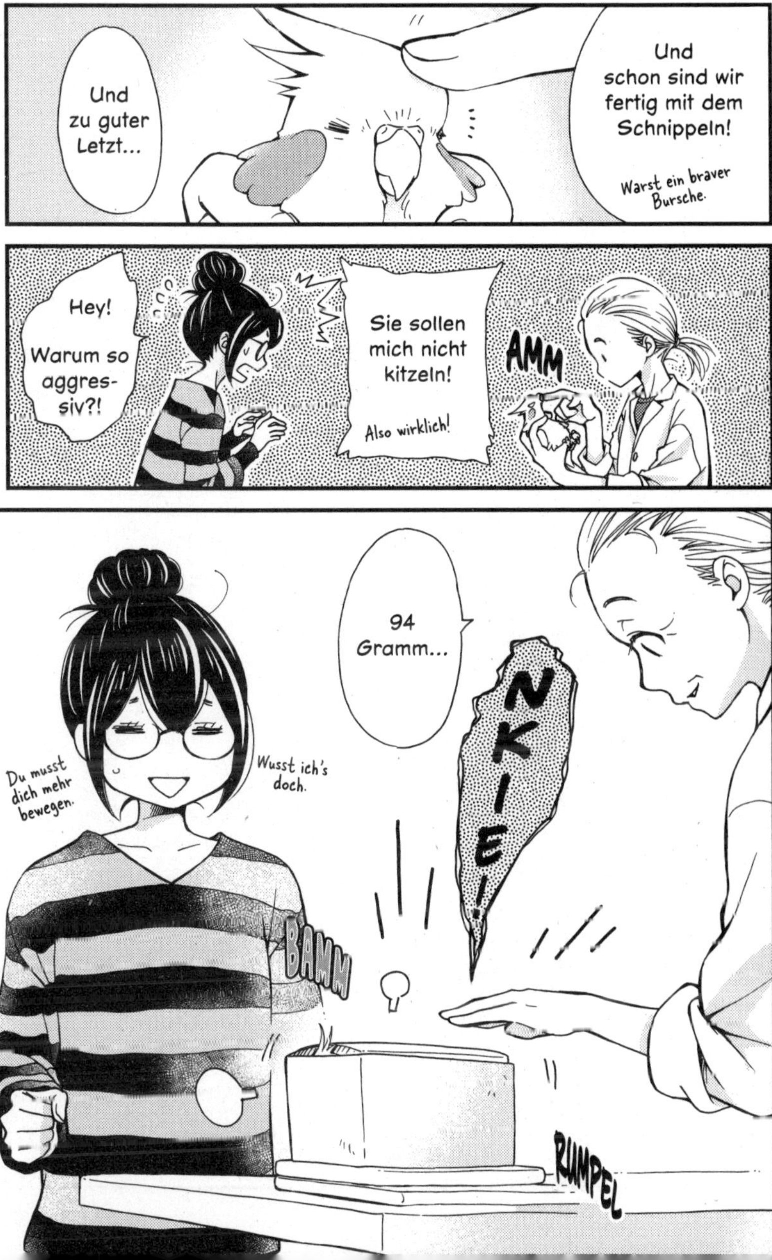
Und schon sind wir fertig mit dem Schnippeln!
Warst ein braver Bursche.
Und zu guter Letzt...
AMM
Sie sollen mich nicht kitzeln!
Also wirklich!
Hey!
Warum so aggres-siv?!
94 Gramm...
NKIE!!
RUMPEL
BAMM
Wusst ich's doch.
Du musst dich mehr bewegen.

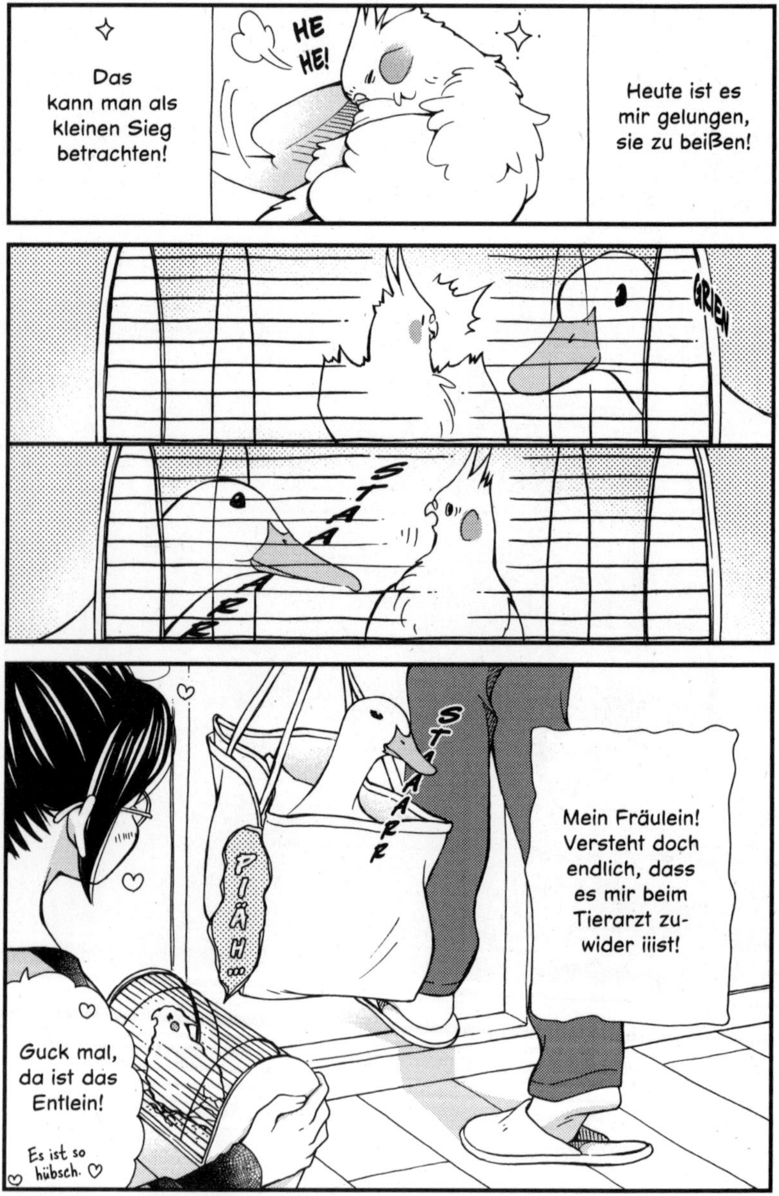
Heute ist es mir gelungen, sie zu beißen!
HE HE!
Das kann man als kleinen Sieg betrachten!
GRIEN
STAAARR
Mein Fräulein! Versteht doch endlich, dass es mir beim Tierarzt zuwider iiist!
STAAARR
PIÄH...
Guck mal, da ist das Entlein!
Es ist so hübsch.

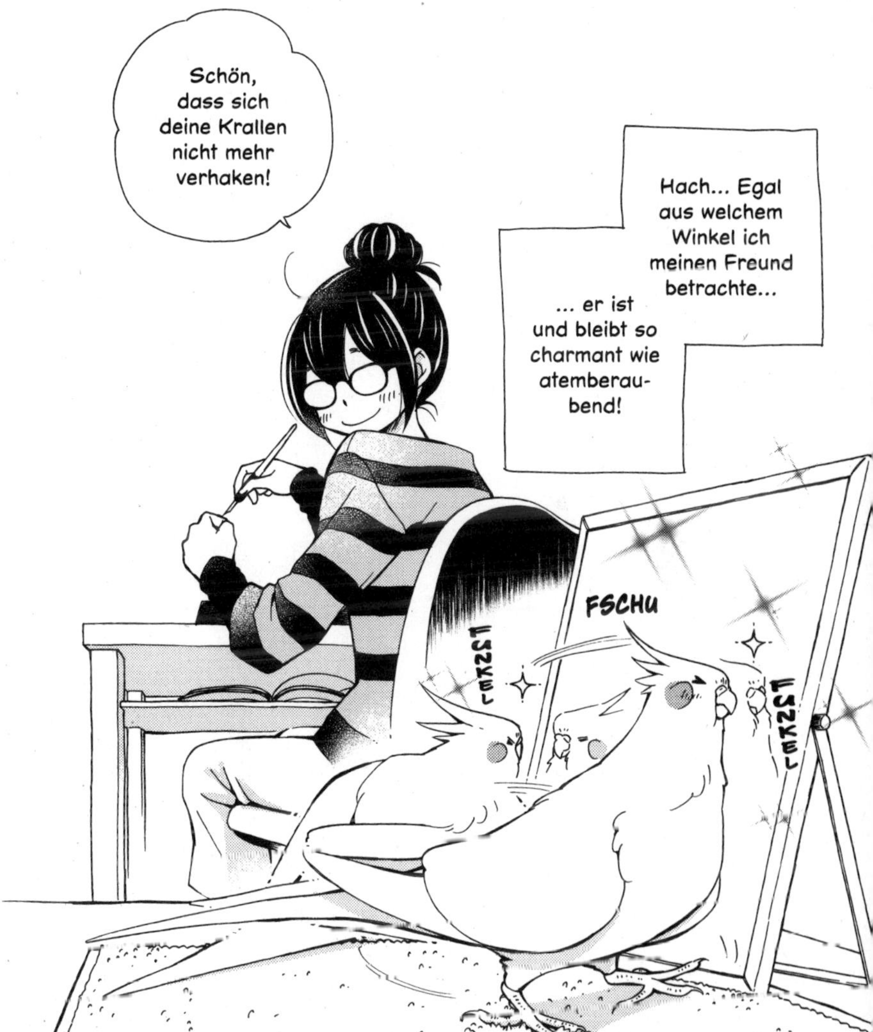
Hach... Egal aus welchem Winkel ich meinen Freund betrachte...
... er ist und bleibt so charmant wie atemberau-bend!
Schön, dass sich deine Krallen nicht mehr verhaken!
FSCHU
FUNKEL
FUNKEL

AM NÄCHSTEN TAG

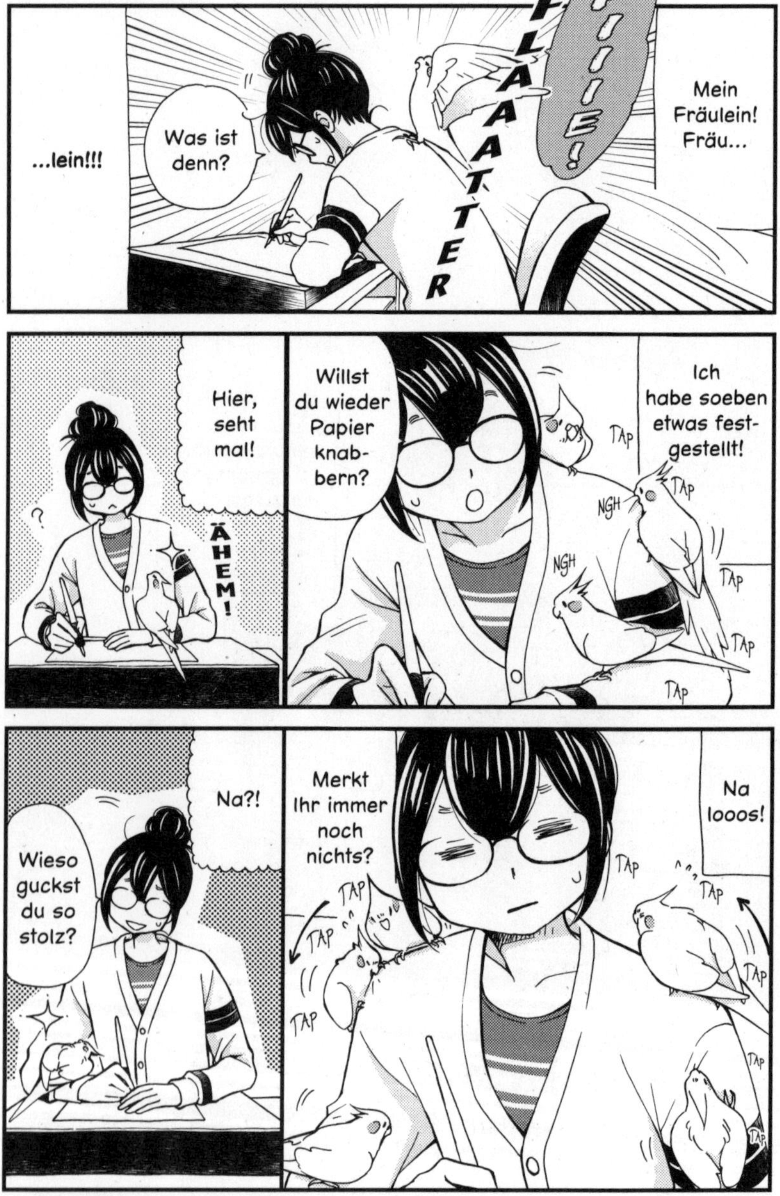

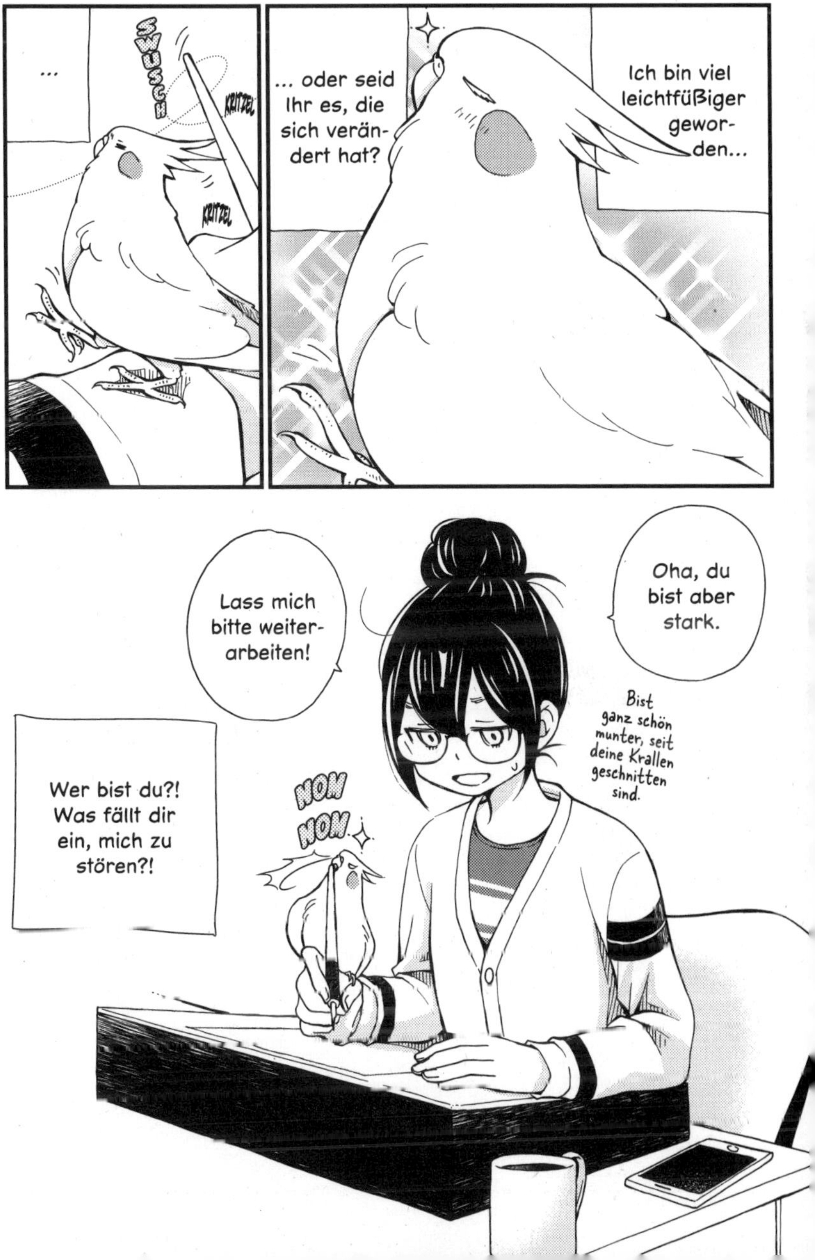
Ich bin viel leichtfüßiger geworden...
... oder seid Ihr es, die sich verändert hat?
SWUSCH
KRITZEL
KRITZEL
...
Oha, du bist aber stark.
Bist ganz schön munter, seit deine Krallen geschnitten sind.
Lass mich bitte weiterarbeiten!
NOM NOM
Wer bist du?! Was fällt dir ein, mich zu stören?!

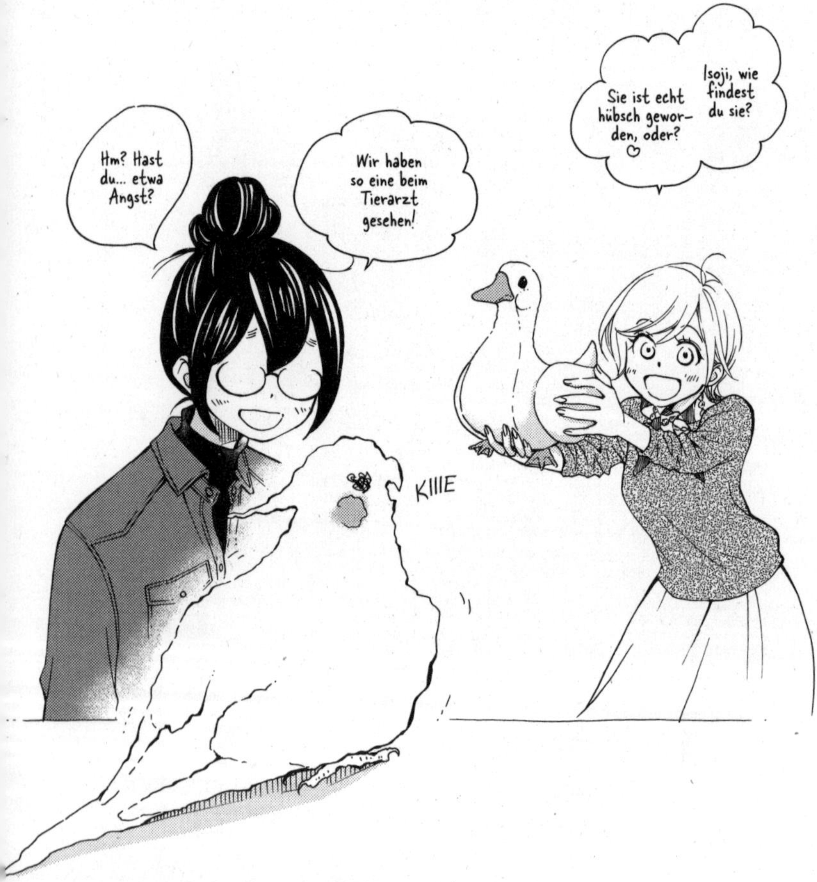
Isoji, wie findest du sie?
Sie ist echt hübsch geworden, oder? ♡
Wir haben so eine beim Tierarzt gesehen!
Hm? Hast du... etwa Angst?
KIIIE

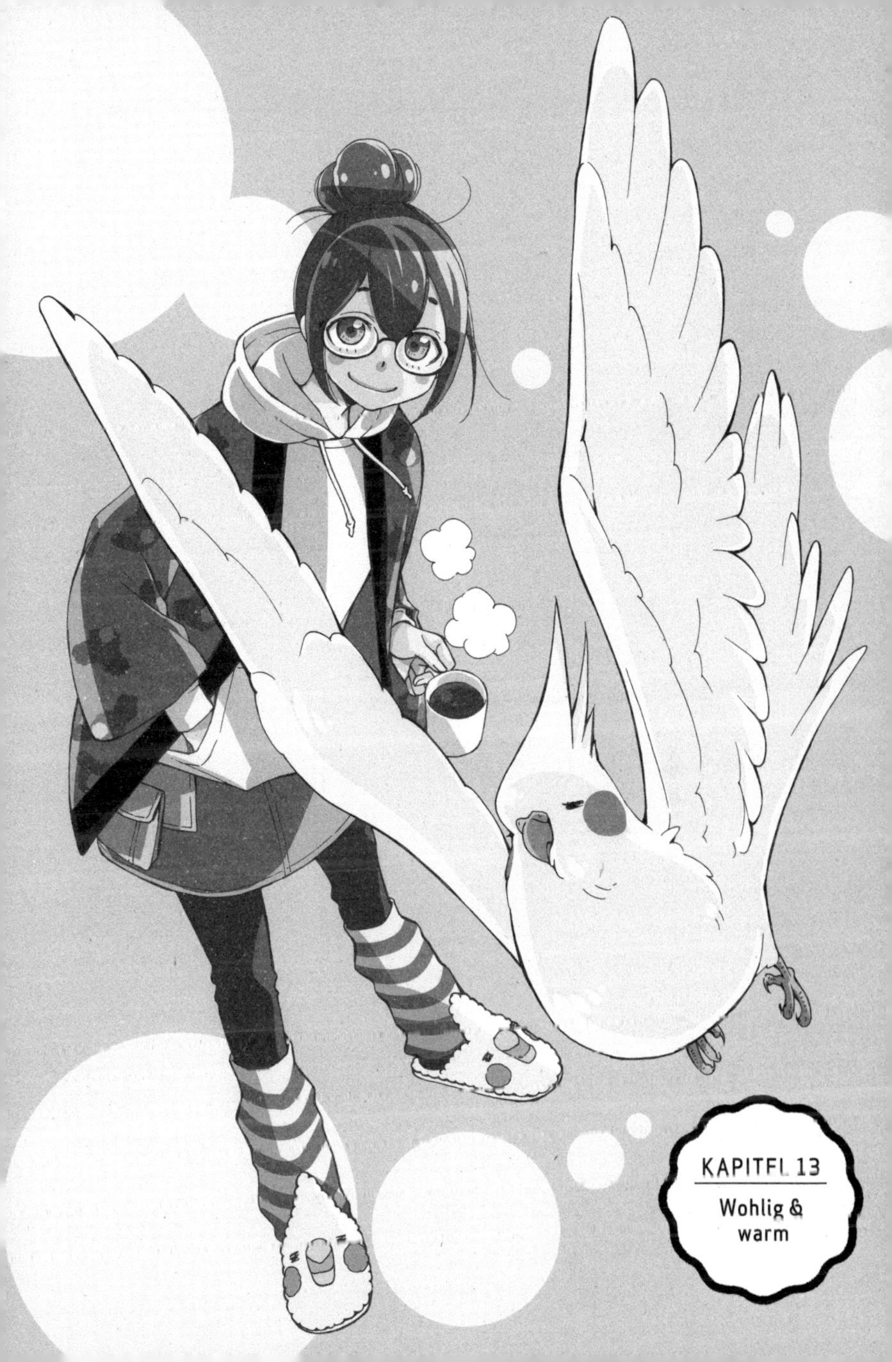
KAPITEL 13
Wohlig & warm

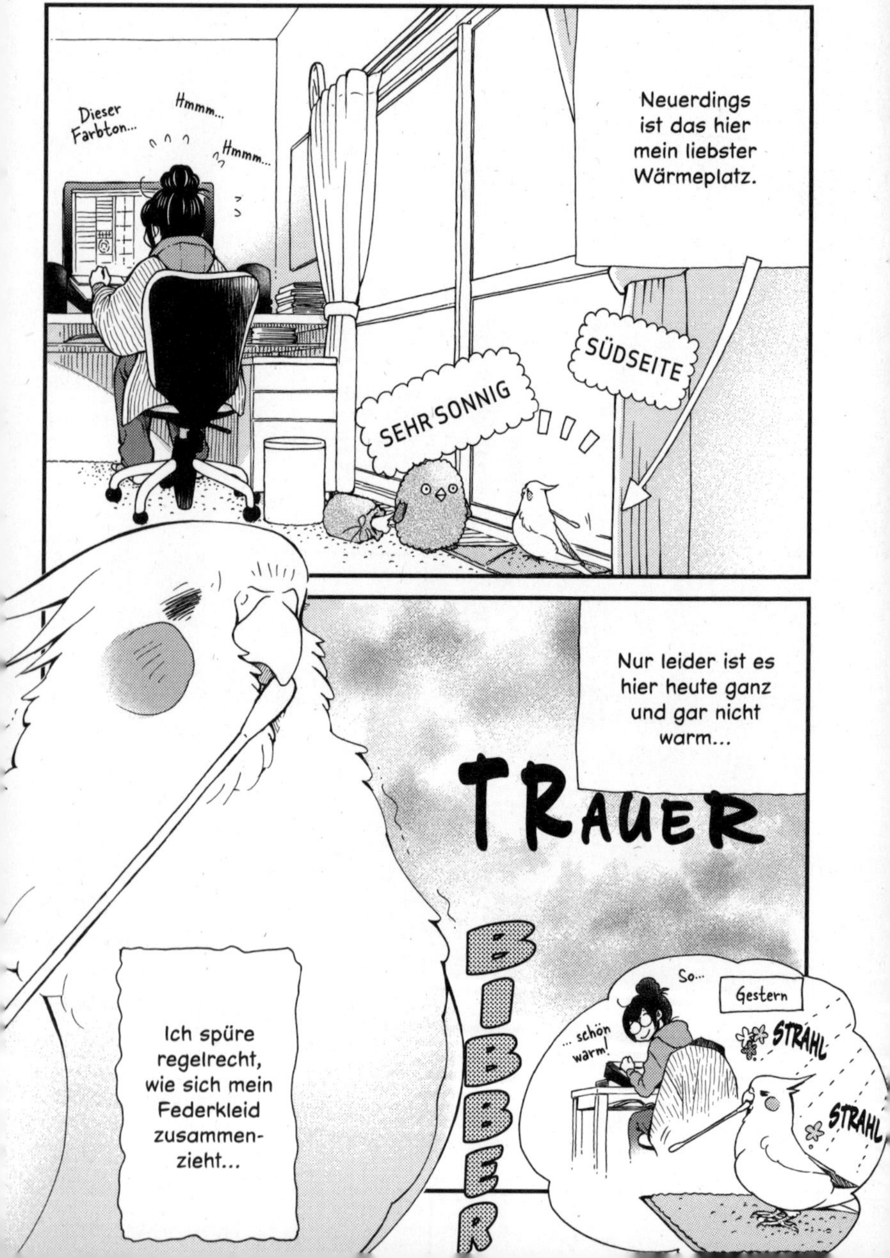
Neuerdings ist das hier mein liebster Wärmeplatz.
Hmmm...
Dieser Farbton...
Hmmm...
SÜDSEITE
SEHR SONNIG
Nur leider ist es hier heute ganz und gar nicht warm...
TRAUER
BIBBER
Gestern
So...
... schön warm!
STRAHL
STRAHL
Ich spüre regelrecht, wie sich mein Federkleid zusammen-zieht...

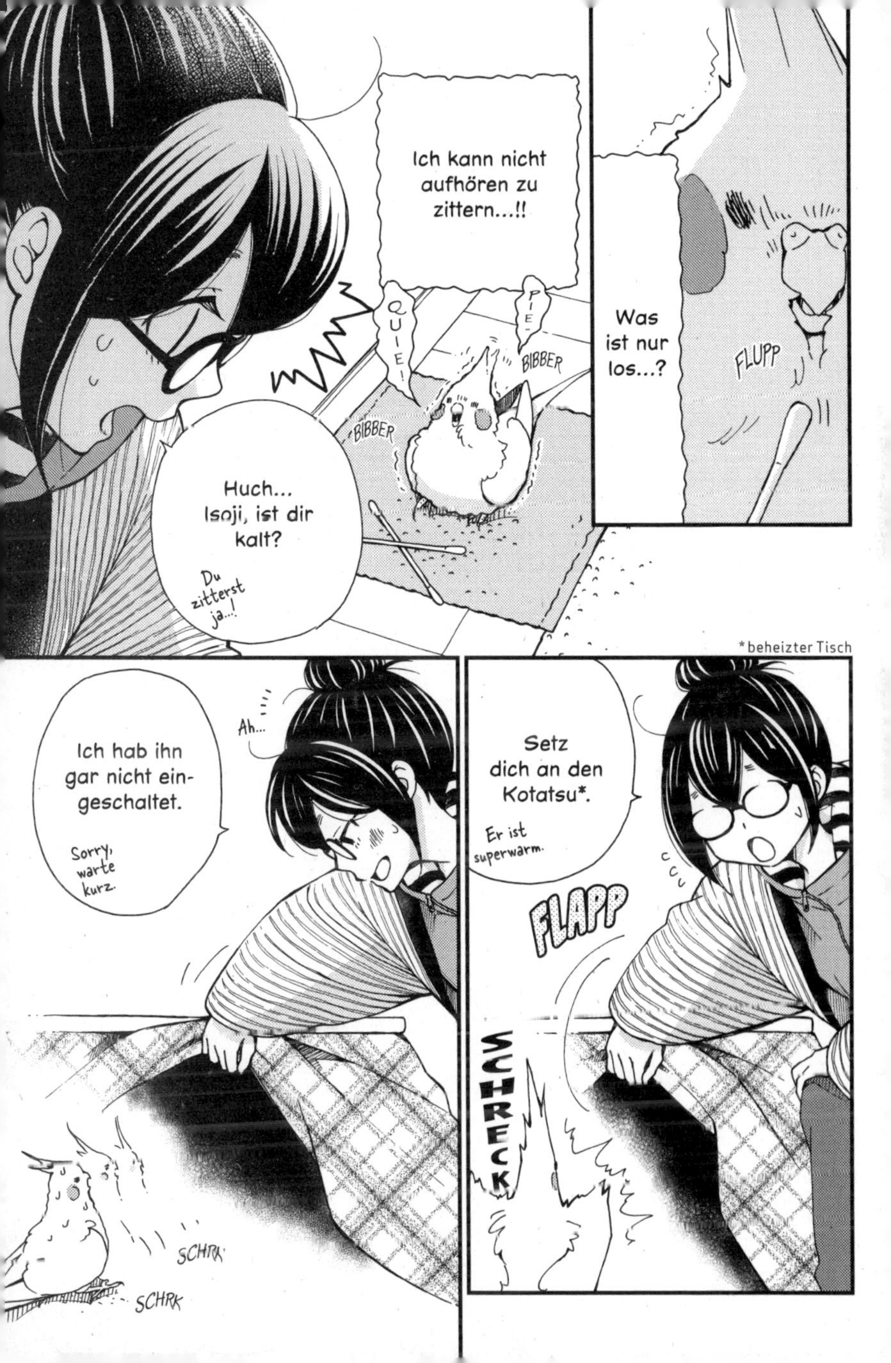


*beheizter Tisch

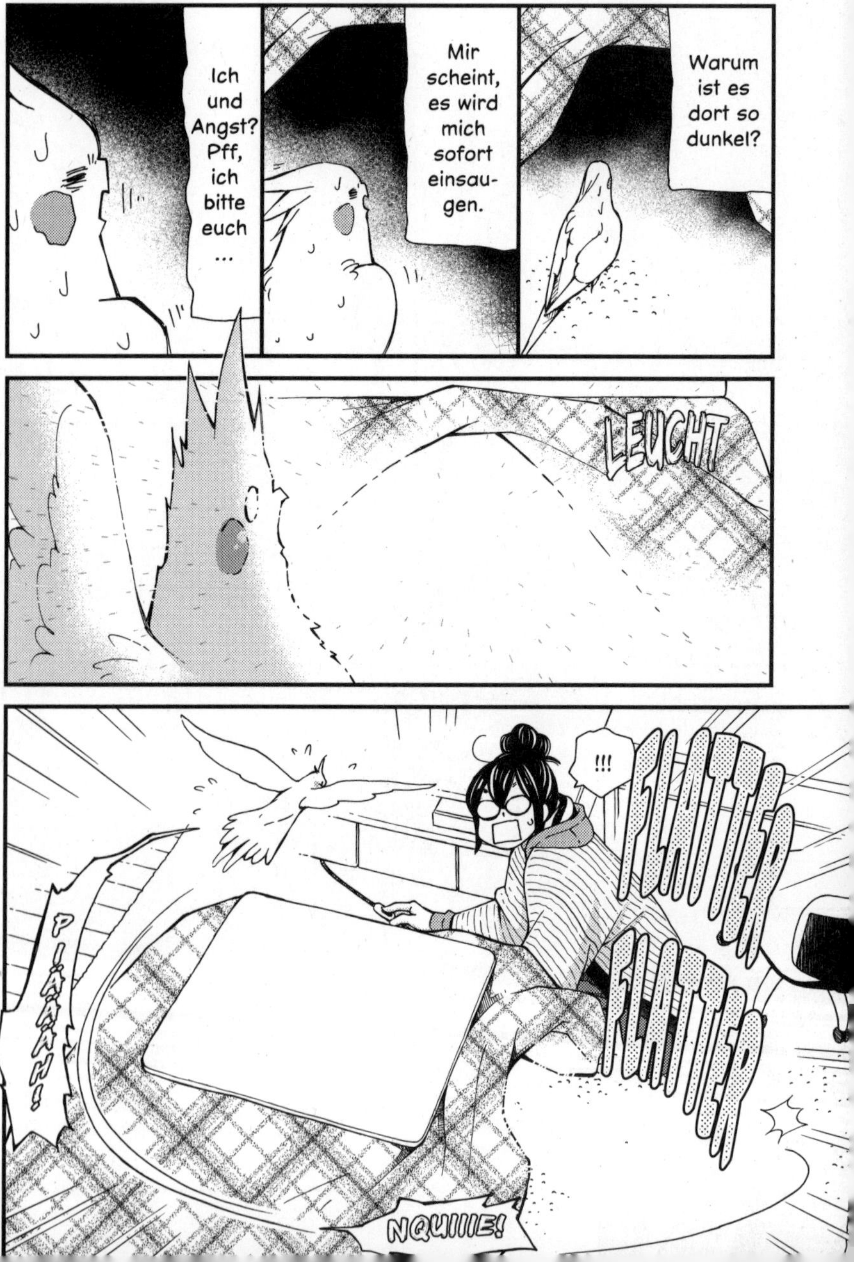
Warum ist es dort so dunkel?
Mir scheint, es wird mich sofort einsaugen.
Ich und Angst? Pff, ich bitte euch ...
LEUCHT
!!!
FLATTER
FLATTER
PIAAAAH!
NQUIIIE!

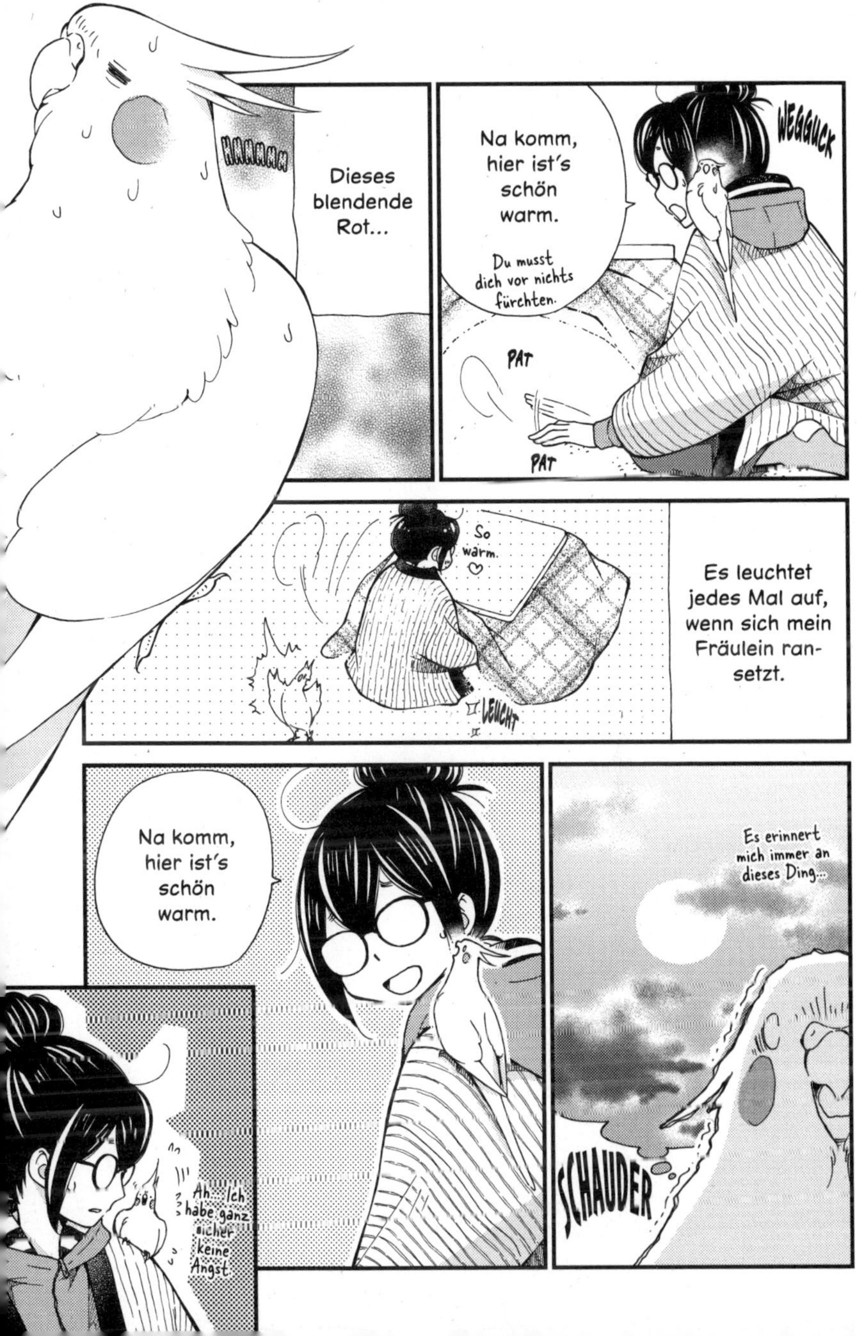
Na komm, hier ist's schön warm.
Du musst dich vor nichts fürchten.
WEGGUCK
PAT
PAT
Dieses blendende Rot...
Es leuchtet jedes Mal auf, wenn sich mein Fräulein ransetzt.
So warm.
LEUCHT
Es erinnert mich immer an dieses Ding...
SCHAUDER
Na komm, hier ist's schön warm.
Ah... Ich habe ganz sicher keine Angst.

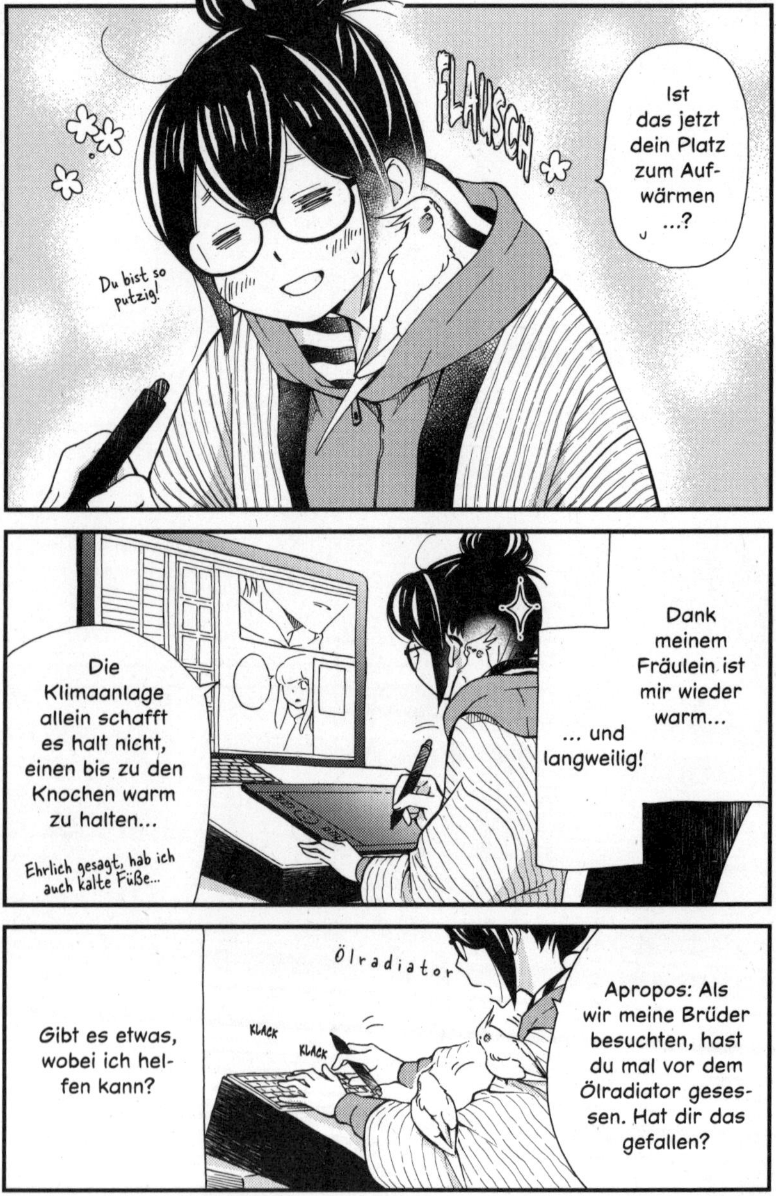


Yae zeichnet alles per Hand. Nur der Feinschliff erfolgt digital.

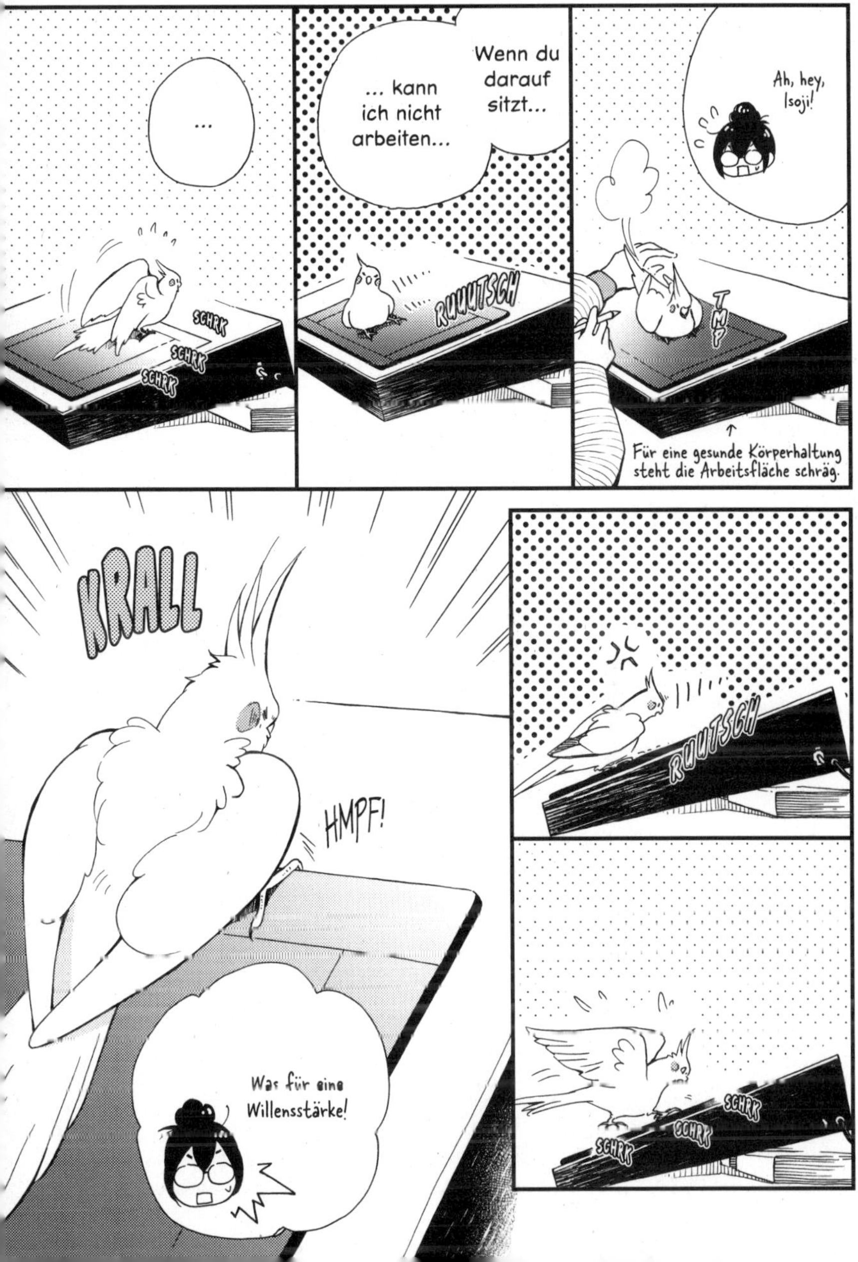
...
SCHRK
SCHRK
SCHRK
Wenn du darauf sitzt...
... kann ich nicht arbeiten...
RUUUTSCH
Ah, hey, Isoji!
TMP
Für eine gesunde Körperhaltung steht die Arbeitsfläche schräg.
RUUTSCH
SCHRK
SCHRK
SCHRK
KRALL
HMPF!
Was für eine Willensstärke!

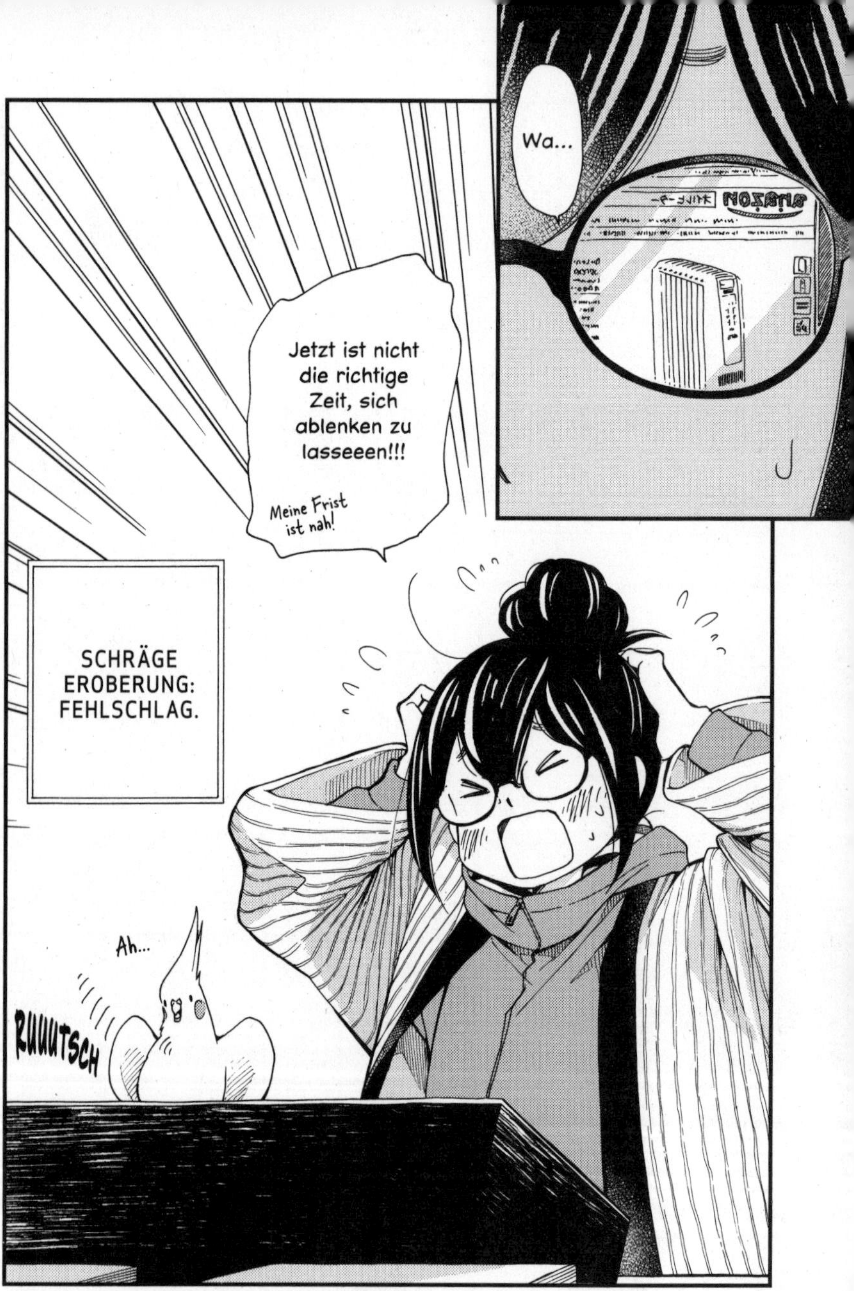

Wa...
Jetzt ist nicht die richtige Zeit, sich ablenken zu lasseeen!!!
Meine Frist ist nah!
SCHRÄGE EROBERUNG: FEHLSCHLAG.
Ah...
RUUUTSCH

## DIE WARME EROBERUNG

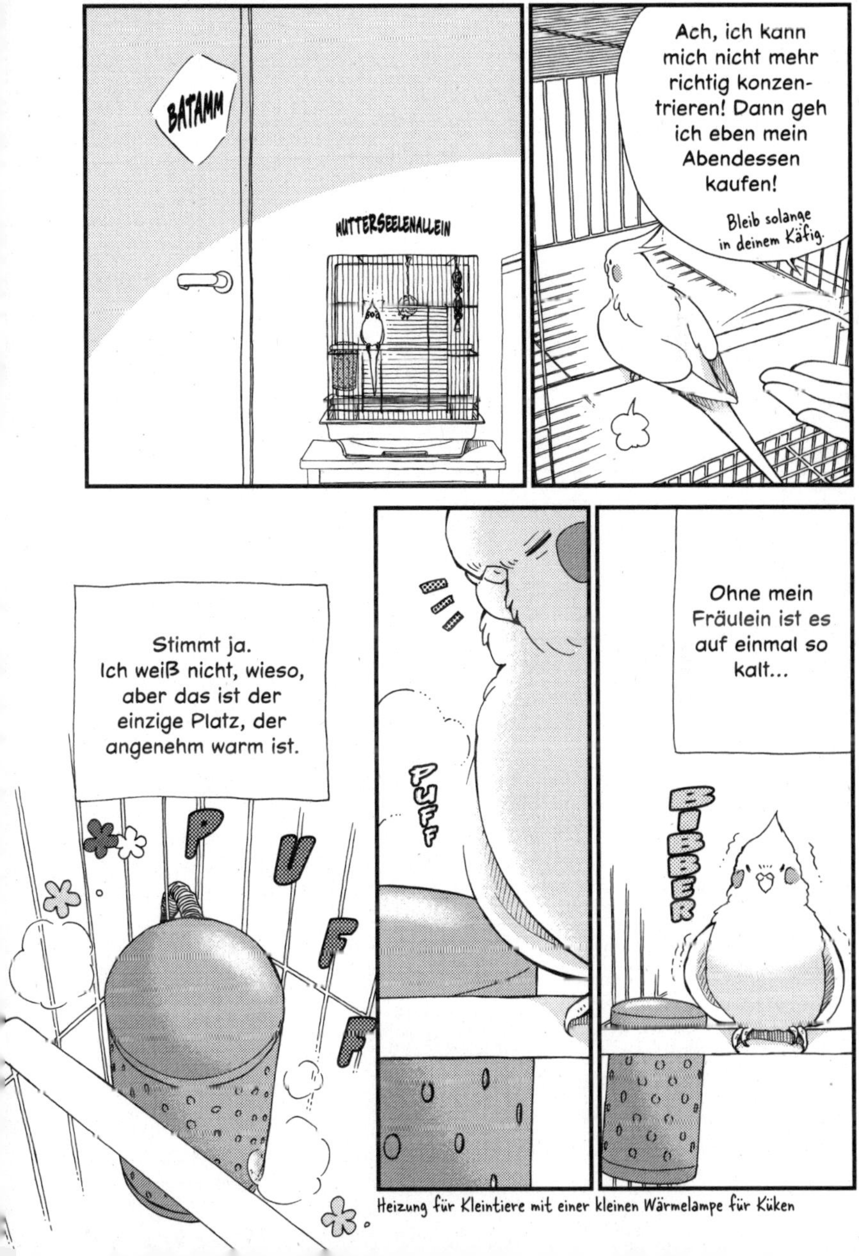

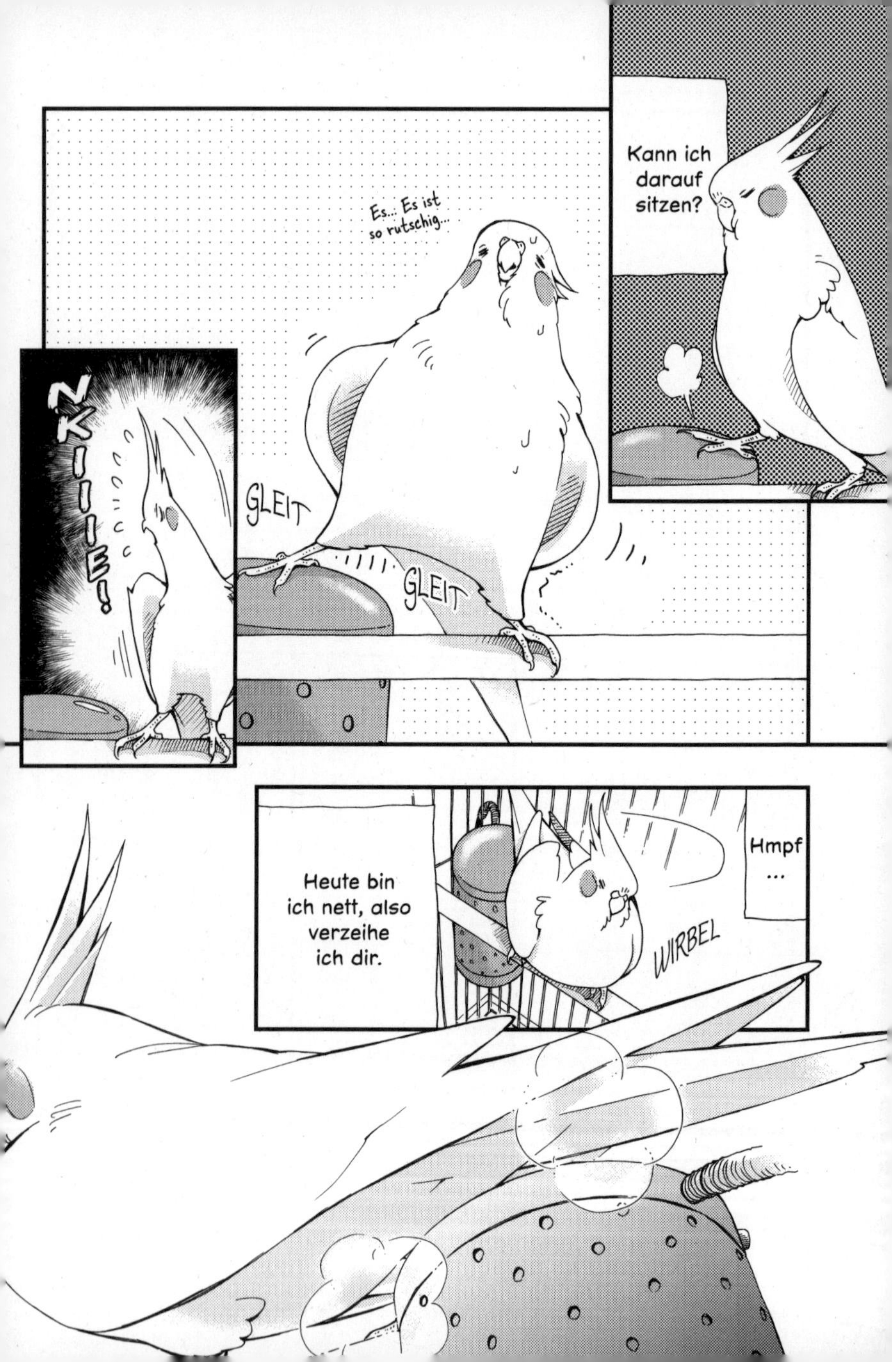

Kann ich darauf sitzen?
Es... Es ist so rutschig...
GLEIT
GLEIT
NKIIIIE!
Hmpf ...
WIRBEL
Heute bin ich nett, also verzeihe ich dir.

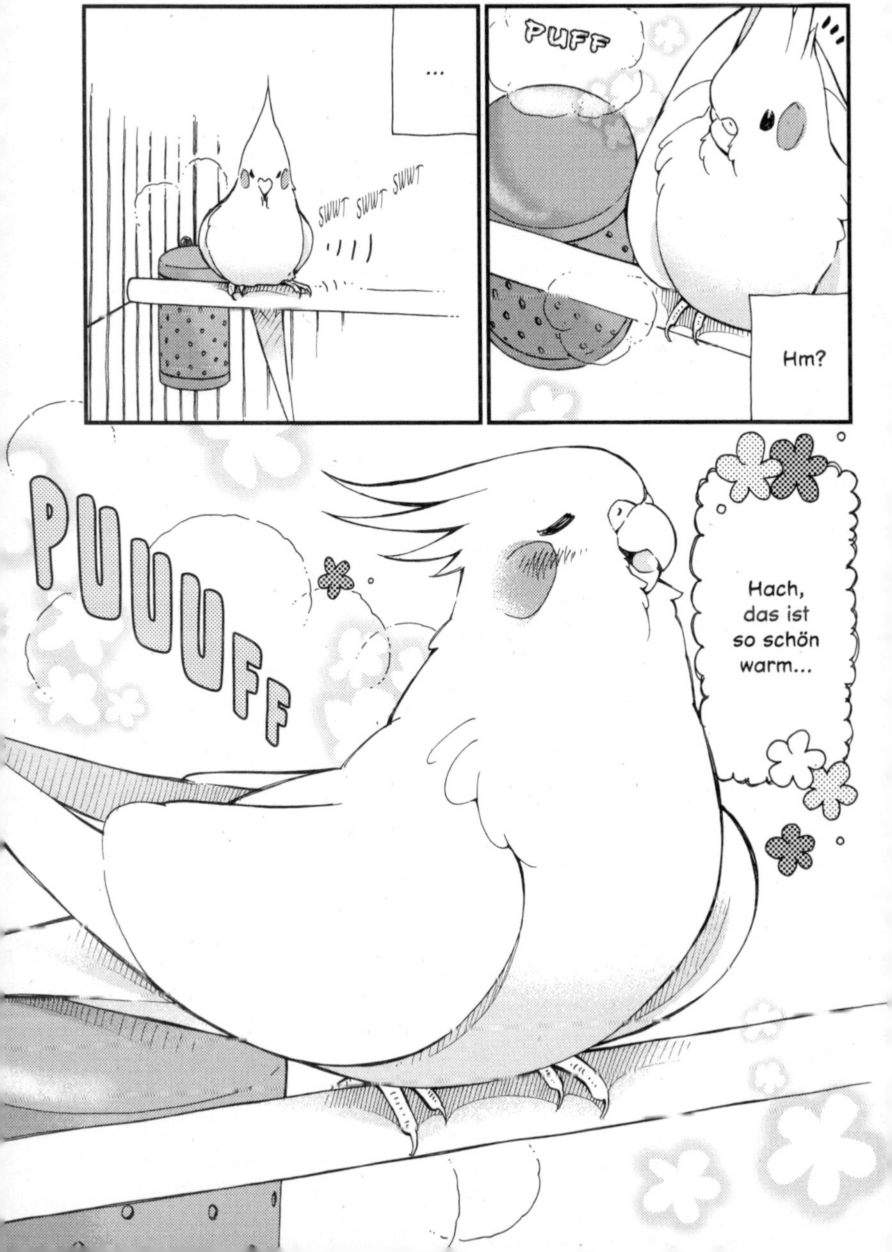
...
SWWT SWWT SWWT
PUFF
Hm?
PUUUFFF
Hach, das ist so schön warm...

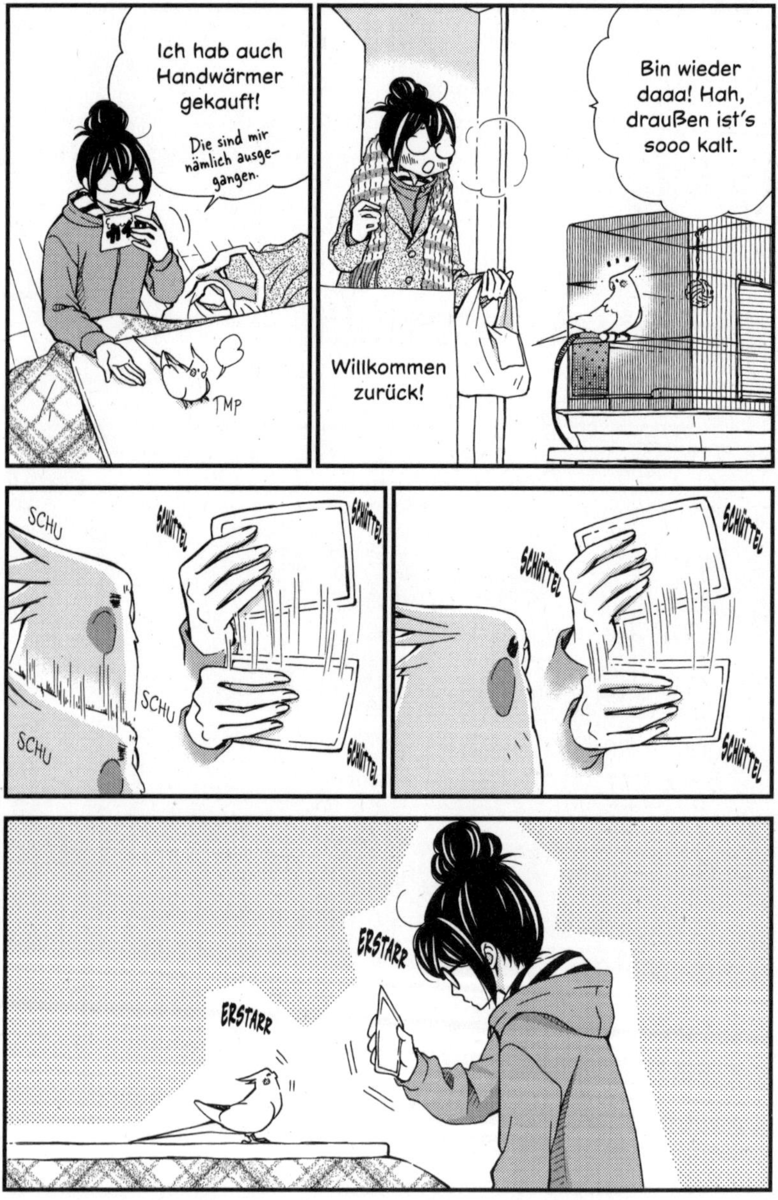
Bin wieder daaa! Hah, draußen ist's sooo kalt.
Willkommen zurück!
Ich hab auch Handwärmer gekauft!
Die sind mir nämlich ausgegangen.
TMP
SCHÜTTEL
SCHÜTTEL
SCHÜTTEL
SCHÜTTEL
SCHU
SCHU
SCHU
SCHÜTTEL
SCHÜTTEL
ERSTARR
ERSTARR

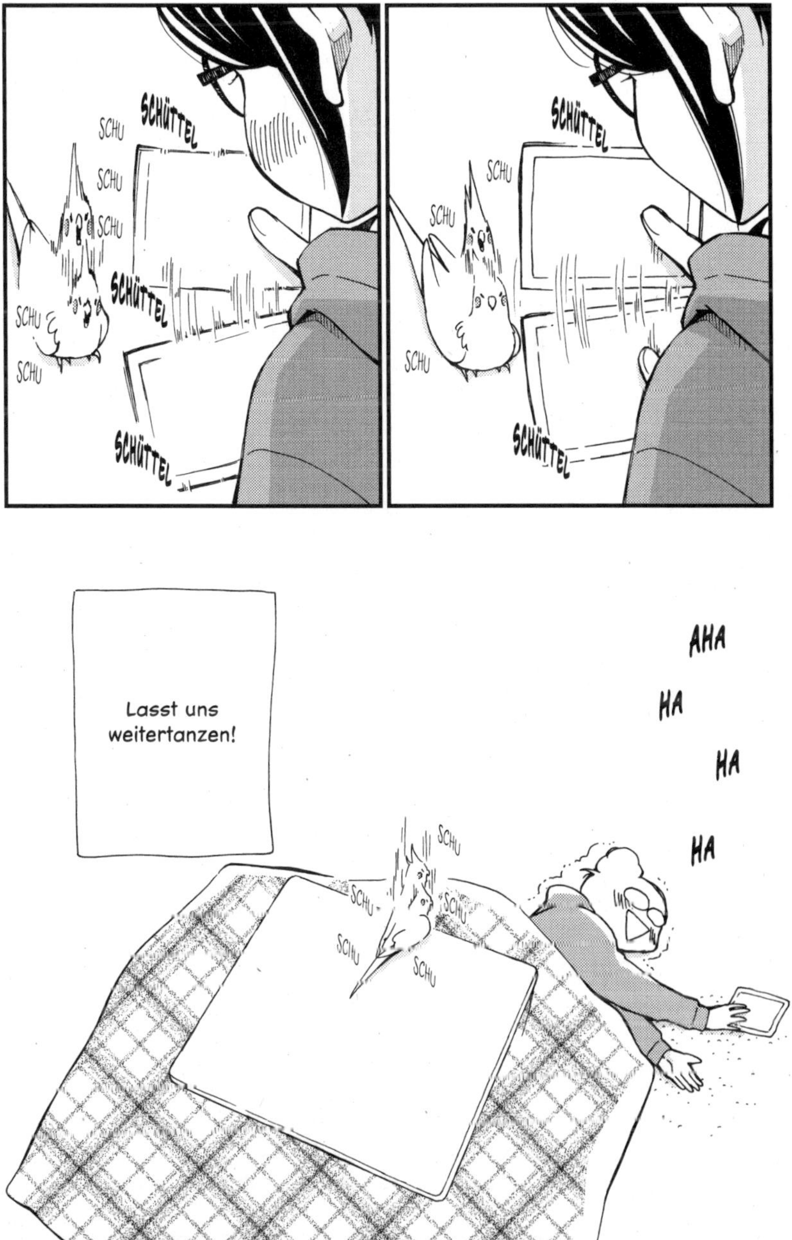

SCHÜTTEL
SCHU
SCHU
SCHU
SCHÜTTEL
SCHU
SCHU
SCHÜTTEL
SCHÜTTEL
SCHU
SCHU
SCHU
SCHÜTTEL
Lasst uns weitertanzen!
AHA
HA
HA
HA
SCHU
SCHU
SCHU
SCHU
SCHU

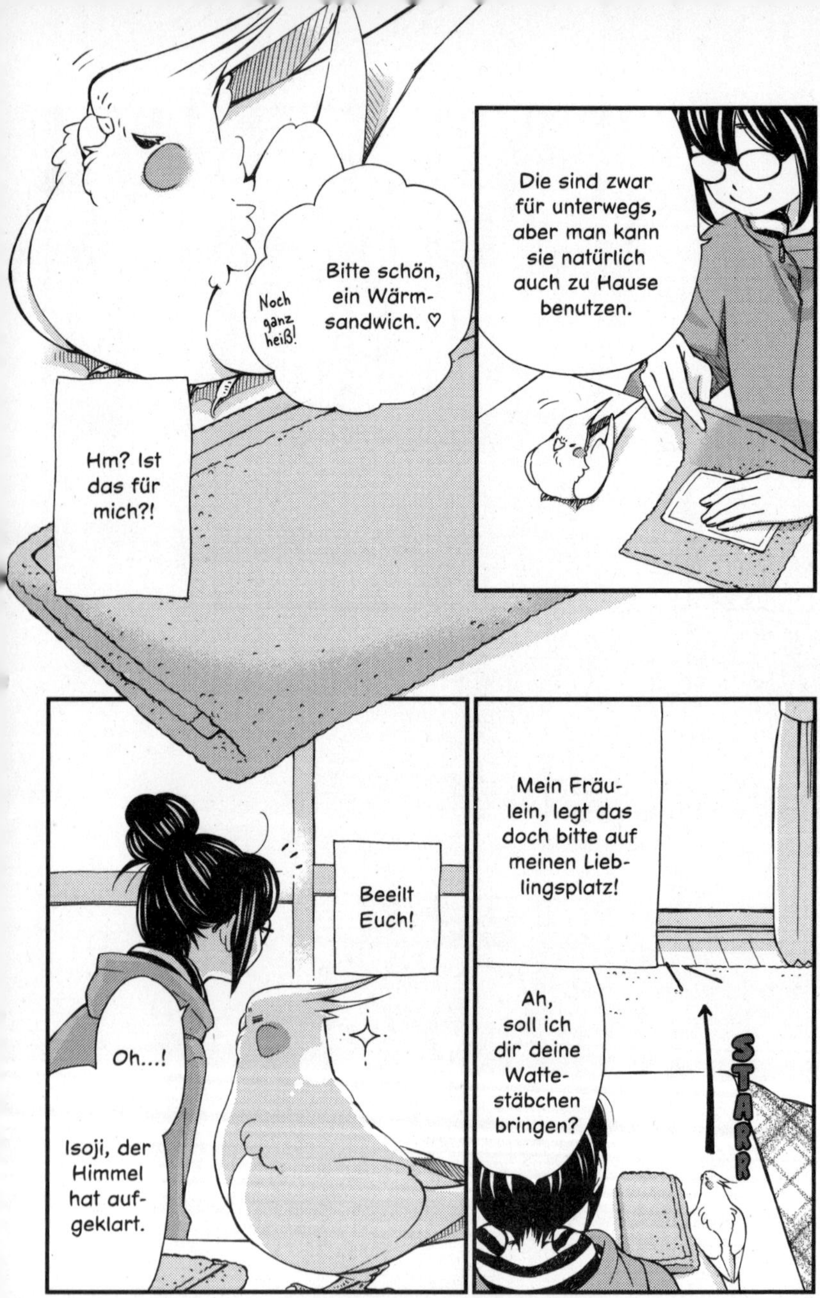
Die sind zwar für unterwegs, aber man kann sie natürlich auch zu Hause benutzen.
Bitte schön, ein Wärmsandwich. ♡
Noch ganz heiß!
Hm? Ist das für mich?!
Mein Fräulein, legt das doch bitte auf meinen Lieblingsplatz!
Ah, soll ich dir deine Wattestäbchen bringen?
STARR
Beeilt Euch!
Oh...!
Isoji, der Himmel hat aufgeklart.

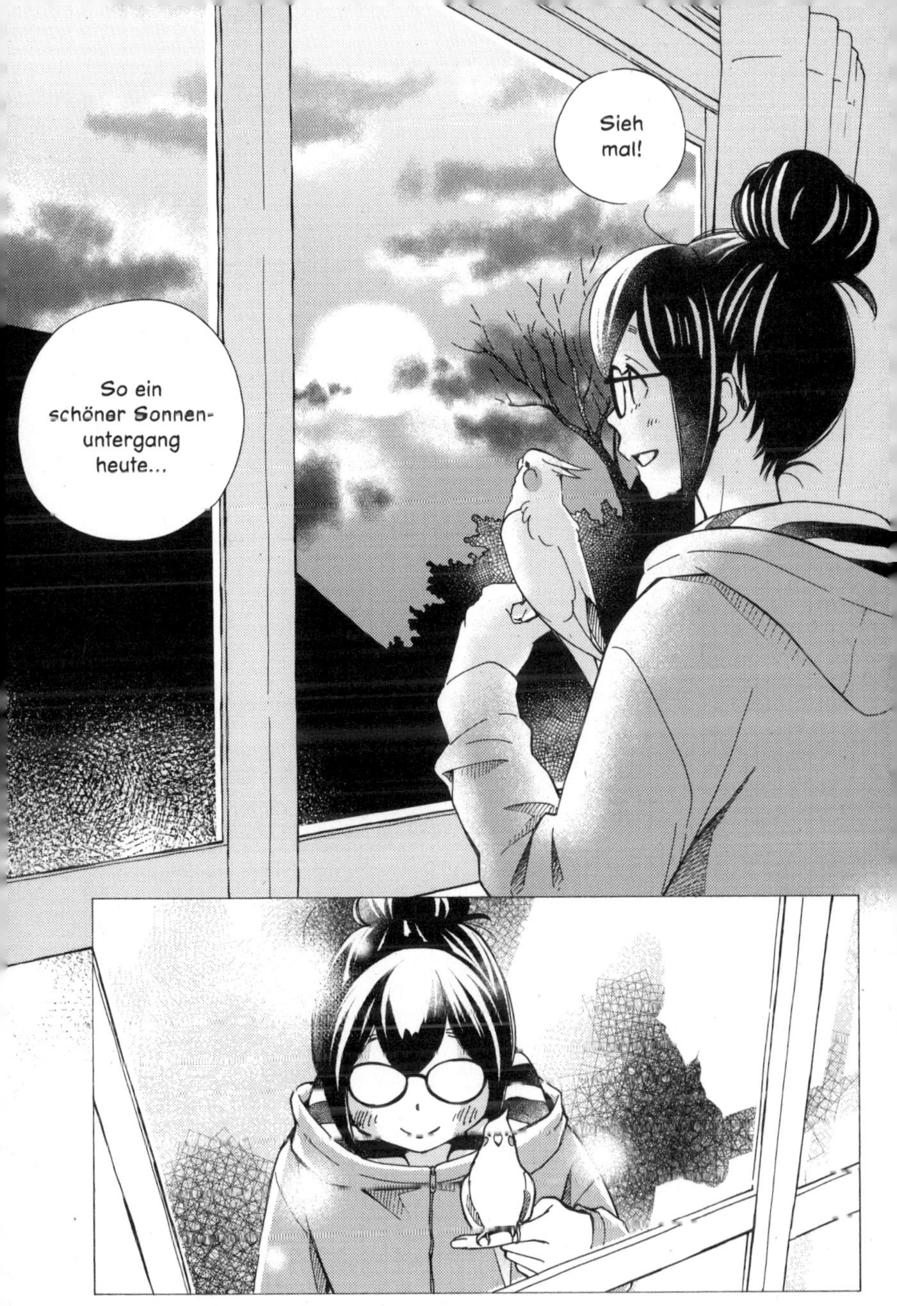
Sieh mal!
So ein schöner Sonnen-untergang heute...

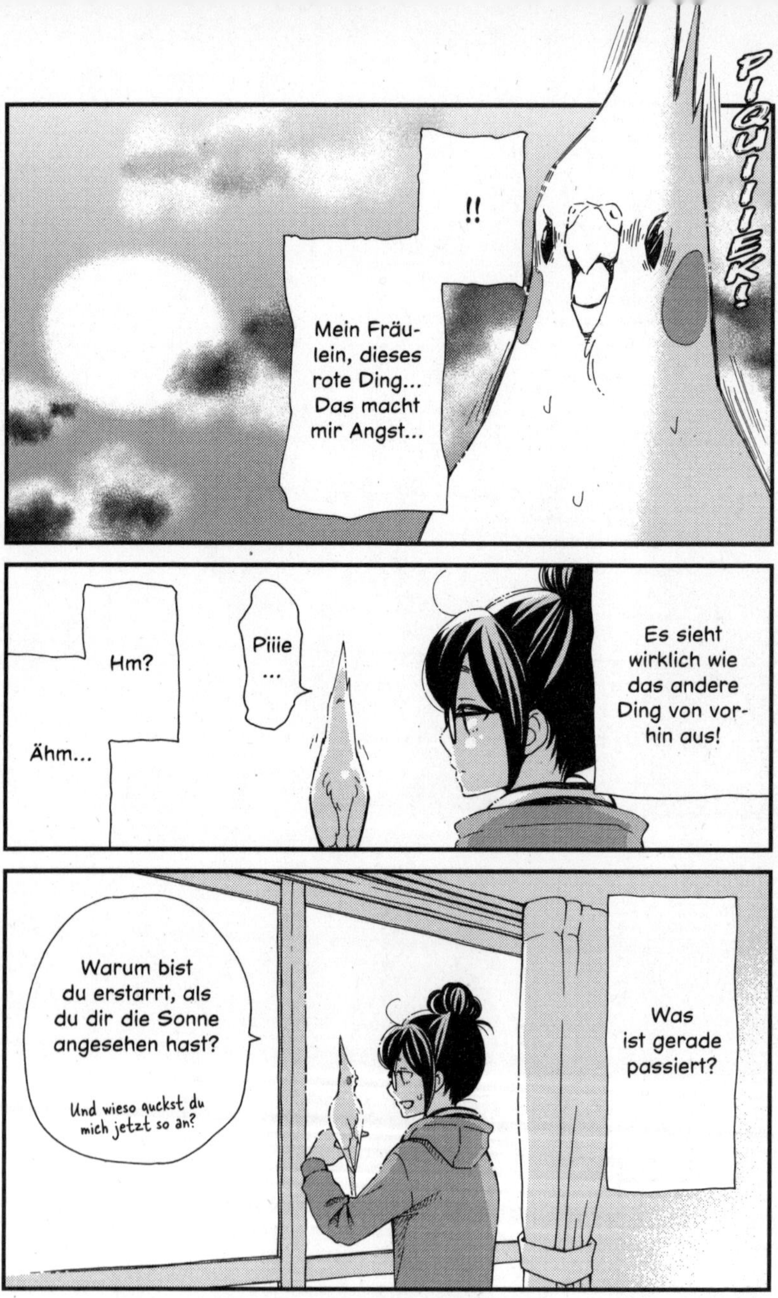
PIQUIIIEK!
!!
Mein Fräulein, dieses rote Ding... Das macht mir Angst...
Es sieht wirklich wie das andere Ding von vorhin aus!
Piiie ...
Hm?
Ähm...
Was ist gerade passiert?
Warum bist du erstarrt, als du dir die Sonne angesehen hast?
Und wieso quckst du mich jetzt so an?

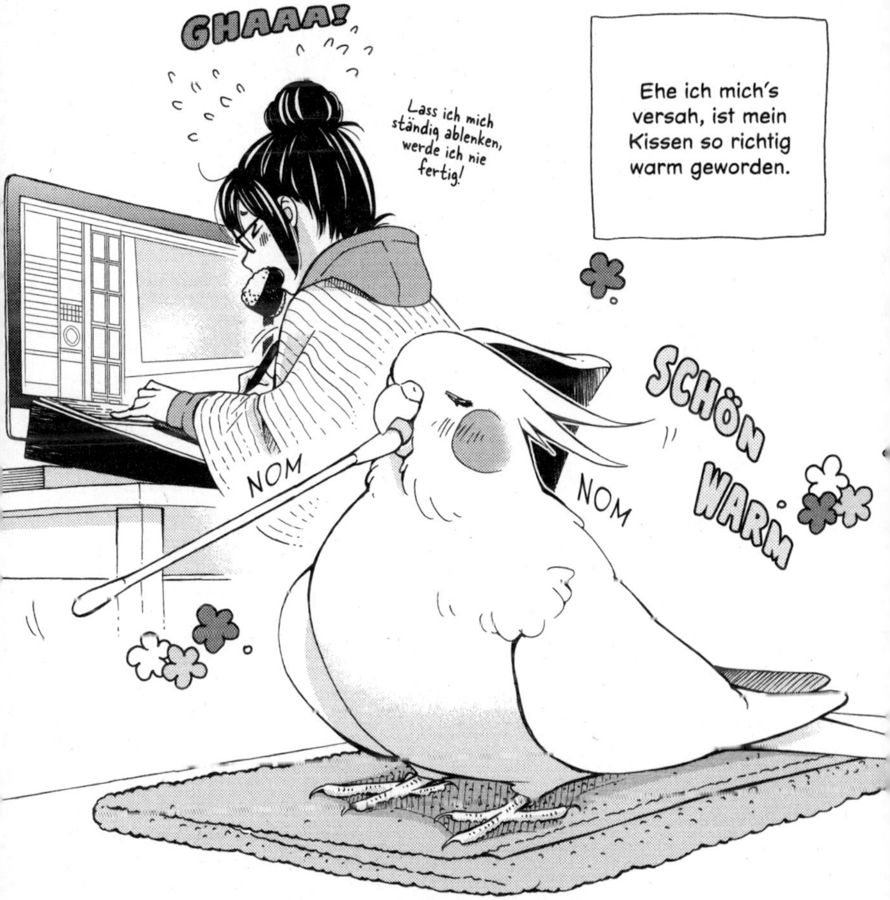
Ehe ich mich's versah, ist mein Kissen so richtig warm geworden.
SCHÖN WARM
NOM
NOM
Lass ich mich ständig ablenken, werde ich nie fertig!
GHAAA!

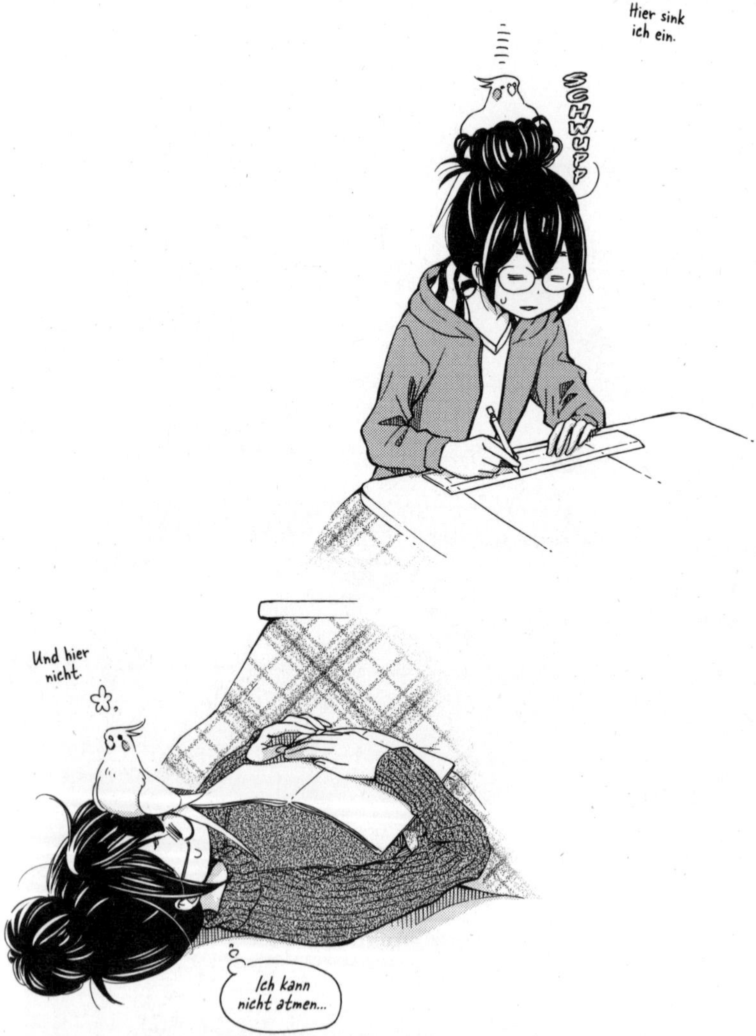
Hier sink ich ein.
SCHWUPP
Und hier nicht.
Ich kann nicht atmen...

# KAPITEL 14

## Das flauschige Dinge

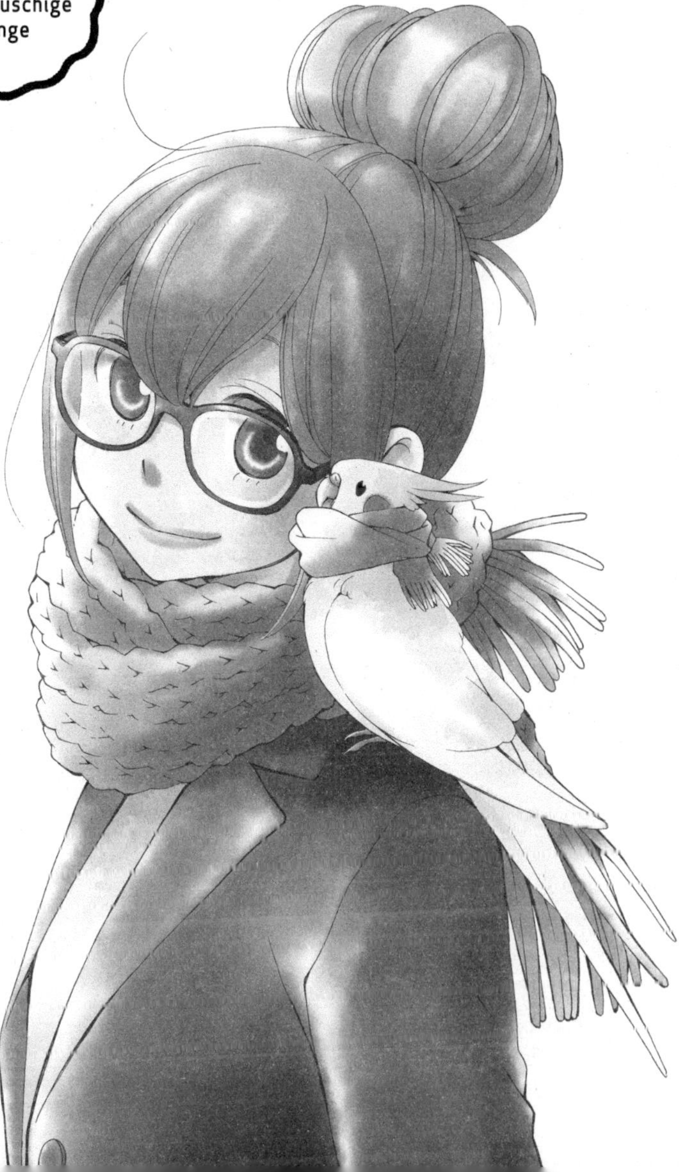

## ANGENEHM WEICH

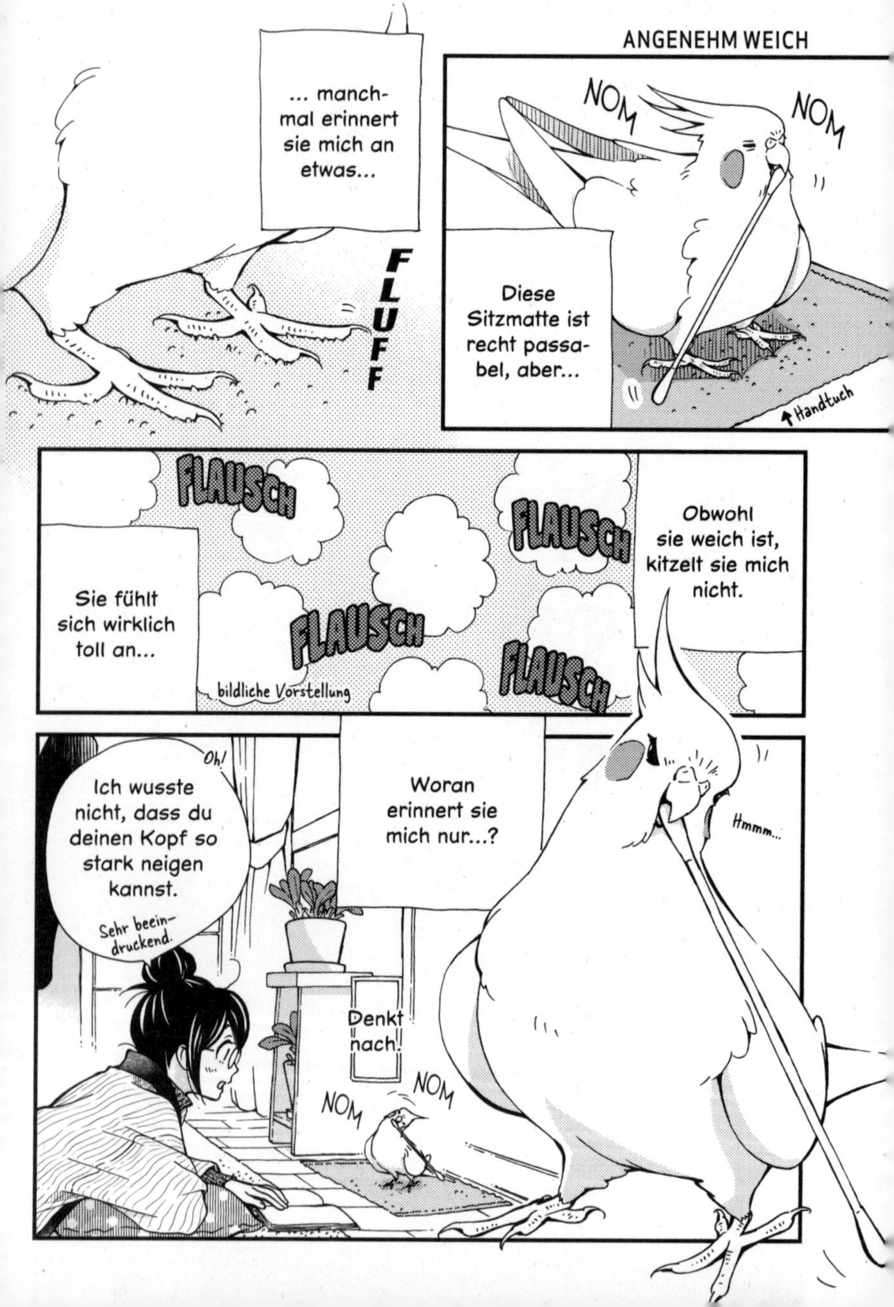

DIE SUCHE NACH ETWAS WEICHEM

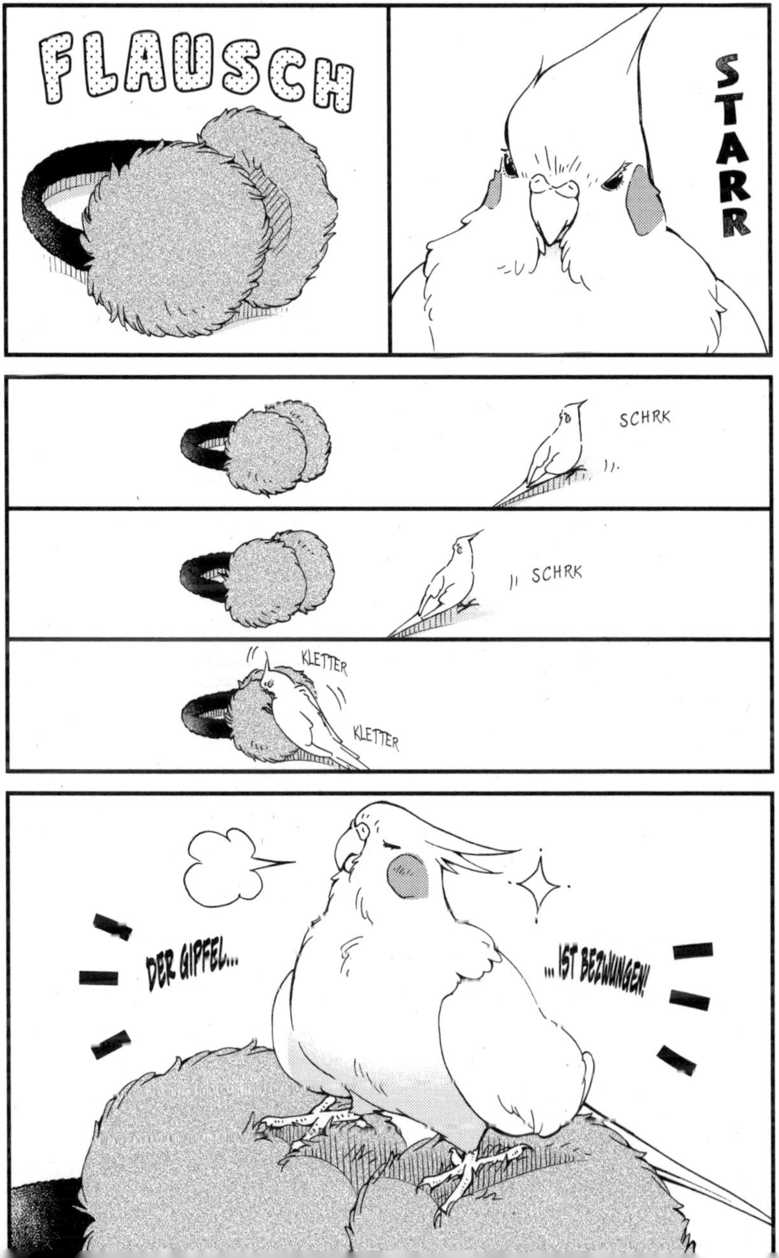

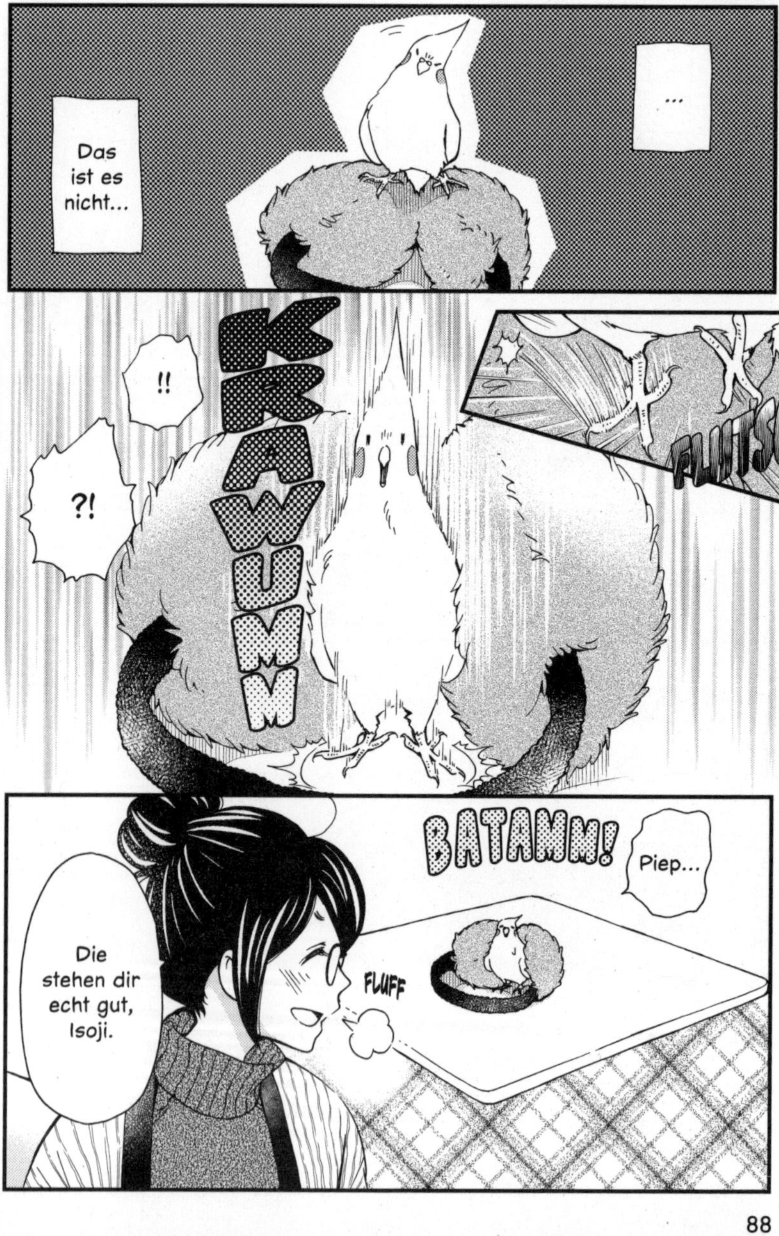
...
Das ist es nicht...
FLUTSCH
KRAWUMM
!!
?!
Piep...
BATAMM!
FLUFF
Die stehen dir echt gut, Isoji.

DIE SITZMATTE WURDE BESETZT!

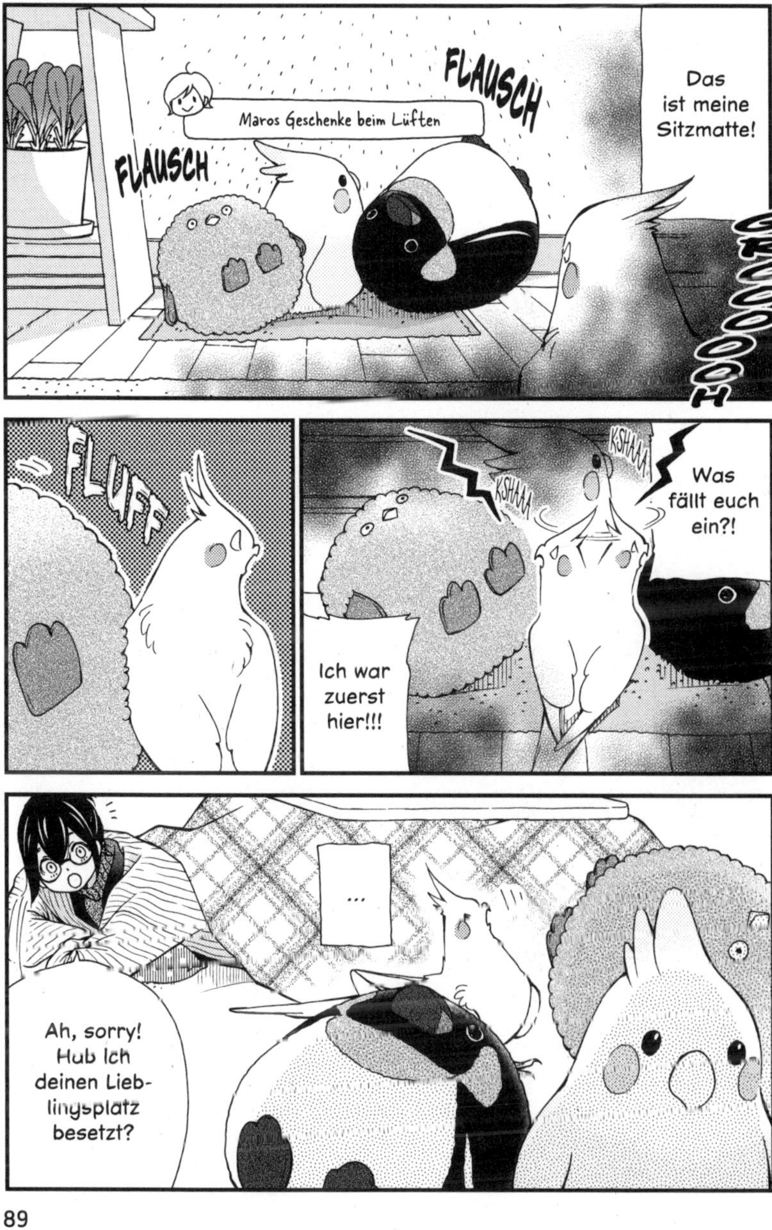

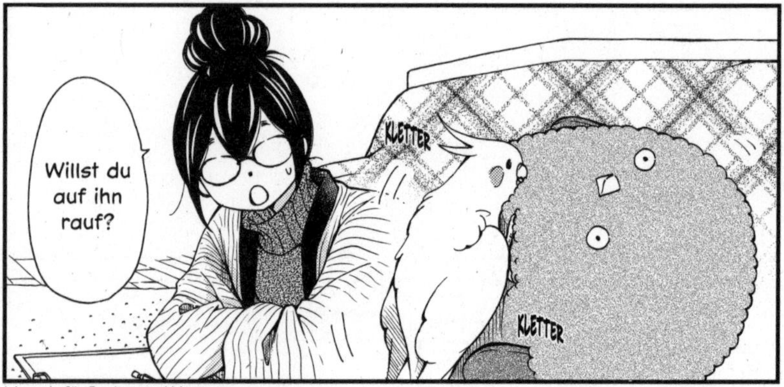


* Anrede für Seniors und Mentoren

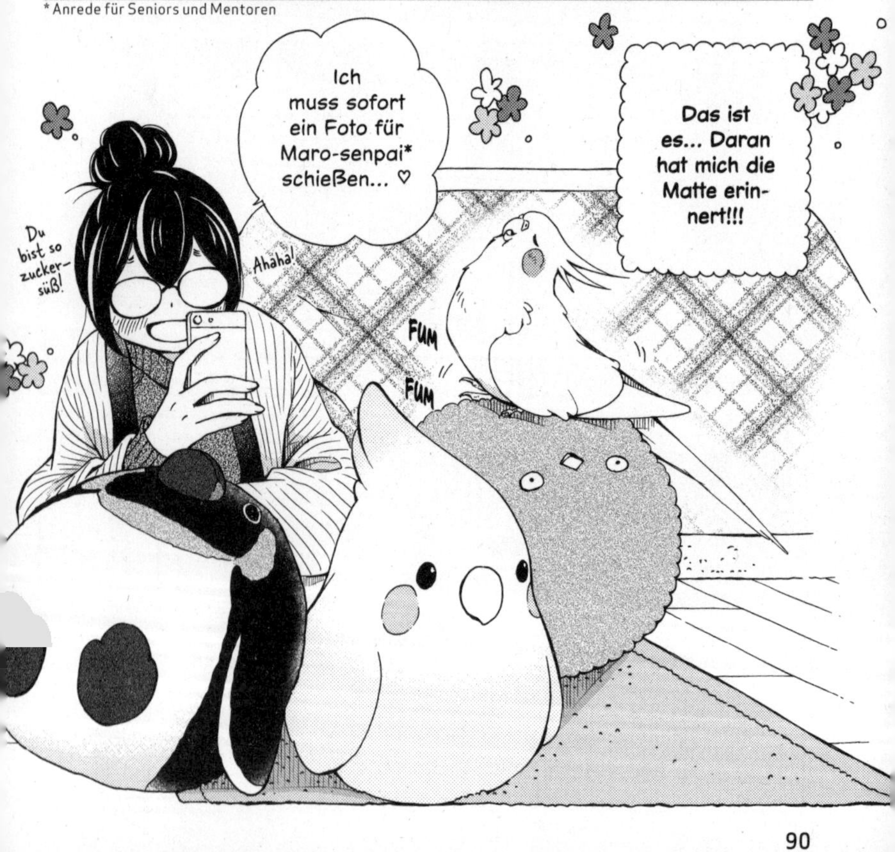

## WAS PASSIERT MIT MEINEM FREUND?!

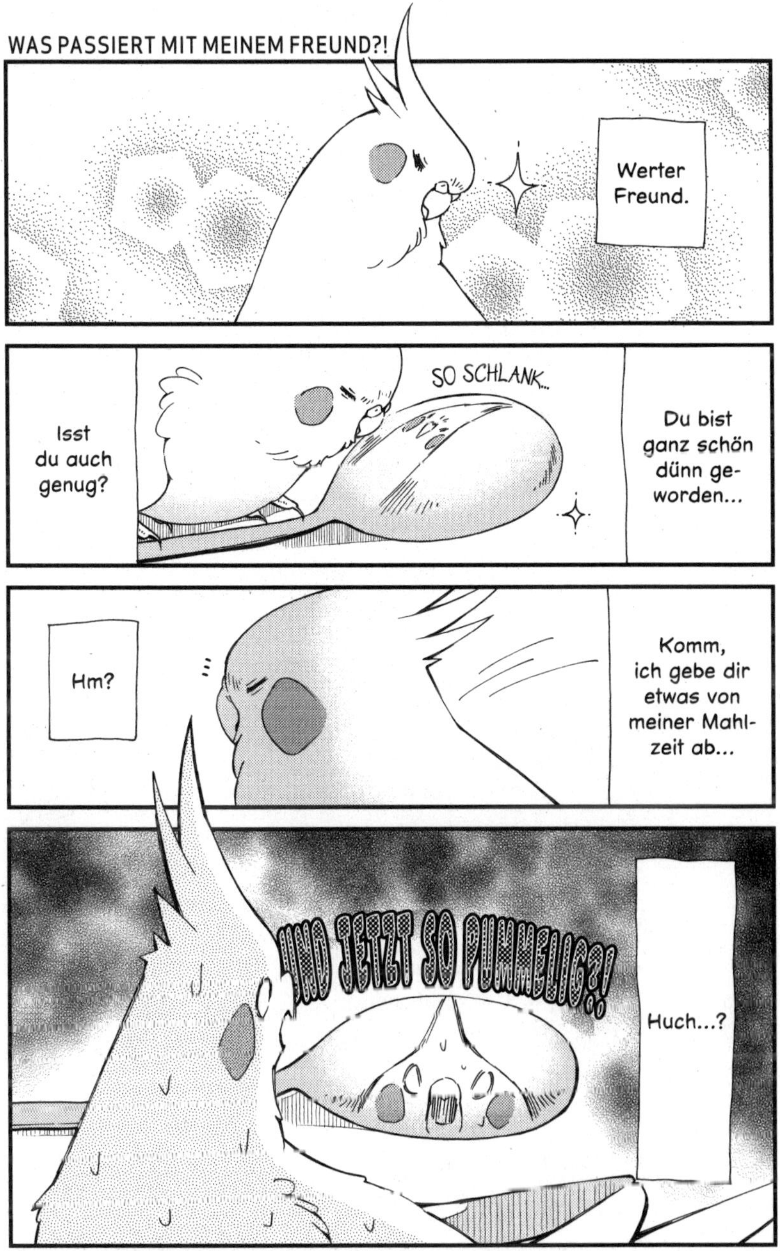

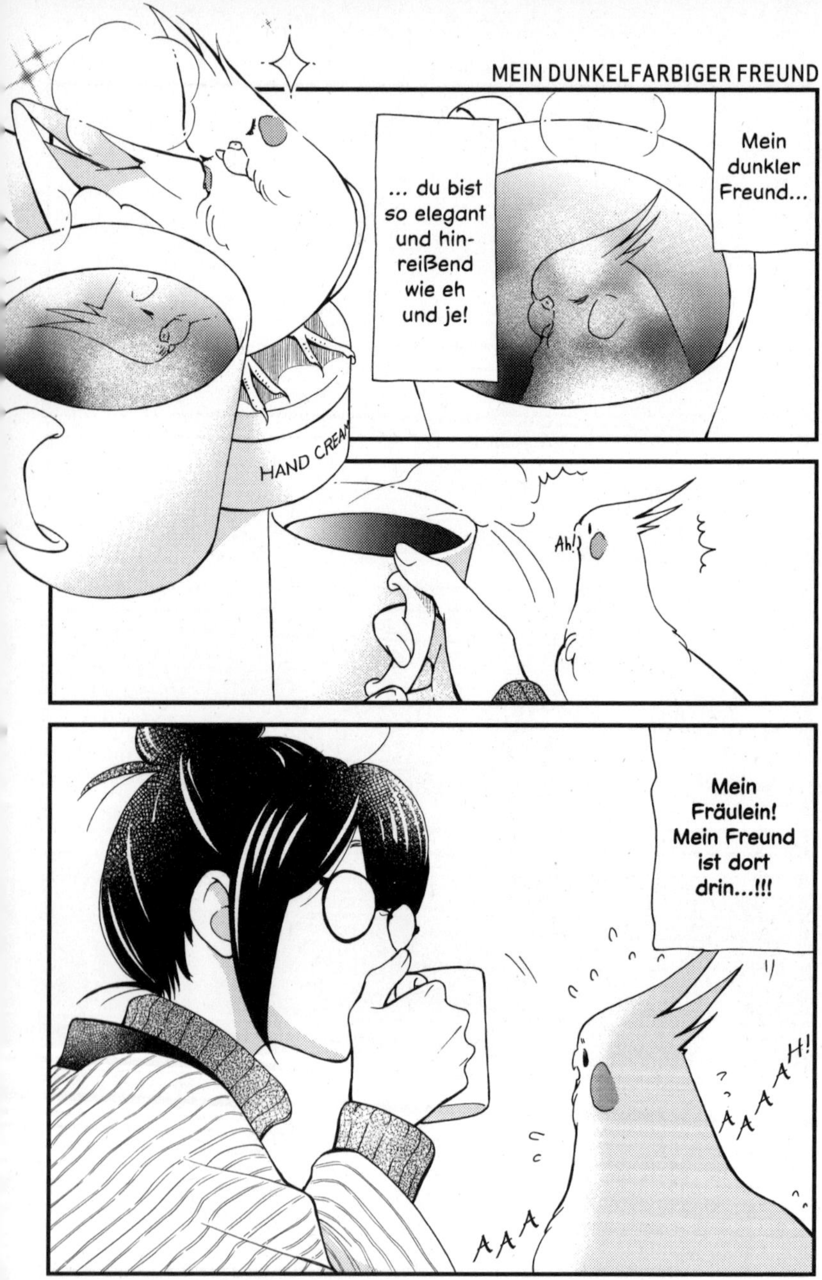
Mein dunkler Freund...
... du bist so elegant und hinreißend wie eh und je!
HAND CREAM
Ah!
Mein Fräulein! Mein Freund ist dort drin...!!!
AAAAAH!
AAA

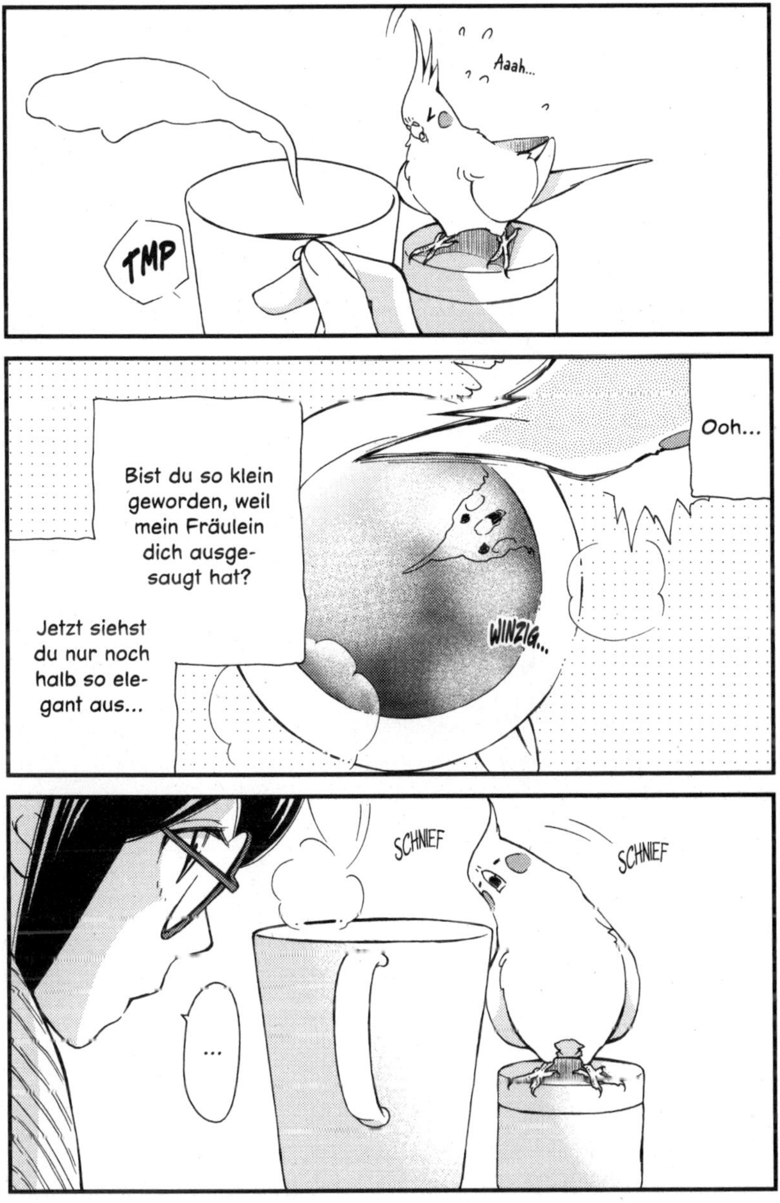
Aaah...
TMP
Ooh...
Bist du so klein geworden, weil mein Fräulein dich ausgesaugt hat?
Jetzt siehst du nur noch halb so elegant aus...
WINZIG...
SCHNIEF
SCHNIEF
...

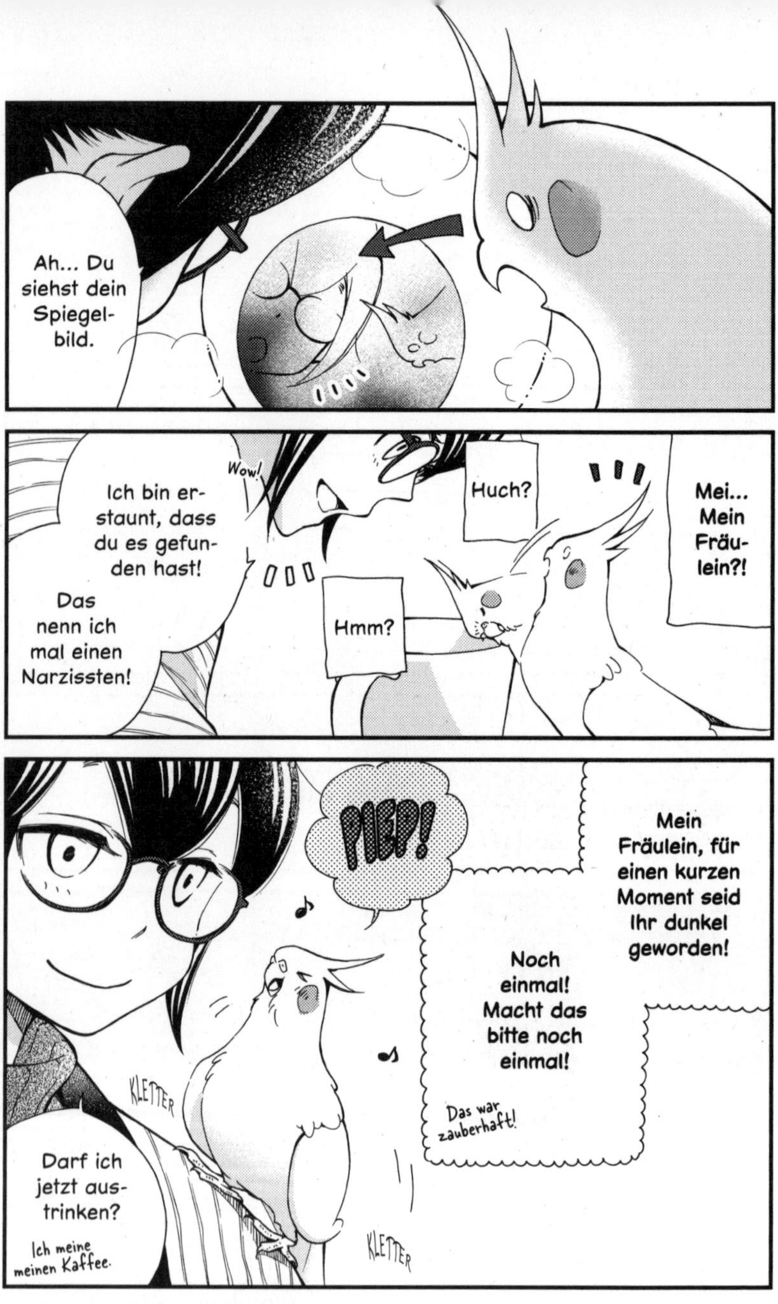
Ah... Du siehst dein Spiegelbild.
Mei... Mein Fräulein?!
Huch?
Hmm?
Wow!
Ich bin erstaunt, dass du es gefunden hast!
Das nenn ich mal einen Narzissten!
Mein Fräulein, für einen kurzen Moment seid Ihr dunkel geworden!
Noch einmal! Macht das bitte noch einmal!
Das war zauberhaft!
PIEP!
KLETTER
KLETTER
Darf ich jetzt austrinken?
Ich meine meinen Kaffee.

FRÜHMORGENS

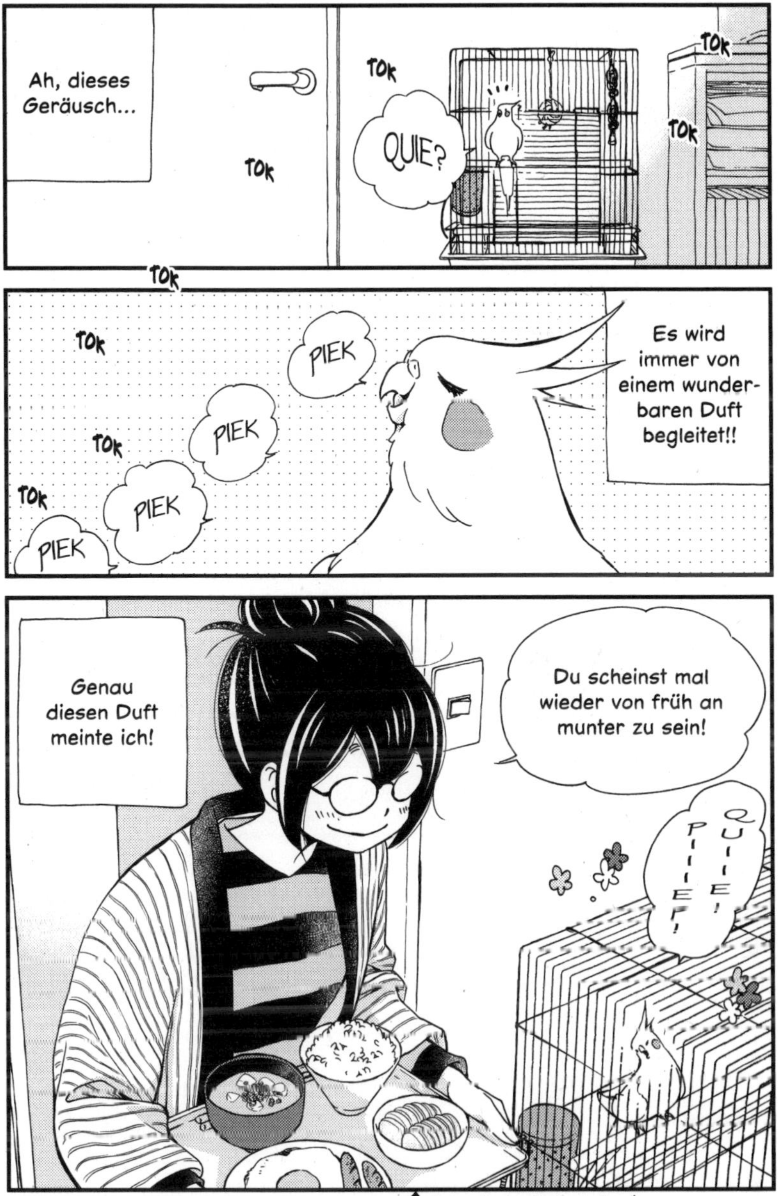


← Er meinte das Geräusch, das Yae beim Schneiden des Gemüses machte.

AM MITTAG

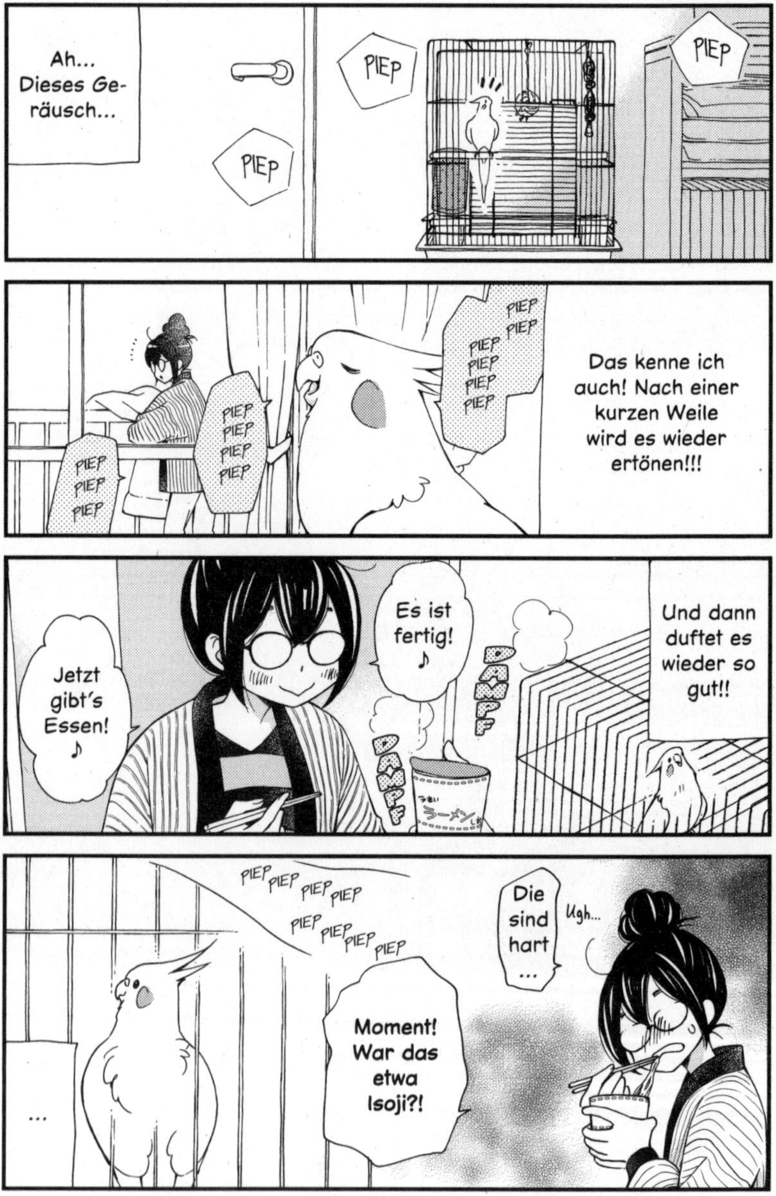
PIEP
PIEP
PIEP
Ah... Dieses Geräusch...
Das kenne ich auch! Nach einer kurzen Weile wird es wieder ertönen!!!
PIEP PIEP PIEP PIEP PIEP PIEP
PIEP PIEP PIEP PIEP
PIEP PIEP PIEP
Und dann duftet es wieder so gut!!
DAMPF
Es ist fertig! ♪
DAMPF
Jetzt gibt's Essen! ♪
Die sind hart ...
Ugh...
PIEP PIEP PIEP PIEP PIEP PIEP PIEP PIEP
Moment! War das etwa Isoji?!
...

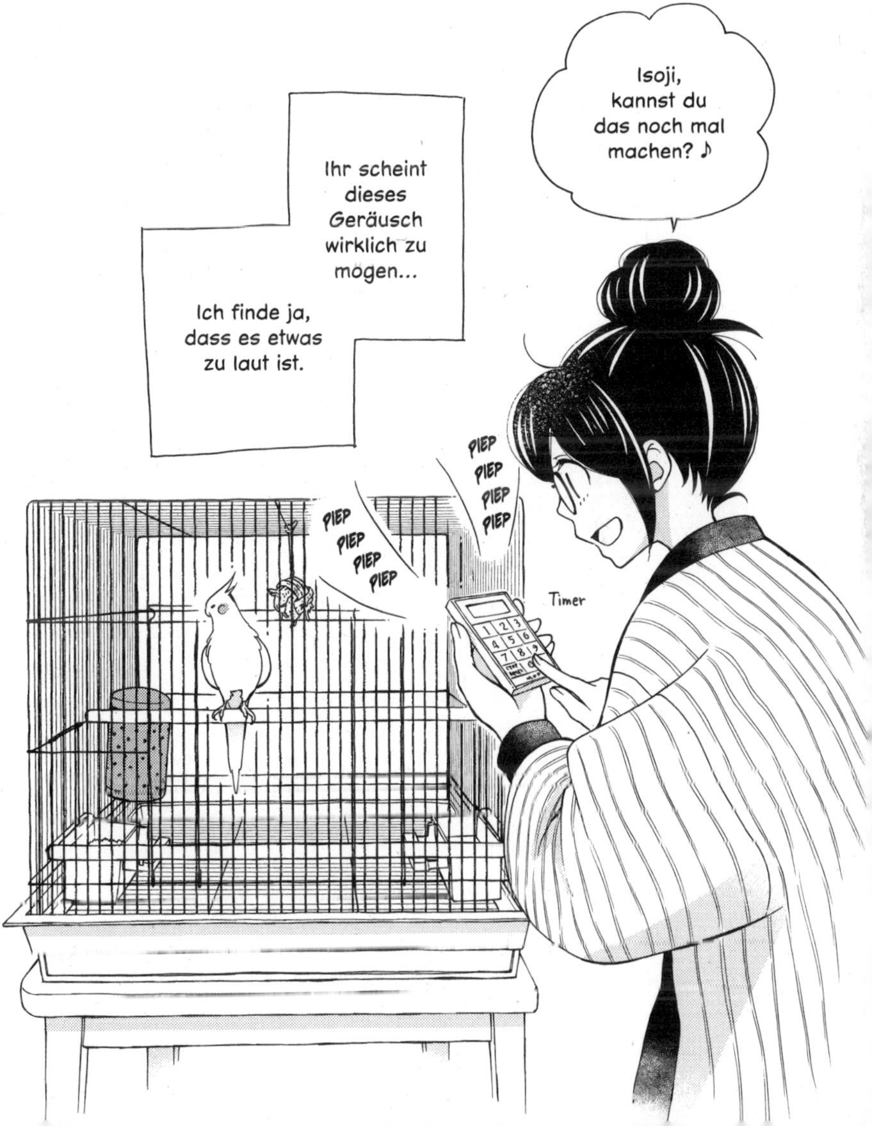
Isoji, kannst du das noch mal machen? ♪
Ihr scheint dieses Geräusch wirklich zu mögen...
Ich finde ja, dass es etwas zu laut ist.
PIEP PIEP PIEP PIEP
PIEP PIEP PIEP PIEP
Timer

ABENDS

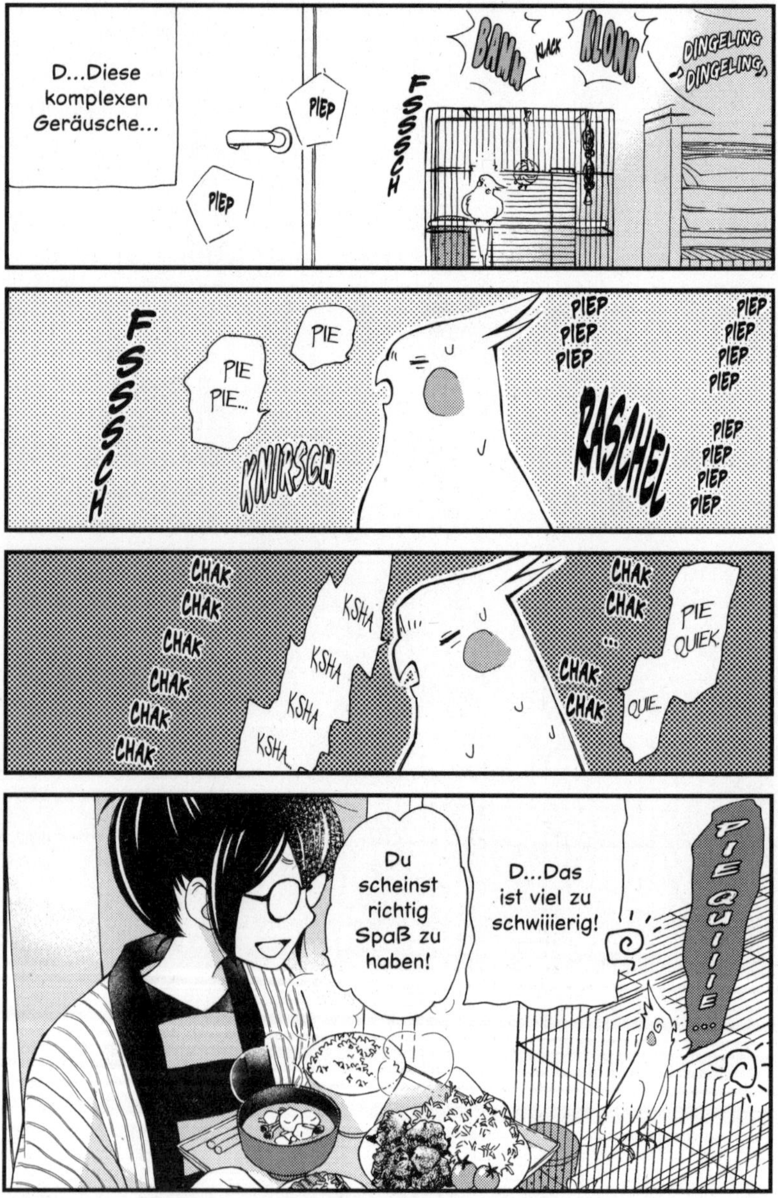
D...Diese komplexen Geräusche...
PIEP
PIEP
FSSSCH
BAMM
KLACK
KLONK
DINGELING DINGELING
PIEP PIEP PIEP
PIEP PIEP PIEP PIEP
RASCHEL
PIEP PIEP PIEP PIEP
PIE
PIE PIE...
KNIRSCH
FSSSCH
CHAK CHAK ... CHAK CHAK
PIE QUIEK.
QUIE..
KSHA KSHA KSHA KSHA...
CHAK CHAK CHAK CHAK CHAK CHAK
PIE QUIIIE...
D...Das ist viel zu schwiiierig!
Du scheinst richtig Spaß zu haben!

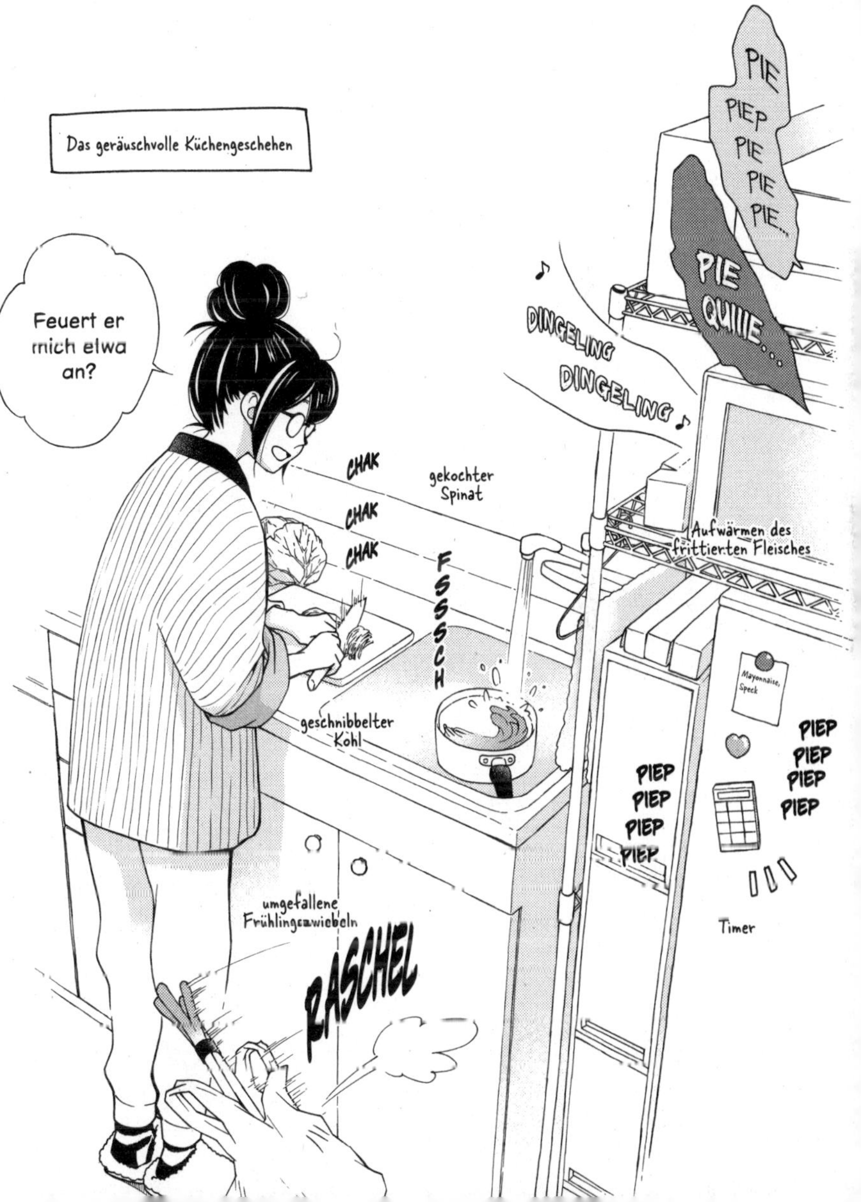

Das geräuschvolle Küchengeschehen
PIE PIEP PIE PIE PIE...
PIE QUIIIE...
DINGELING DINGELING
Aufwärmen des frittierten Fleisches
Mayonnaise, Speck
PIEP PIEP PIEP PIEP
PIEP PIEP PIEP PIEP
Timer
gekochter Spinat
FSSSCH
CHAK CHAK CHAK
Feuert er mich etwa an?
geschnibbelter Kohl
umgefallene Frühlingszwiebeln
RASCHEL

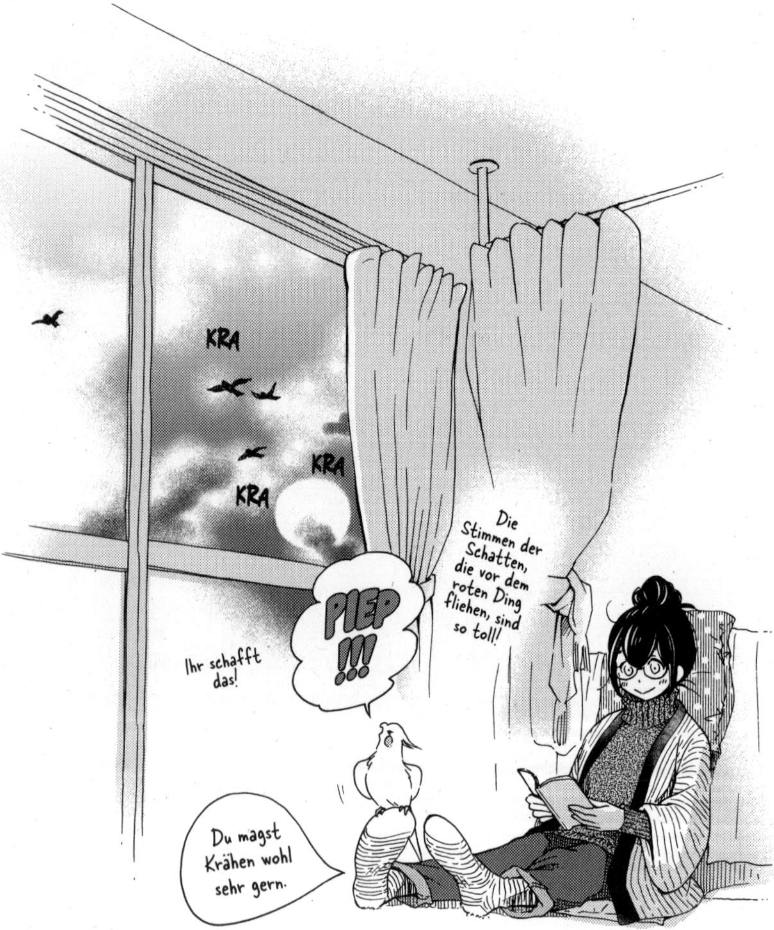
KRA
KRA
KRA
Die Stimmen der Schatten, die vor dem roten Ding fliehen, sind so toll!
PIEP !!!
Ihr schafft das!
Du magst Krähen wohl sehr gern.

## KAPITEL 15

## Das Äußere

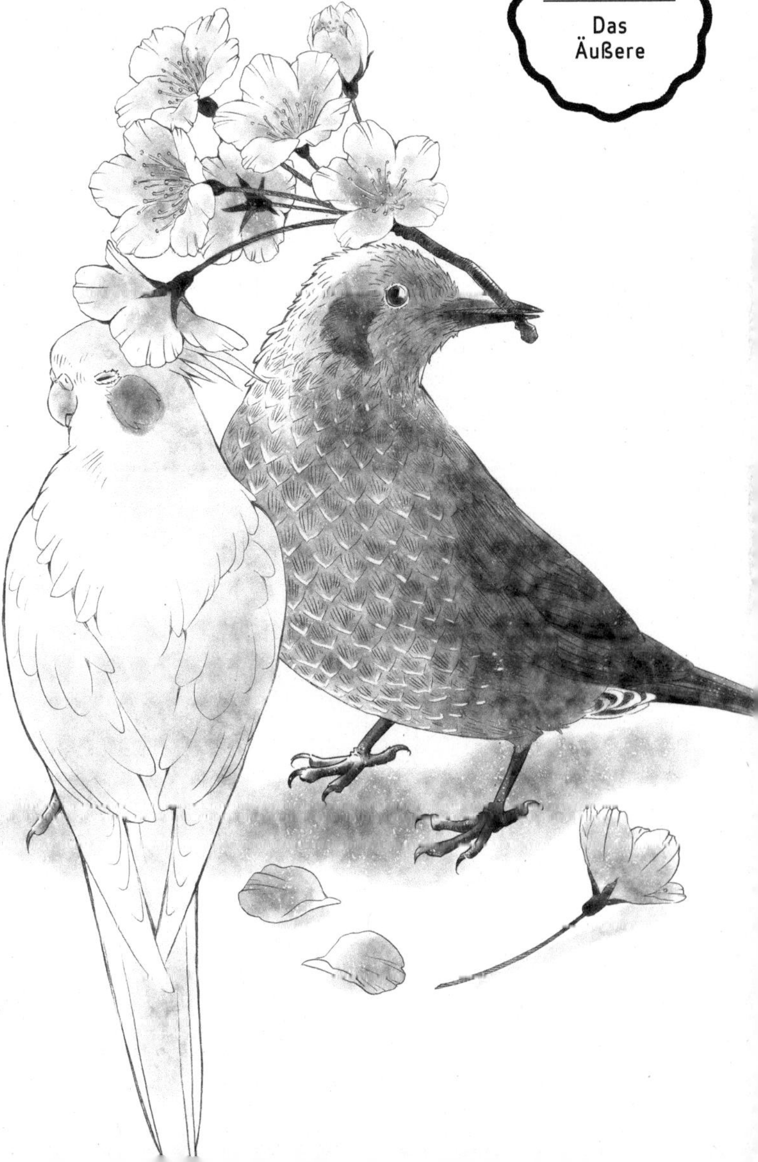

## FEDERKLEIDPFLEGE

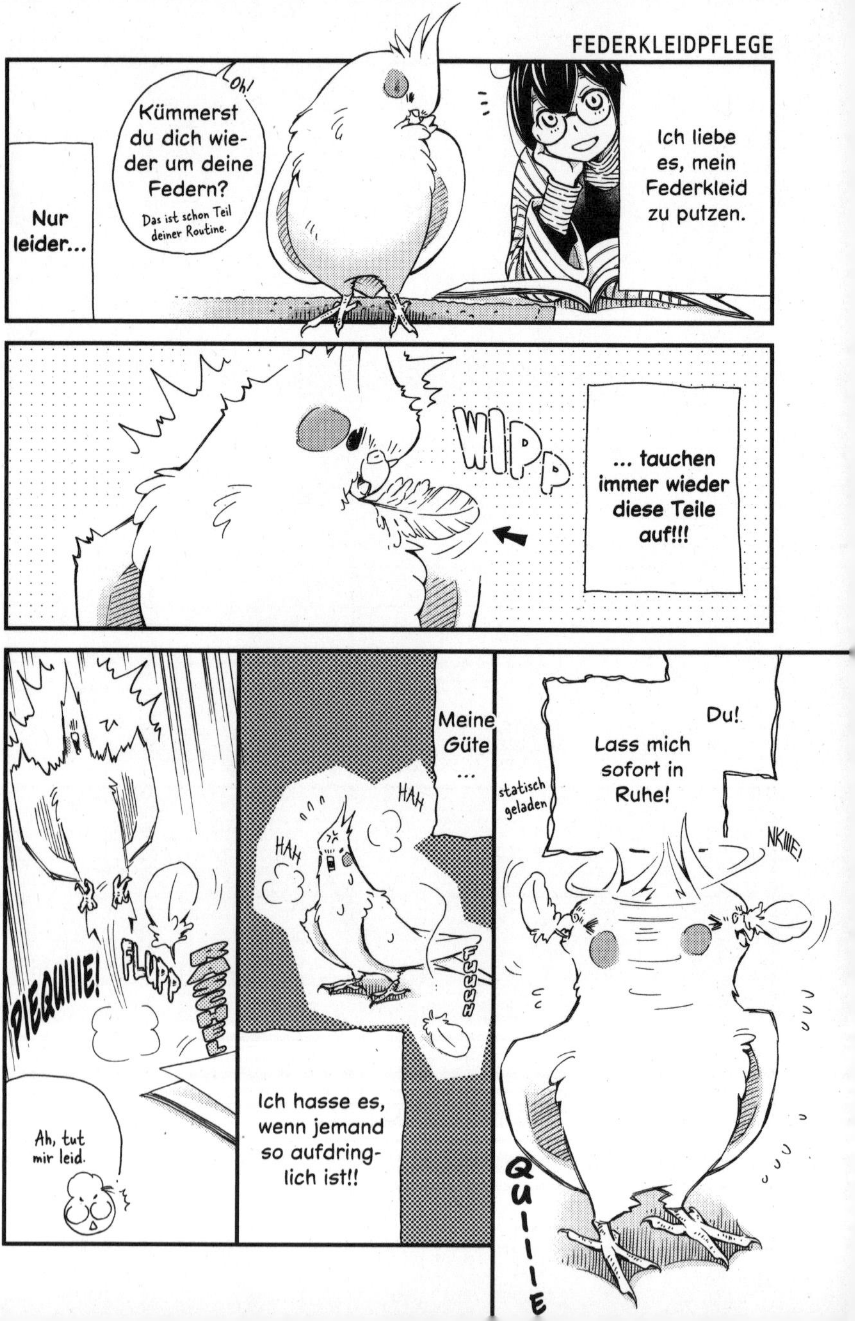

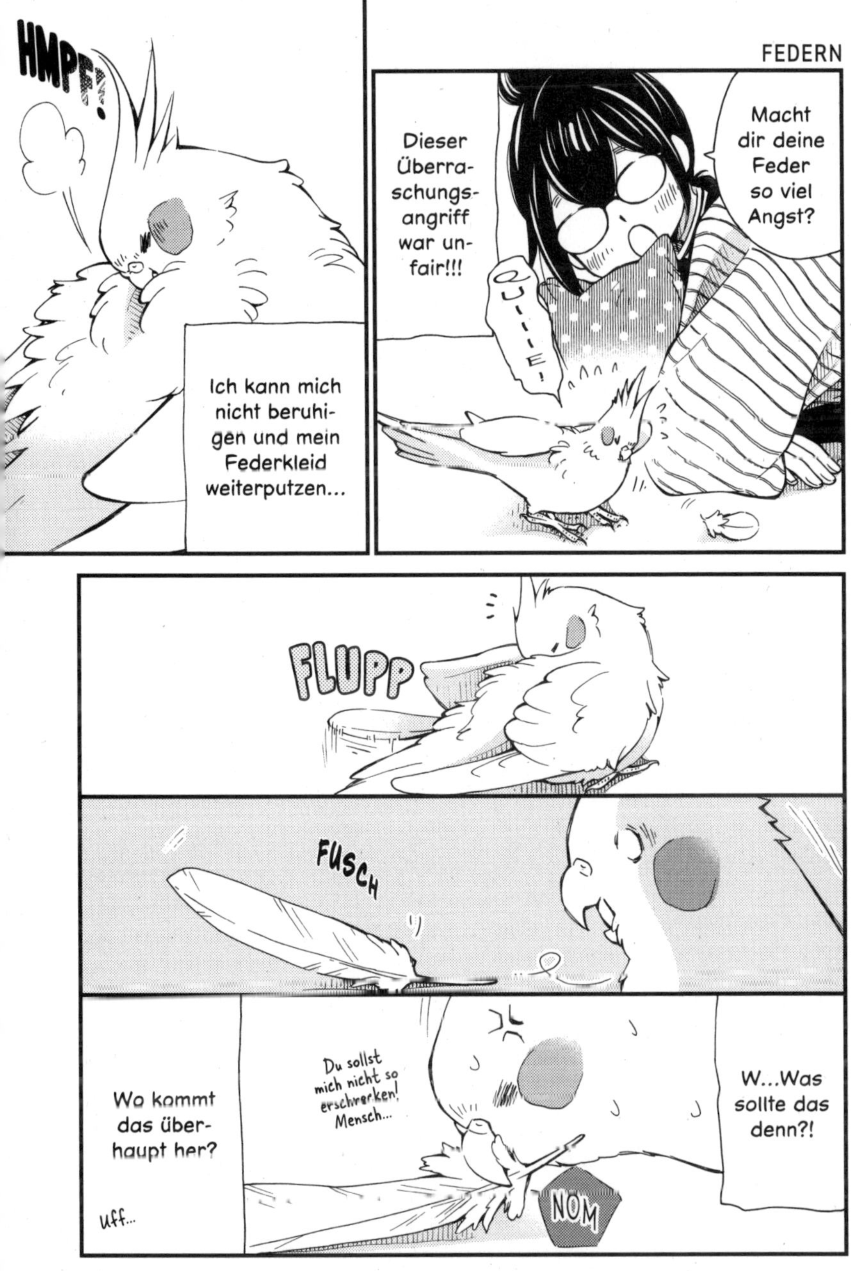
HMPF?!
Ich kann mich nicht beruhigen und mein Federkleid weiterputzen...
Macht dir deine Feder so viel Angst?
Dieser Überraschungsangriff war unfair!!!
QUIIIE!
FLUPP
FUSCH
W...Was sollte das denn?!
Du sollst mich nicht so erschrecken! Mensch...
NOM
Wo kommt das überhaupt her?
uff...

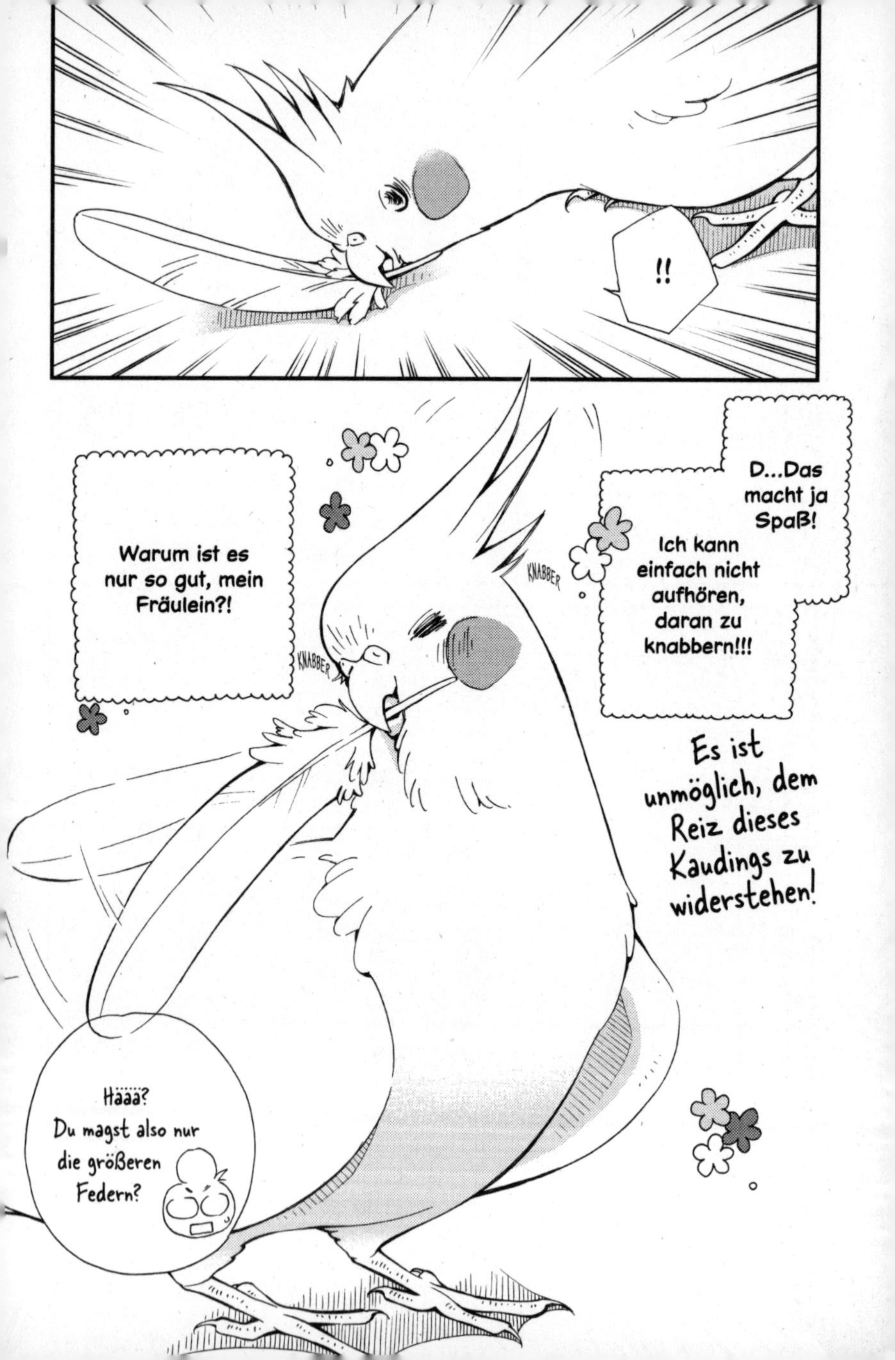
!!
D...Das macht ja Spaß!
Ich kann einfach nicht aufhören, daran zu knabbern!!!
KNABBER
Warum ist es nur so gut, mein Fräulein?!
KNABBER
Es ist unmöglich, dem Reiz dieses Kaudings zu widerstehen!
Hääa?
Du magst also nur die größeren Federn?

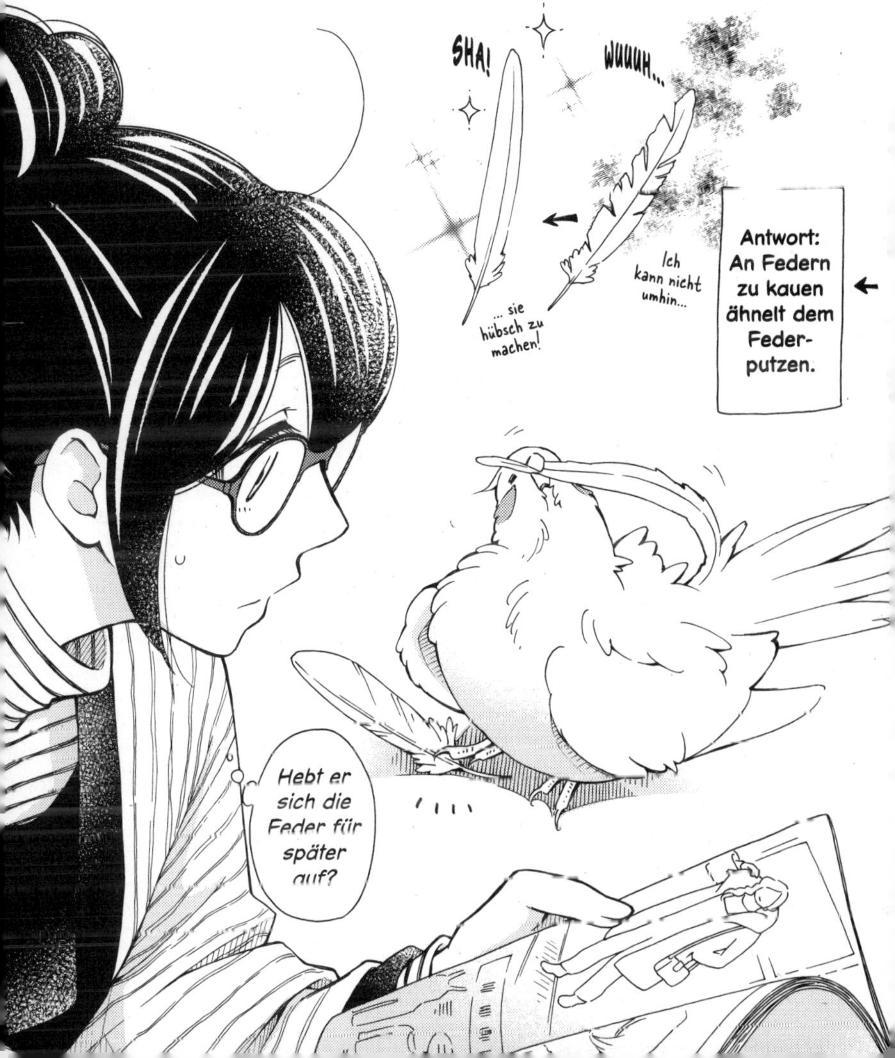
Antwort: An Federn zu kauen ähnelt dem Federputzen.
WUUUH...
Ich kann nicht umhin...
SHA!
... sie hübsch zu machen!
Hebt er sich die Feder für später auf?

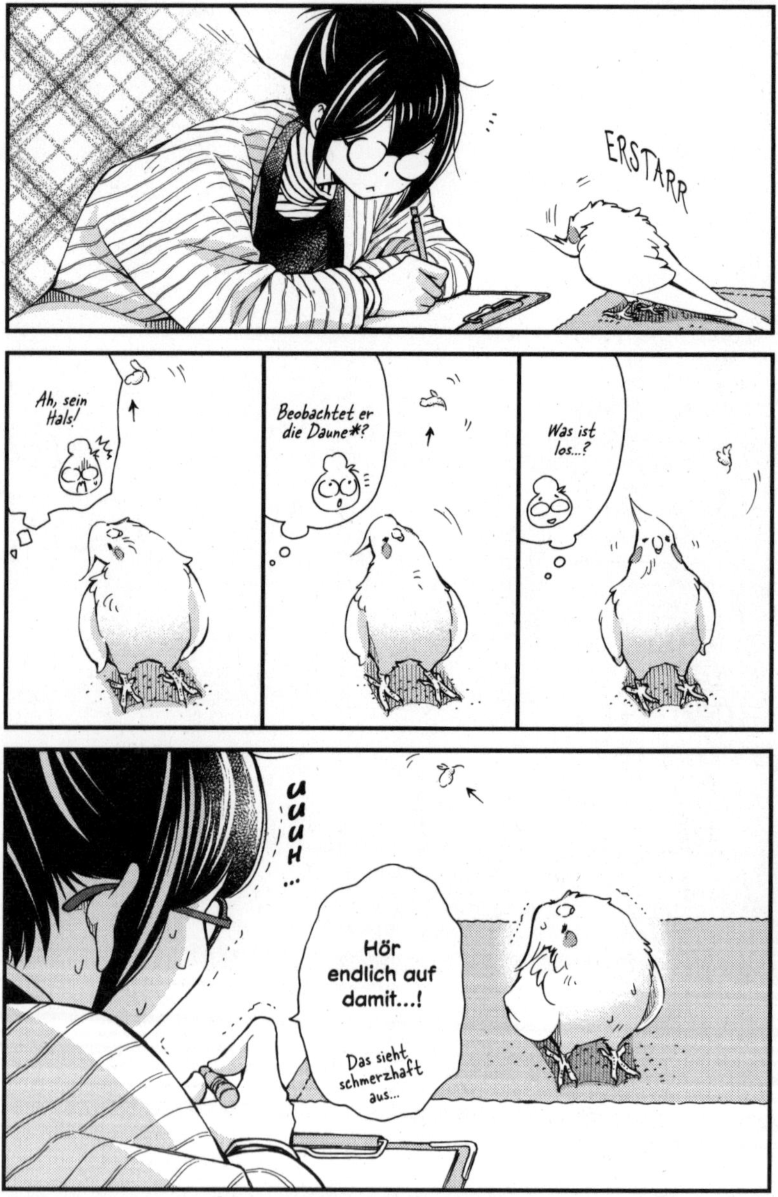


*← An den Wurzeln der Federn wachsen winzige Daunen, die oft durchs Zimmer schweben.

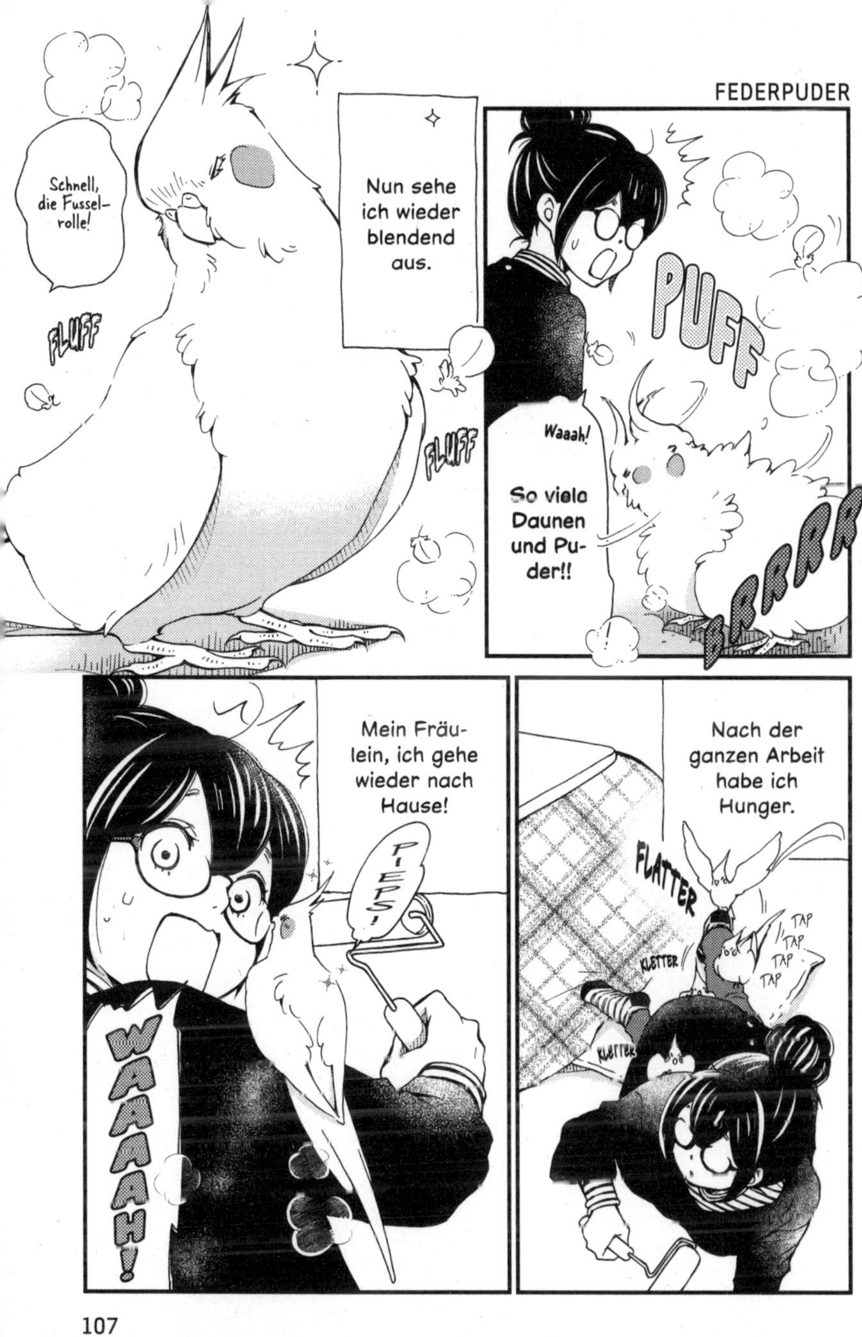
PUFF
Waaah!
So viele Daunen und Puder!!
BRRRRR
Nun sehe ich wieder blendend aus.
FLUFF
FLUFF
Schnell, die Fusselrolle!
Nach der ganzen Arbeit habe ich Hunger.
FLATTER
TAP TAP TAP TAP
KLETTER
KLETTER
Mein Fräulein, ich gehe wieder nach Hause!
PIEPS!
WAAAAAH!

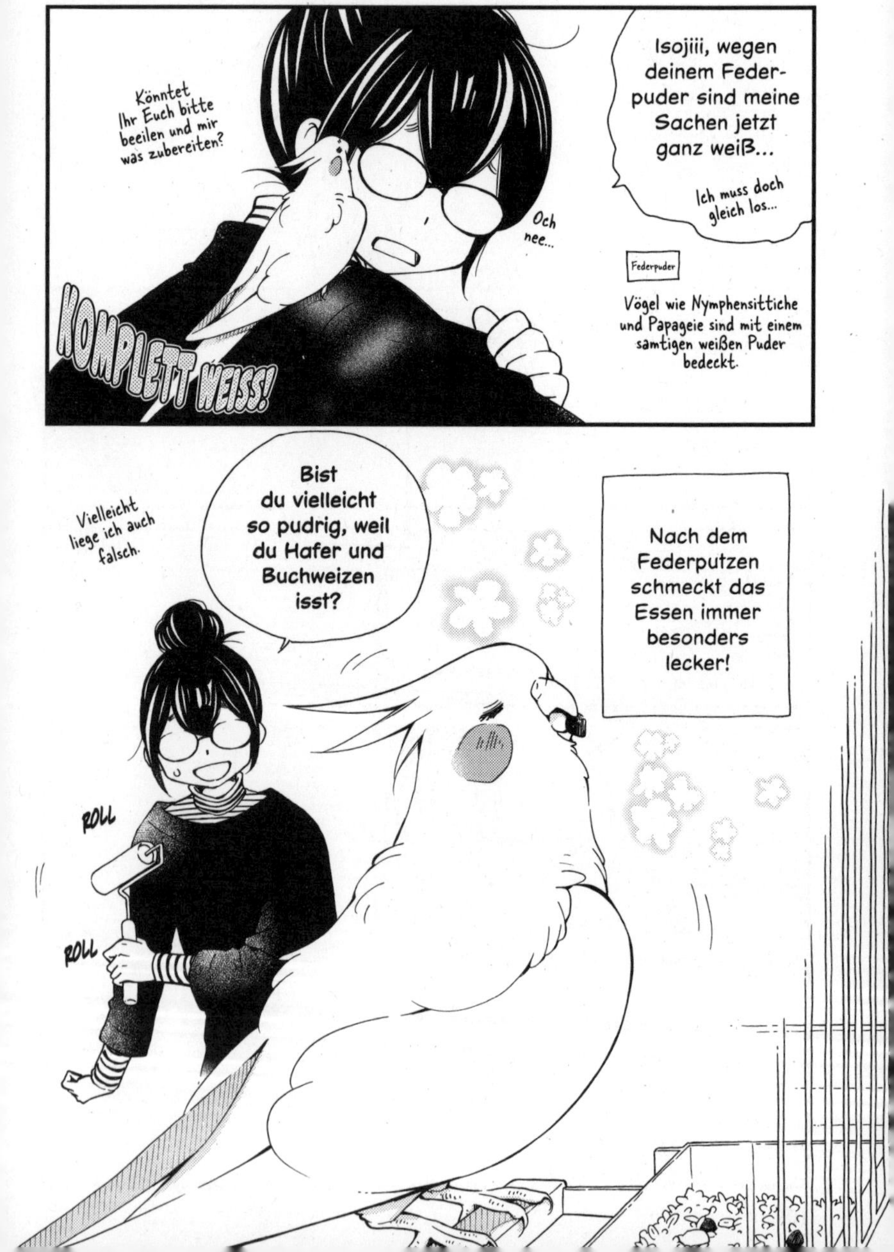
Isojiii, wegen deinem Feder-puder sind meine Sachen jetzt ganz weiß...
Ich muss doch gleich los...
Federpuder
Vögel wie Nymphensittiche und Papageie sind mit einem samtigen weißen Puder bedeckt.
Och nee...
Könntet Ihr Euch bitte beeilen und mir was zubereiten?
KOMPLETT WEISS!
Nach dem Federputzen schmeckt das Essen immer besonders lecker!
Bist du vielleicht so pudrig, weil du Hafer und Buchweizen isst?
Vielleicht liege ich auch falsch.
ROLL
ROLL

WIE MAN DEN JUCKREIZ LOS WIRD

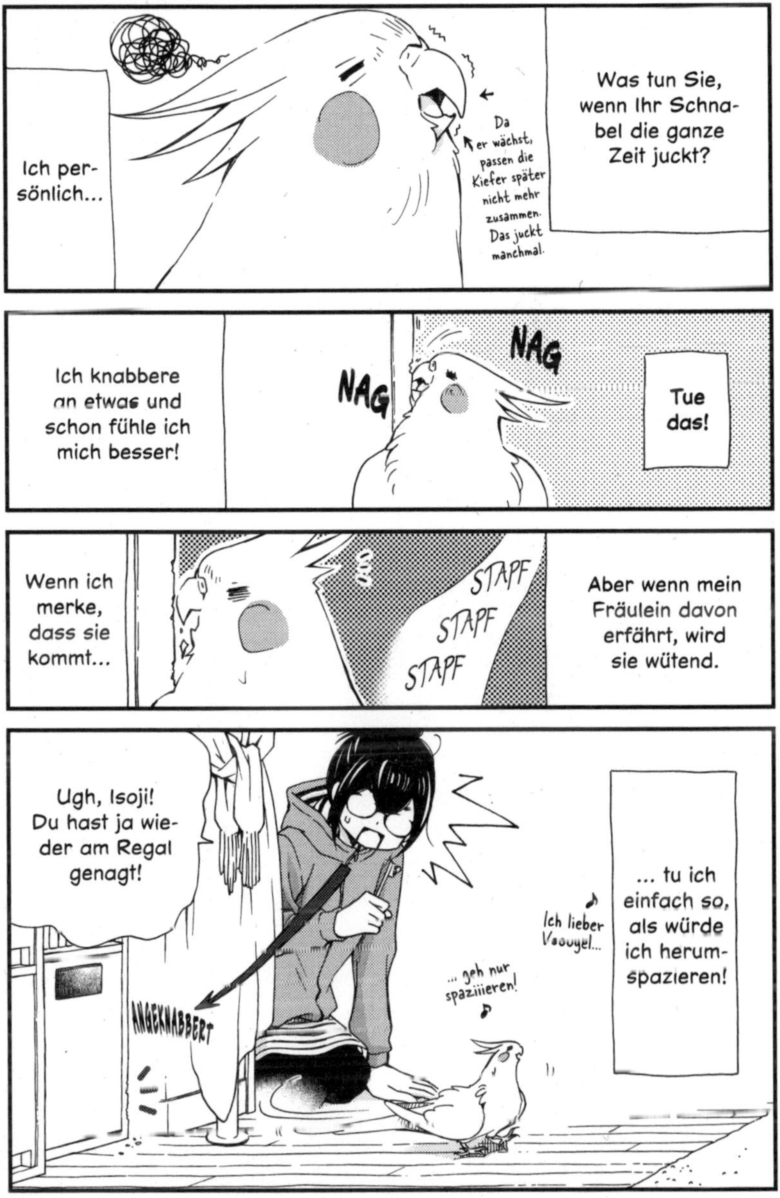

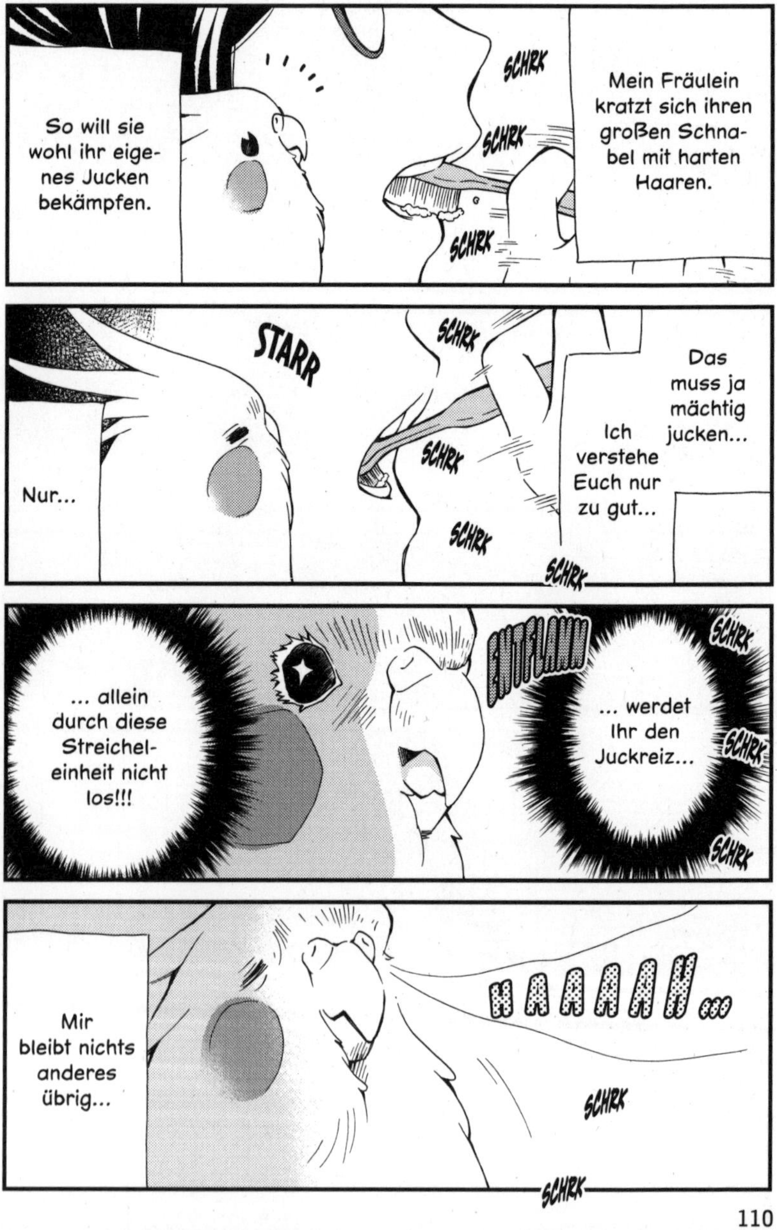
Mein Fräulein kratzt sich ihren großen Schnabel mit harten Haaren.
SCHRK
SCHRK
SCHRK
So will sie wohl ihr eigenes Jucken bekämpfen.
Das muss ja mächtig jucken...
Ich verstehe Euch nur zu gut...
SCHRK
SCHRK
SCHRK
SCHRK
STARR
Nur...
SCHRK
SCHRK
SCHRK
... werdet Ihr den Juckreiz...
... allein durch diese Streicheleinheit nicht los!!!
HAAAAH...
SCHRK
SCHRK
Mir bleibt nichts anderes übrig...

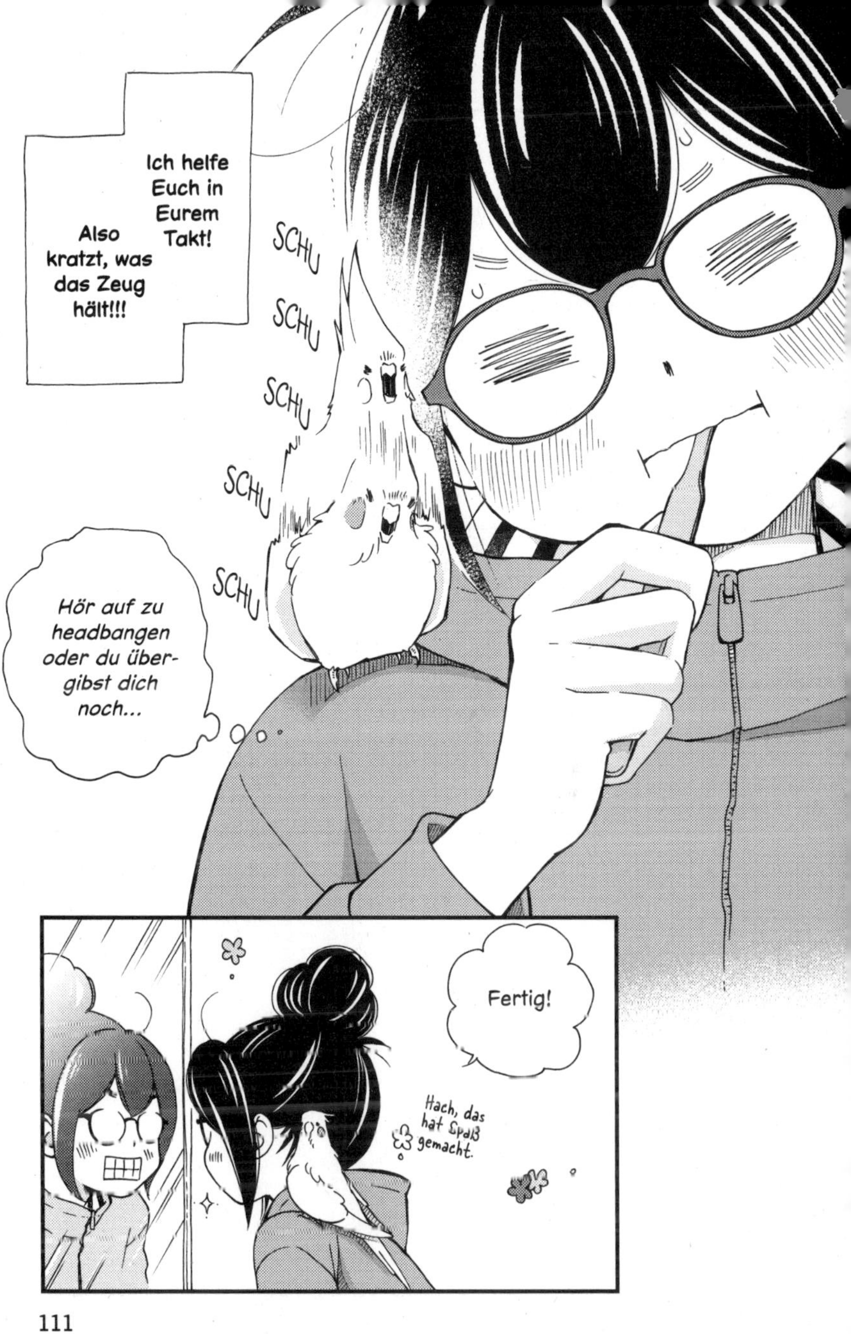
Ich helfe Euch in Eurem Takt!
Also kratzt, was das Zeug hält!!!
SCHU SCHU SCHU SCHU SCHU
Hör auf zu headbangen oder du über-gibst dich noch...
Fertig!
Hach, das hat Spaß gemacht.

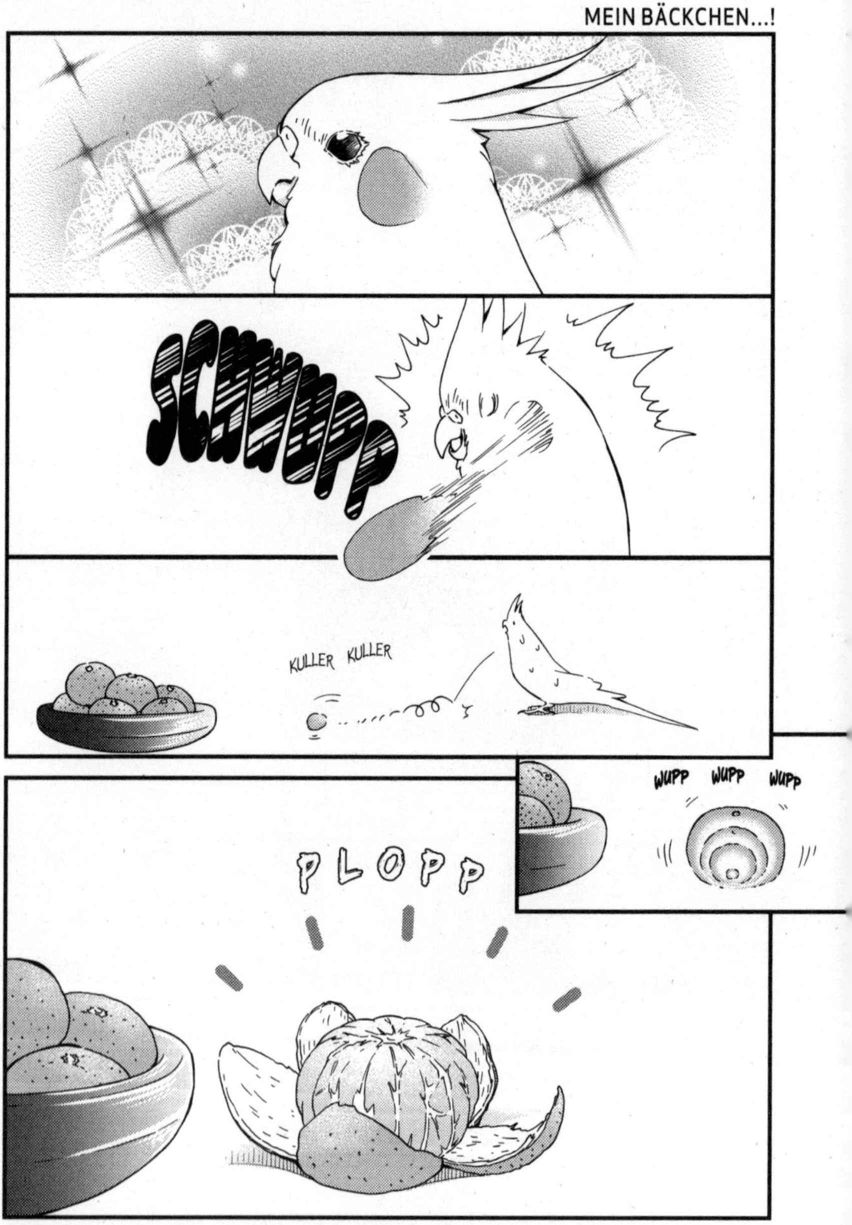
MEIN BÄCKCHEN...!
SCHWOPP
KULLER KULLER
WUPP WUPP WUPP
PLOPP

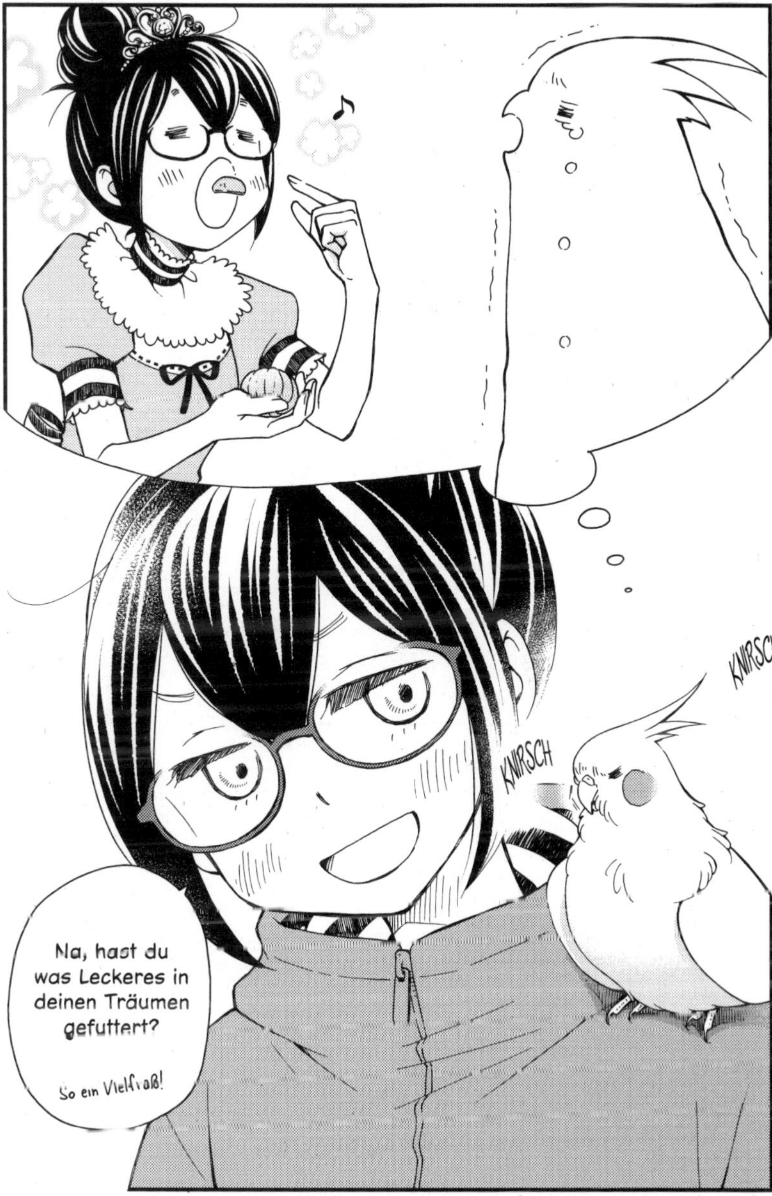


Da er keine Zähne hat, knirscht er oft mit dem Schnabel, wenn er schläft.

## HALTET DEN GRÜNDIEB!

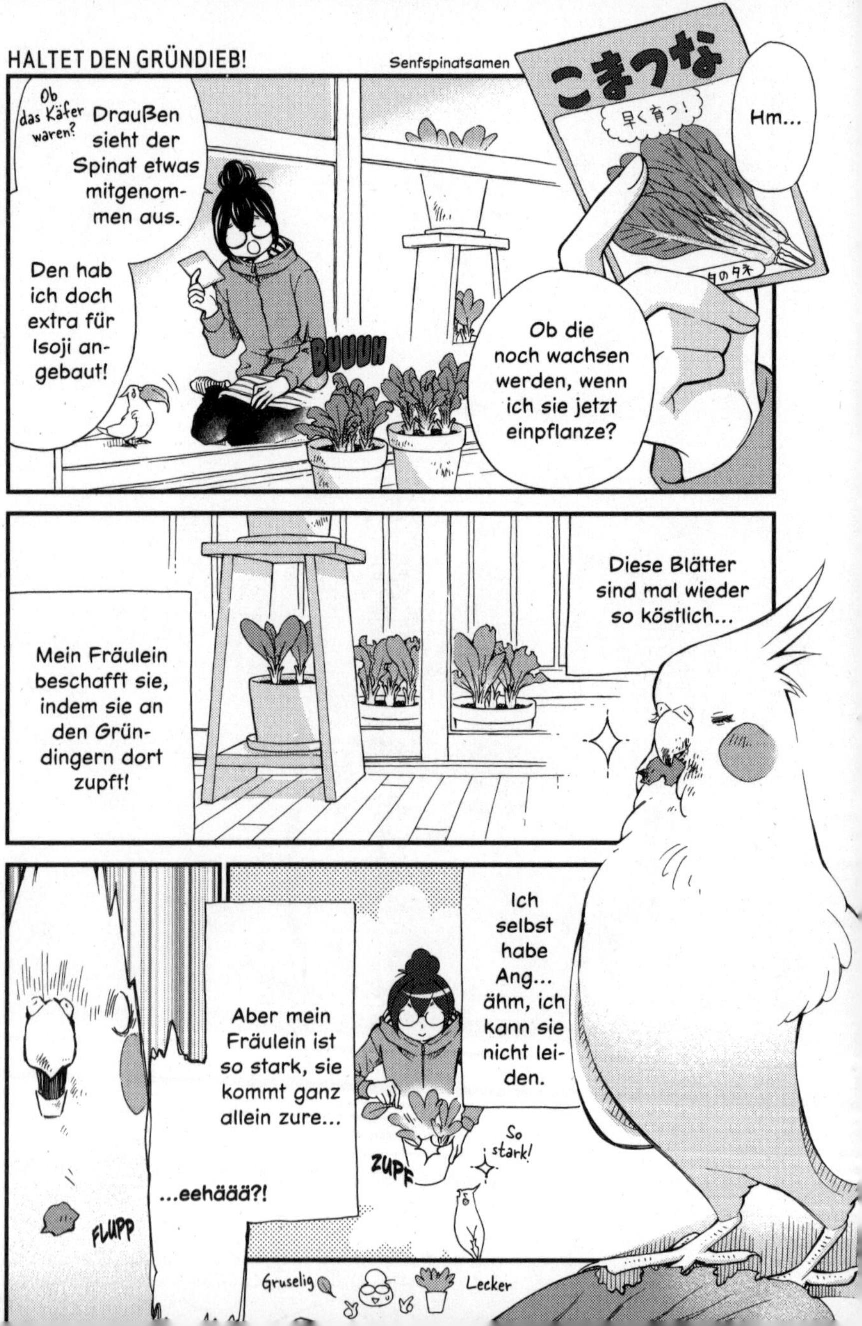

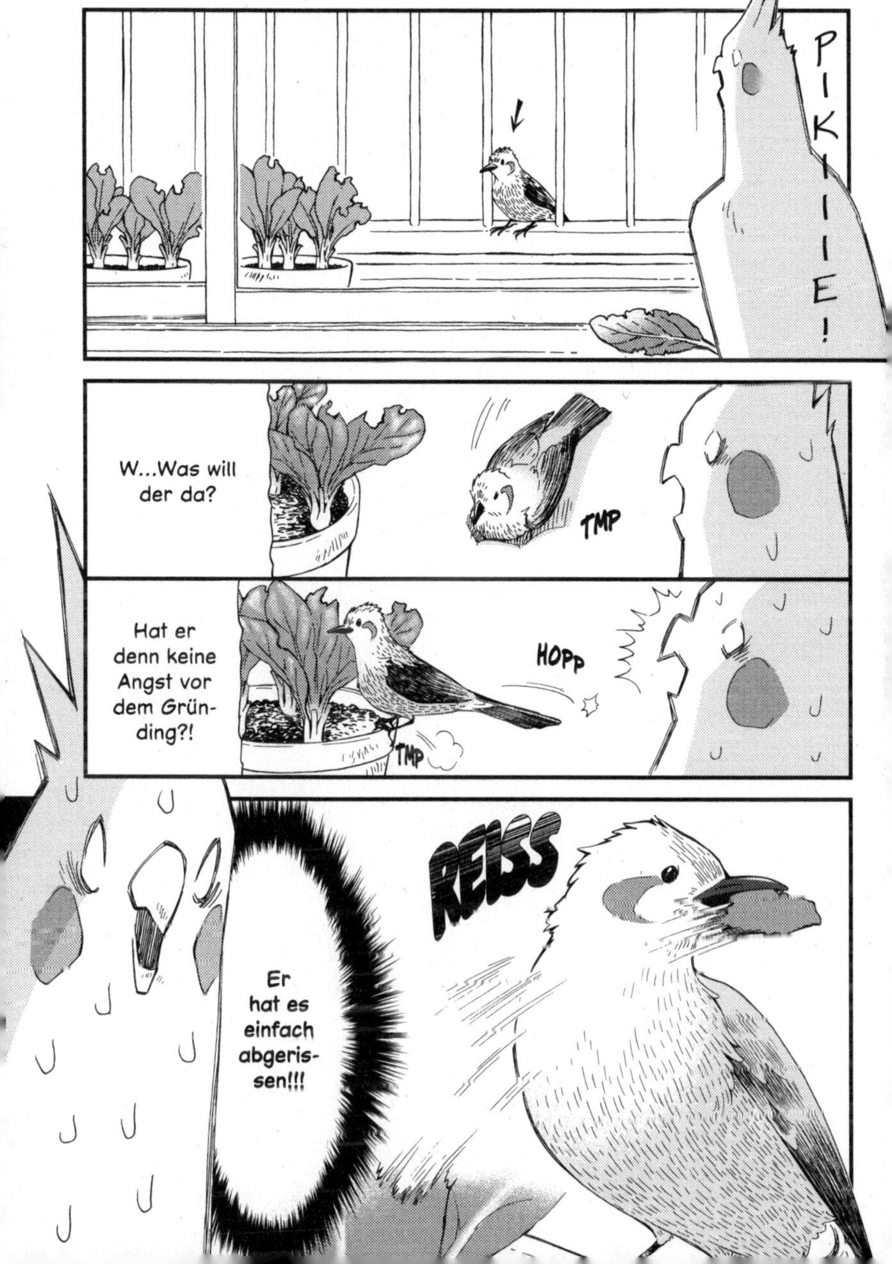
PIKIIIE!
W...Was will der da?
TMP
Hat er denn keine Angst vor dem Gründing?!
HOPP
TMP
REISS
Er hat es einfach abgerissen!!!

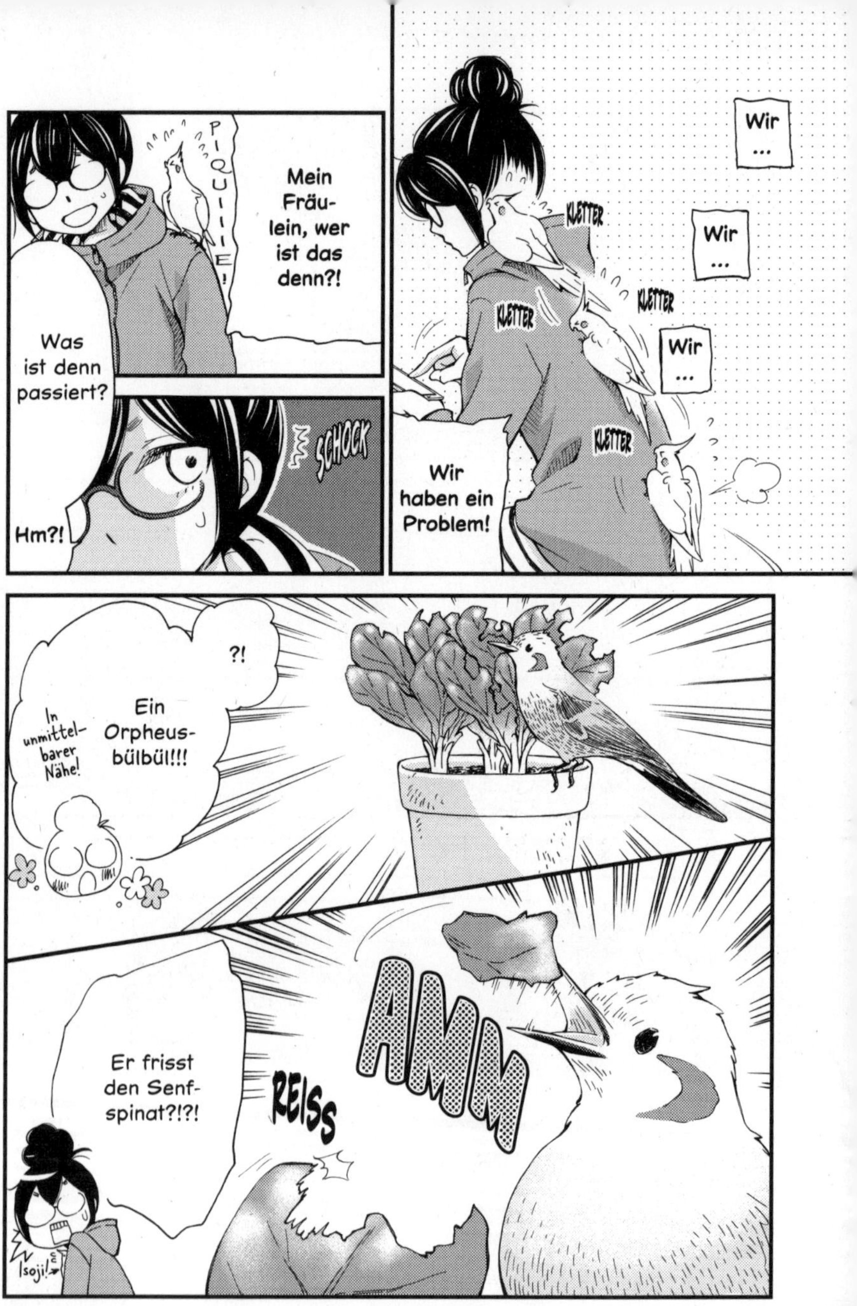
Wir ...
Wir ...
Wir ...
KLETTER
KLETTER
KLETTER
KLETTER
Wir haben ein Problem!
PIQUIIIE!
Mein Fräulein, wer ist das denn?!
Was ist denn passiert?
SCHOCK
Hm?!
?!
Ein Orpheus-bülbül!!!
In unmittel-barer Nähe!
AMM
REISS
Er frisst den Senf-spinat?!?!
Isoji!

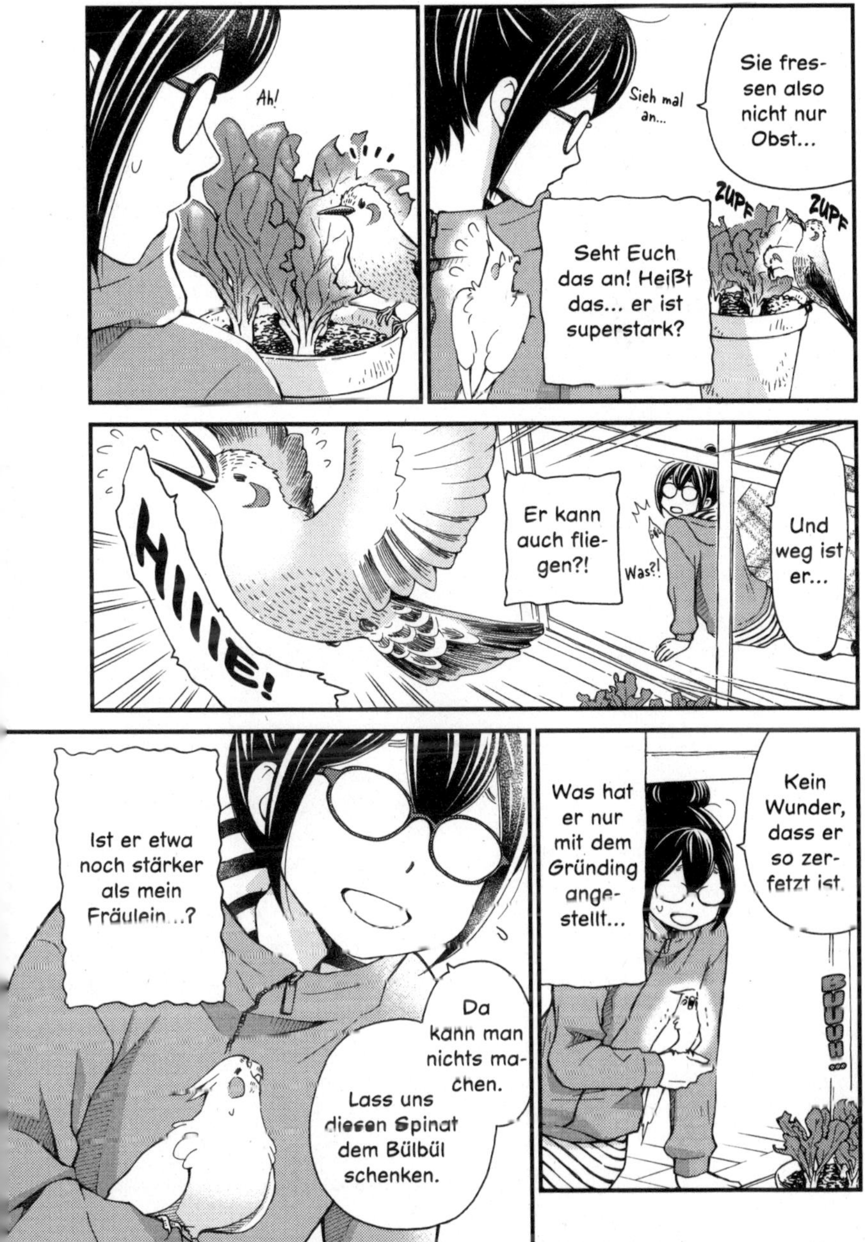
Sie fressen also nicht nur Obst...
Sieh mal an...
ZUPF
ZUPF
Seht Euch das an! Heißt das... er ist superstark?
Ah!
Und weg ist er...
Was?!
Er kann auch fliegen?!
HIIIE!
Kein Wunder, dass er so zerfetzt ist.
Was hat er nur mit dem Gründing angestellt...
BUUUH...
Da kann man nichts machen.
Lass uns diesen Spinat dem Bülbül schenken.
Ist er etwa noch stärker als mein Fräulein...?

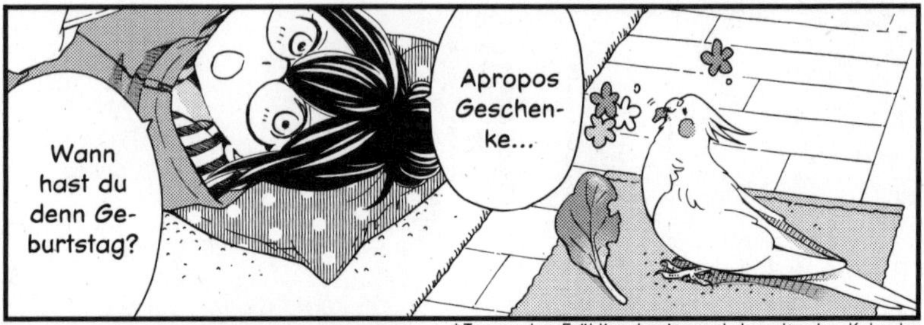


* Tag vor dem Frühlingsbeginn nach dem alten jap. Kalender

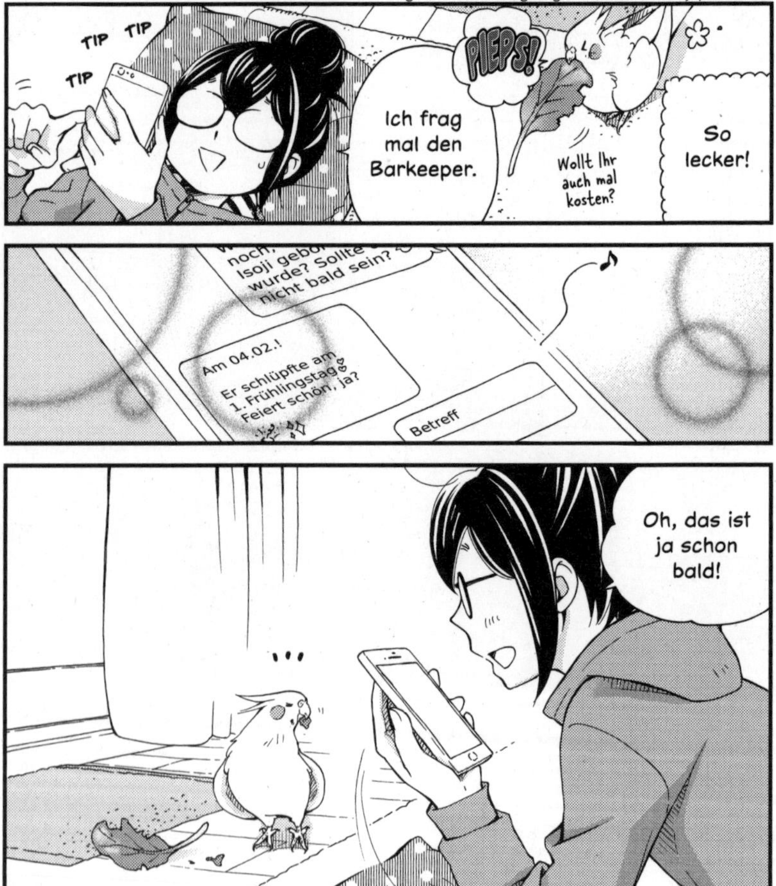

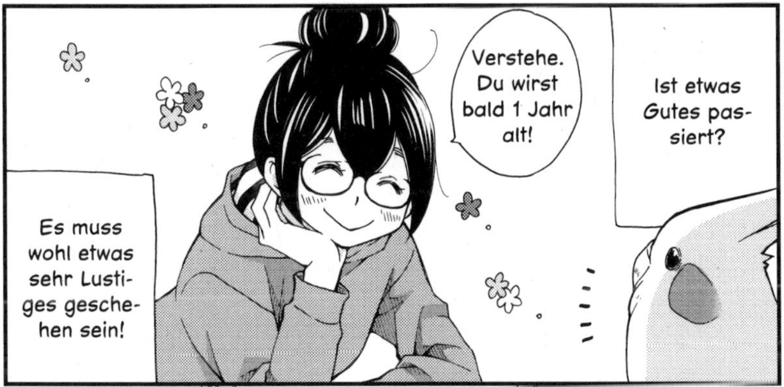


* werden am Setsubun geworfen (soll Glück bringen)

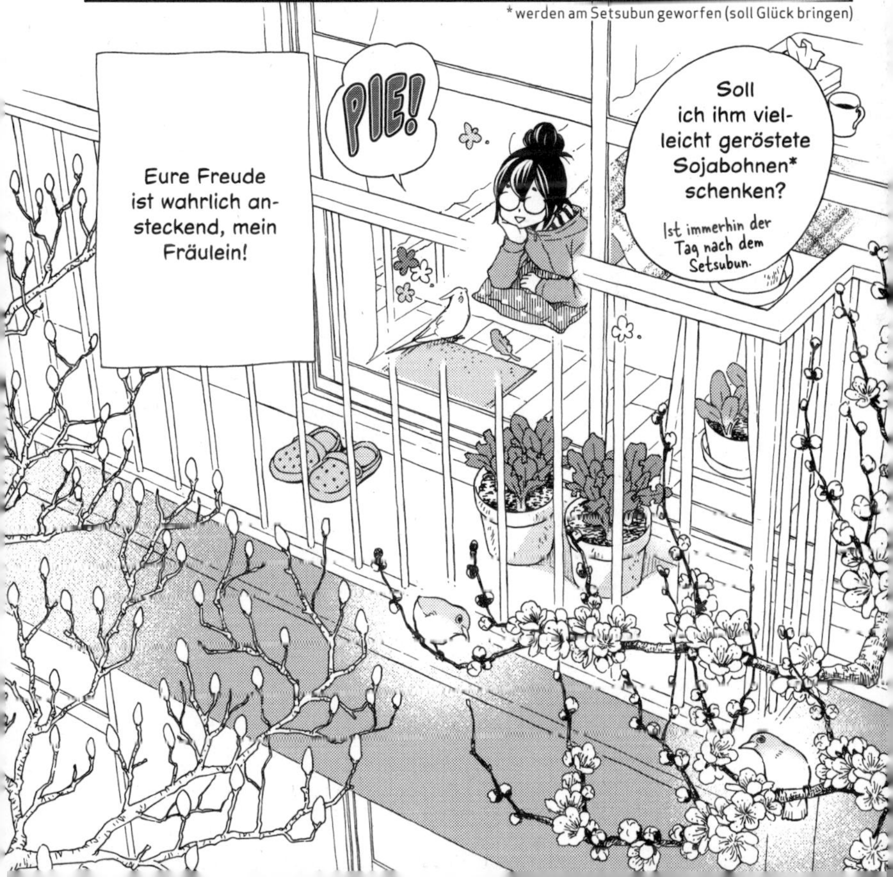

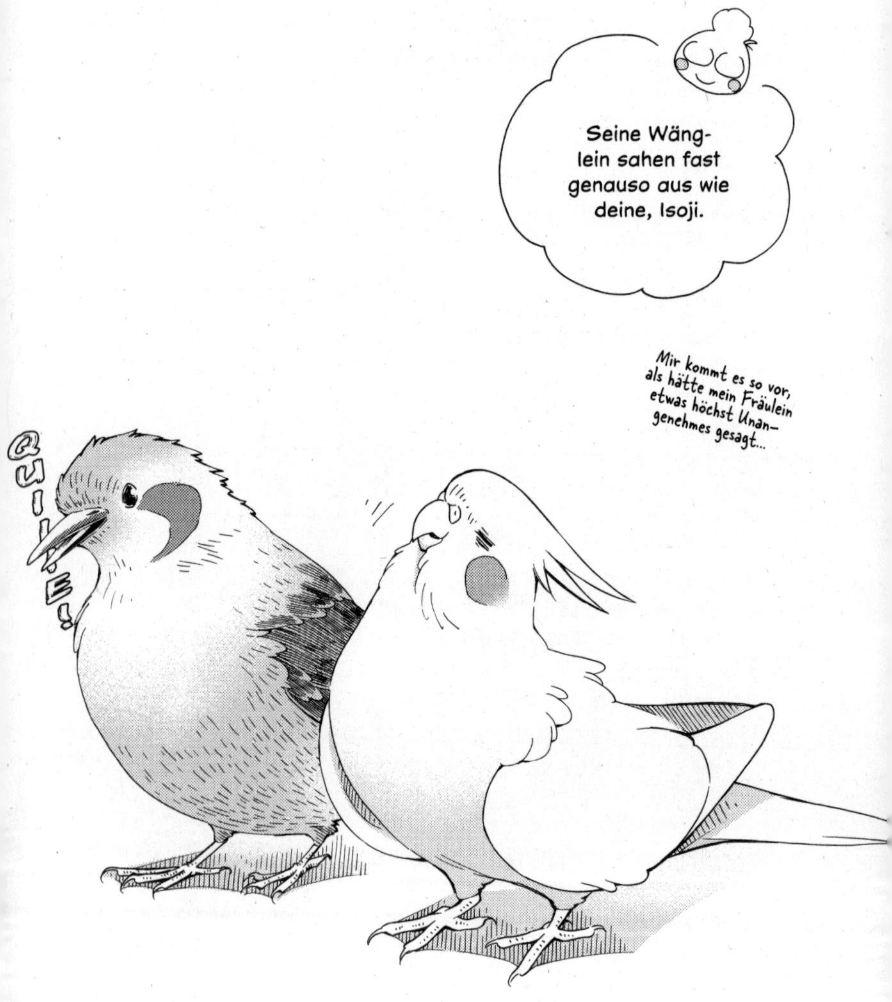
Seine Wänglein sahen fast genauso aus wie deine, Isoji.
Mir kommt es so vor, als hätte mein Fräulein etwas höchst Unangenehmes gesagt...
QUIIIE!

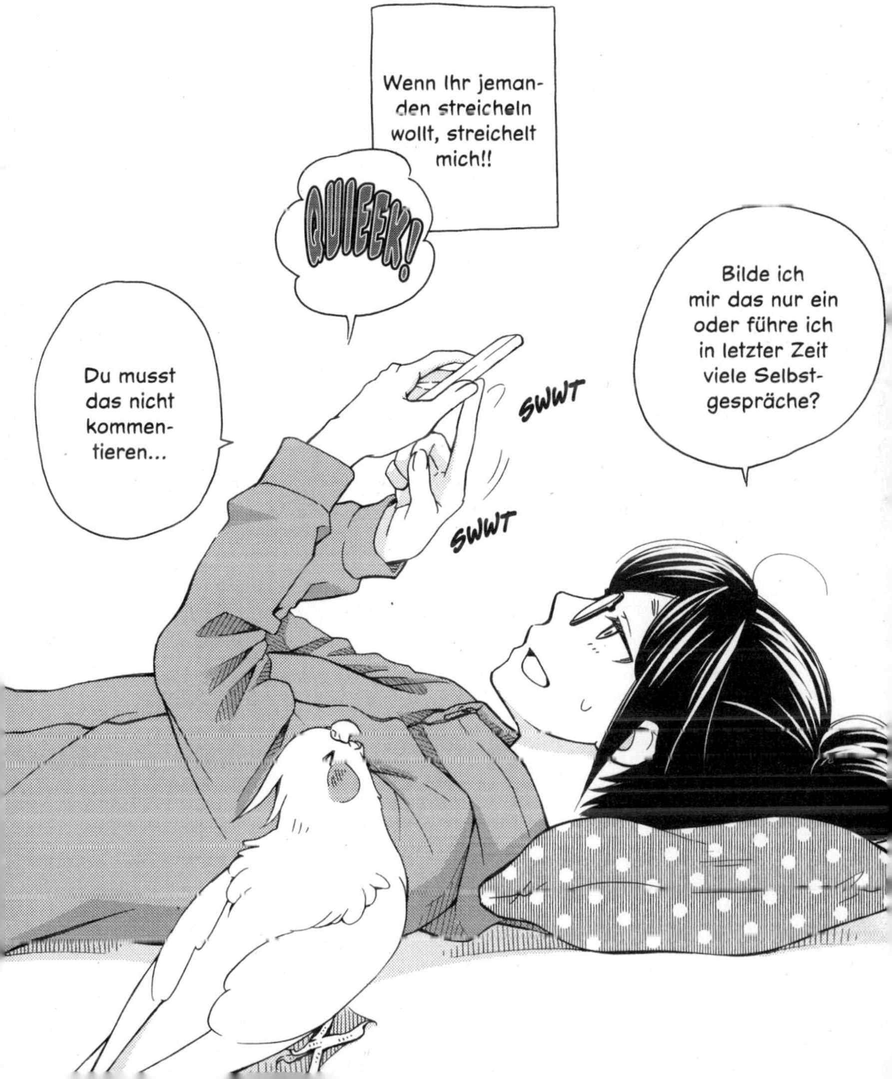
Wenn Ihr jemanden streicheln wollt, streichelt mich!!
QUIEEK!
Bilde ich mir das nur ein oder führe ich in letzter Zeit viele Selbstgespräche?
SWWT
SWWT
Du musst das nicht kommentieren...

ERSTE ERBSENSPROSSEN

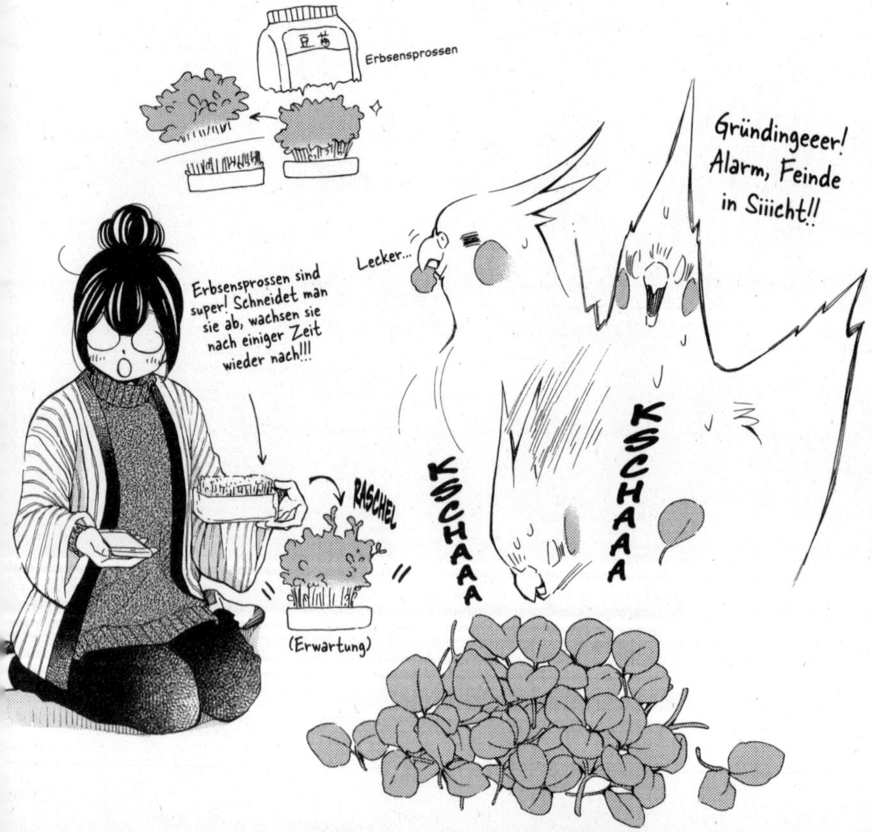

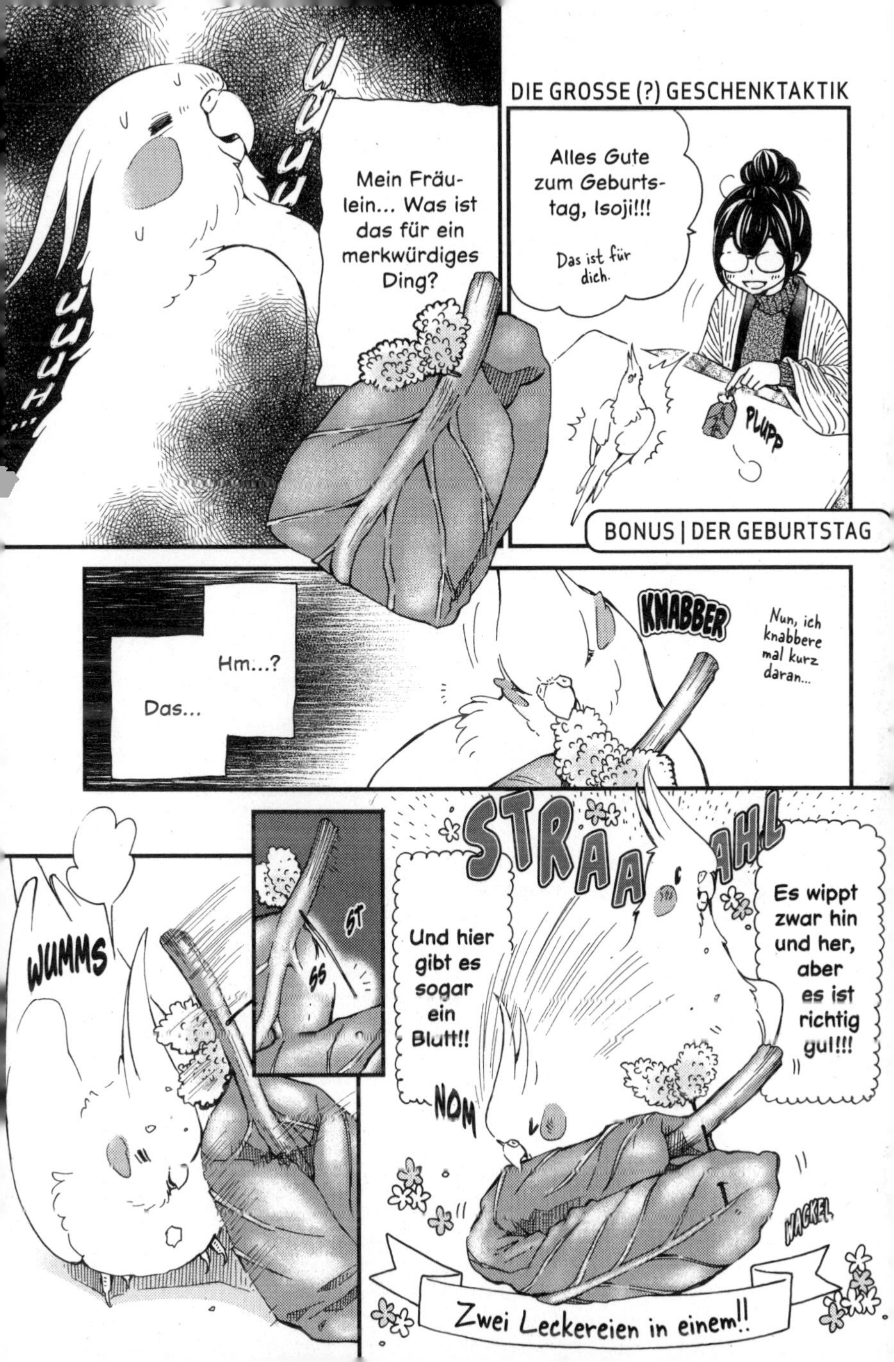
BONUS | DER GEBURTSTAG
DIE GROSSE (?) GESCHENKTAKTIK
Alles Gute zum Geburtstag, Isoji!!!
Das ist für dich.
PLUPP
UUUUU
Mein Fräulein... Was ist das für ein merkwürdiges Ding?
UUUUH...
Nun, ich knabbere mal kurz daran...
KNABBER
Hm...?
Das...
STRAAAHL
Es wippt zwar hin und her, aber es ist richtig gut!!!
Und hier gibt es sogar ein Blatt!!
NOM
WACKEL
Zwei Leckereien in einem!!
ST
SS
WUMMS

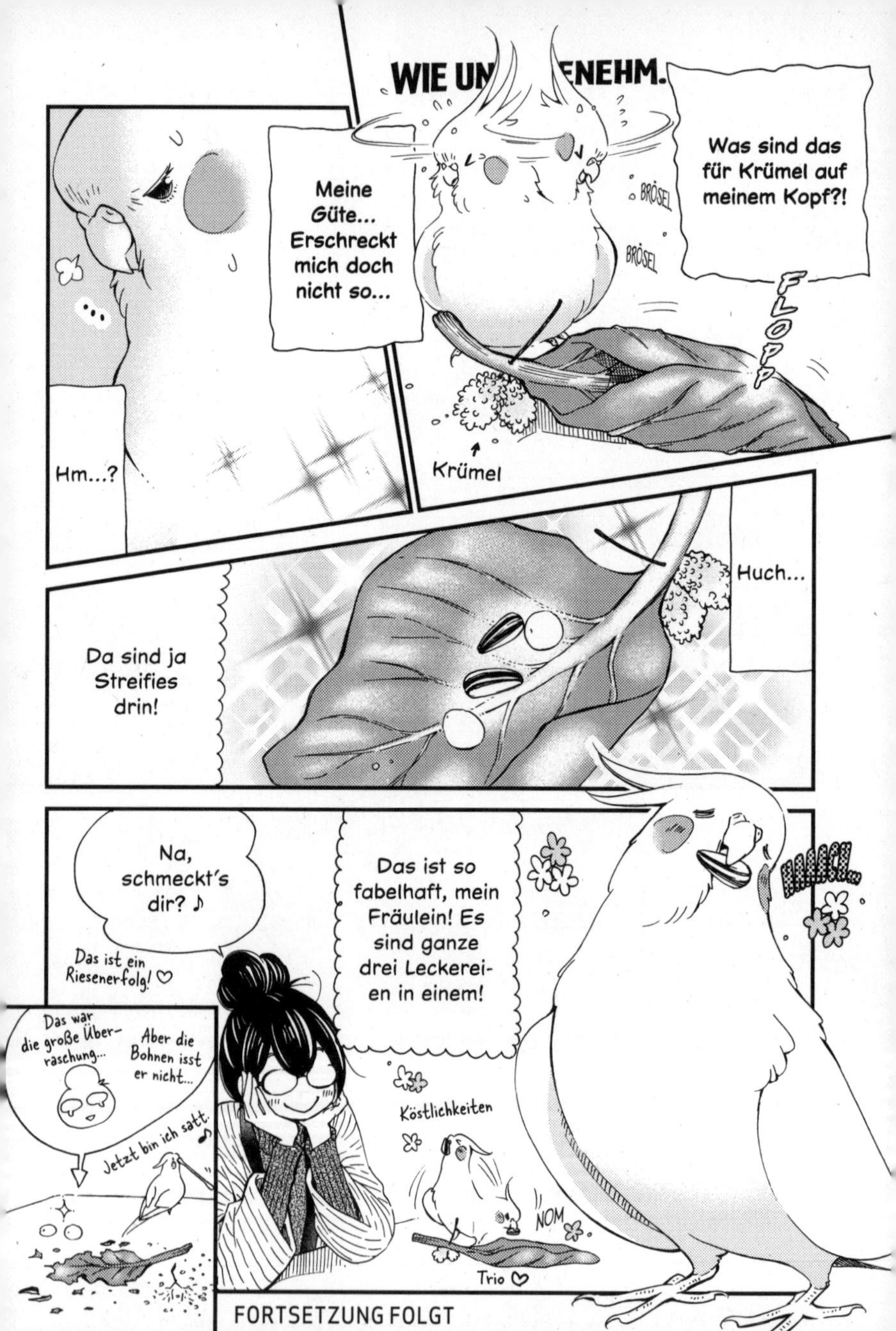


FORTSETZUNG FOLGT

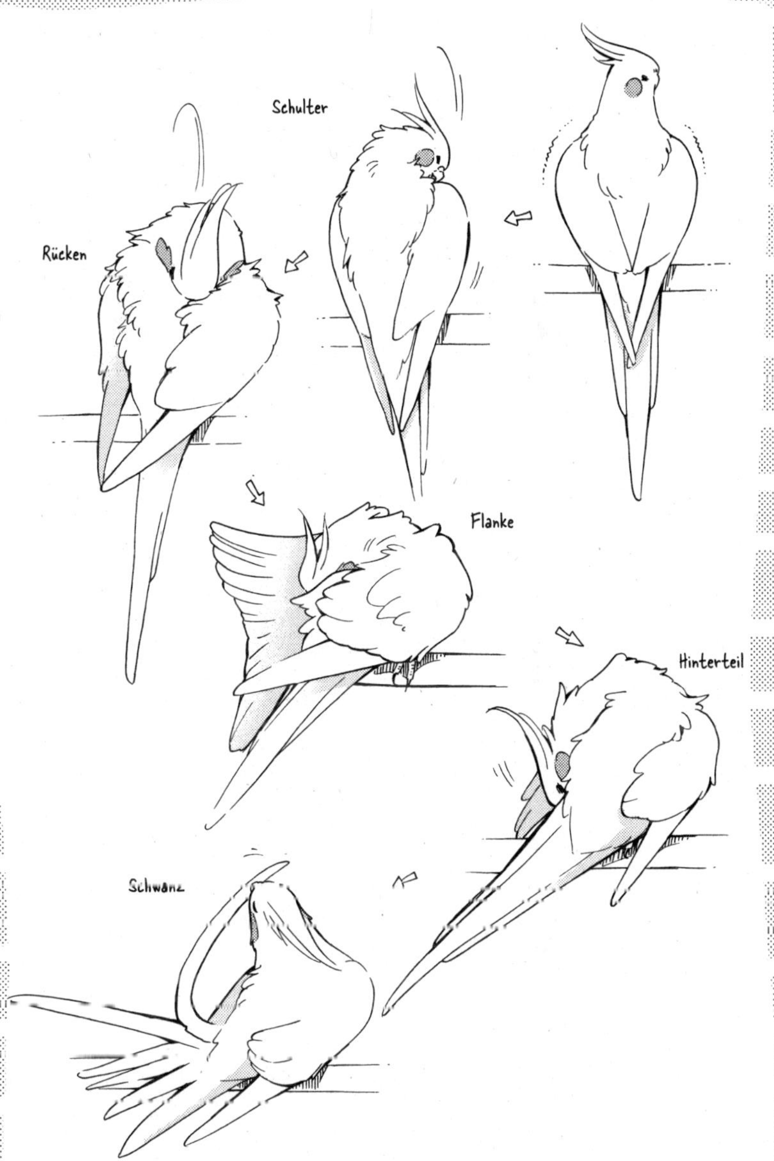


⇦ Fortsetzung

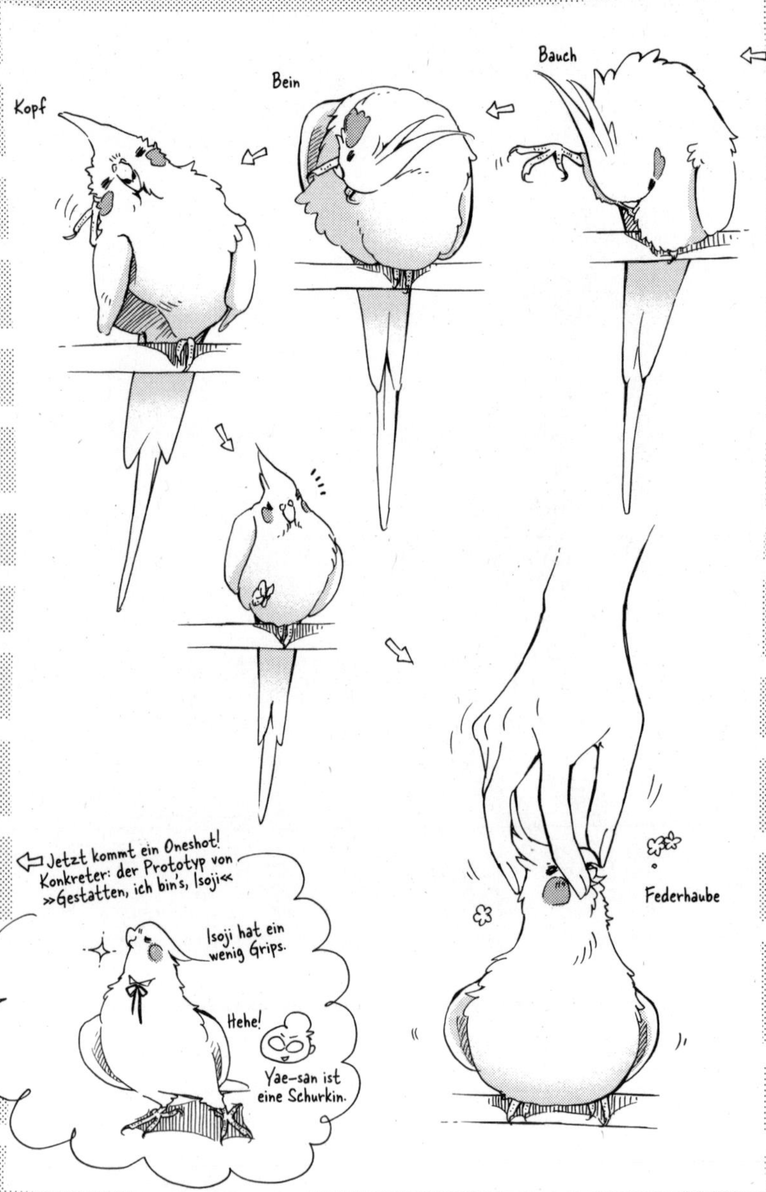

Kopf
Bein
Bauch
Federhaube
Jetzt kommt ein Oneshot! Konkreter: der Prototyp von »Gestatten, ich bin's, Isoji«
Isoji hat ein wenig Grips.
Hehe!
Yae-san ist eine Schurkin.

## EXTRA | VOGELBUTLER ISOJI

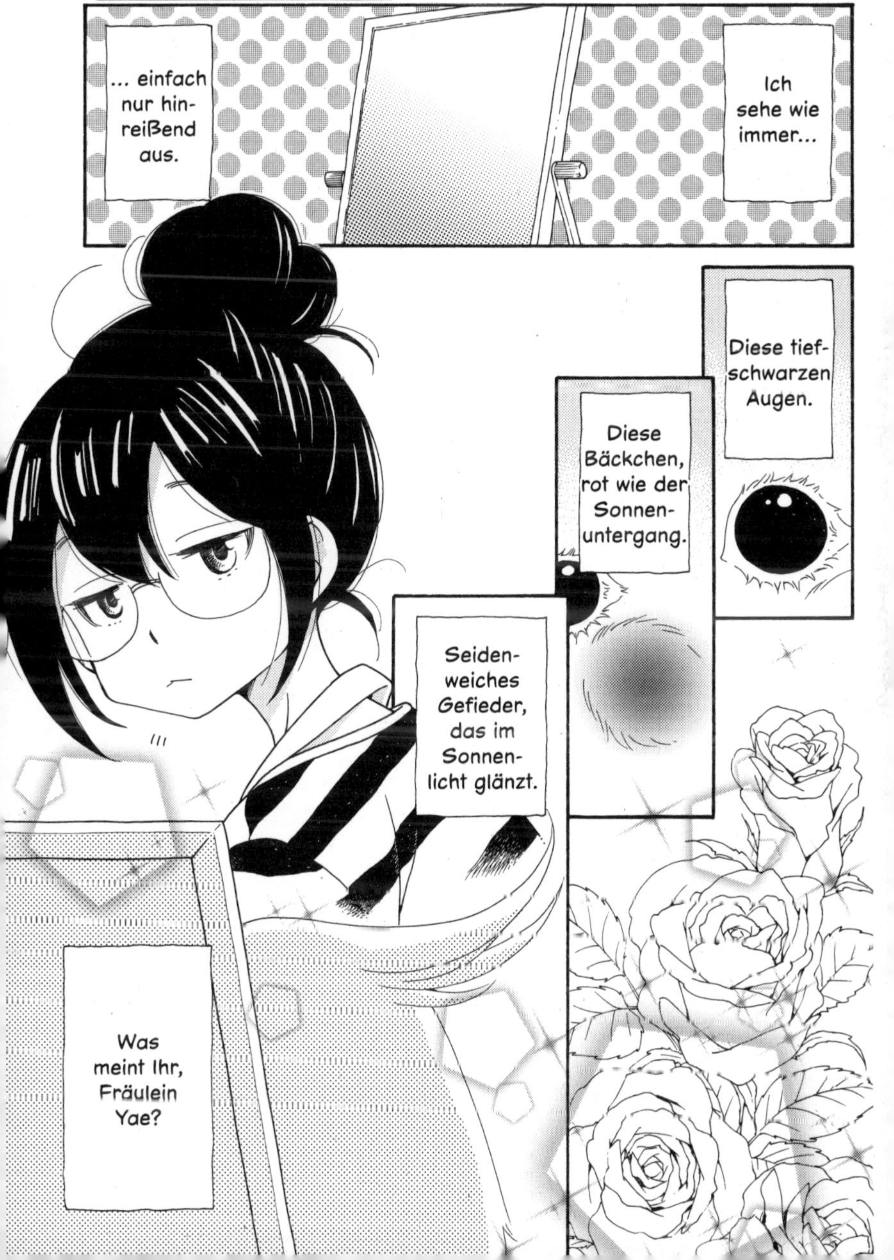

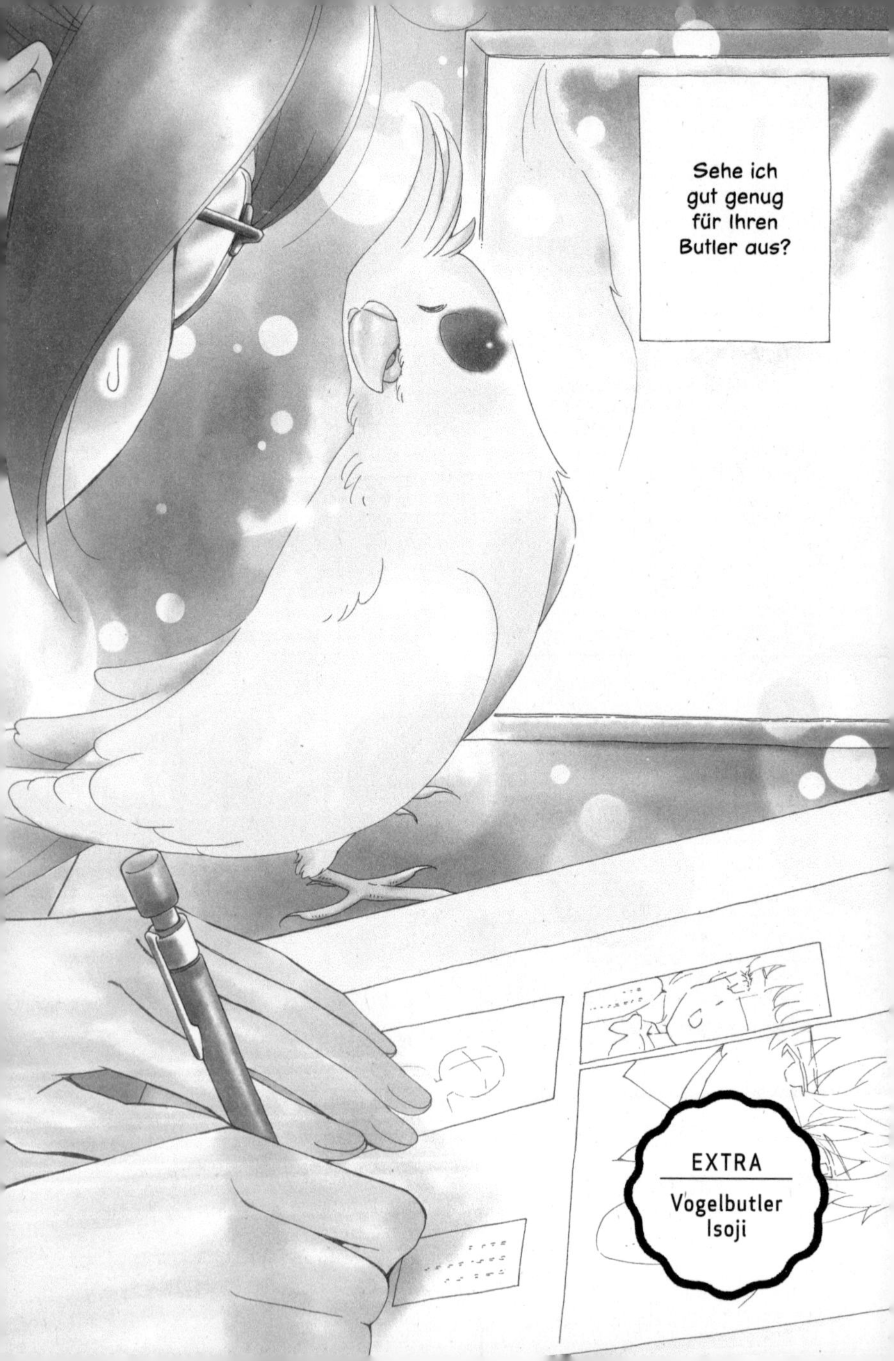
Sehe ich gut genug für Ihren Butler aus?
EXTRA
Vogelbutler Isoji

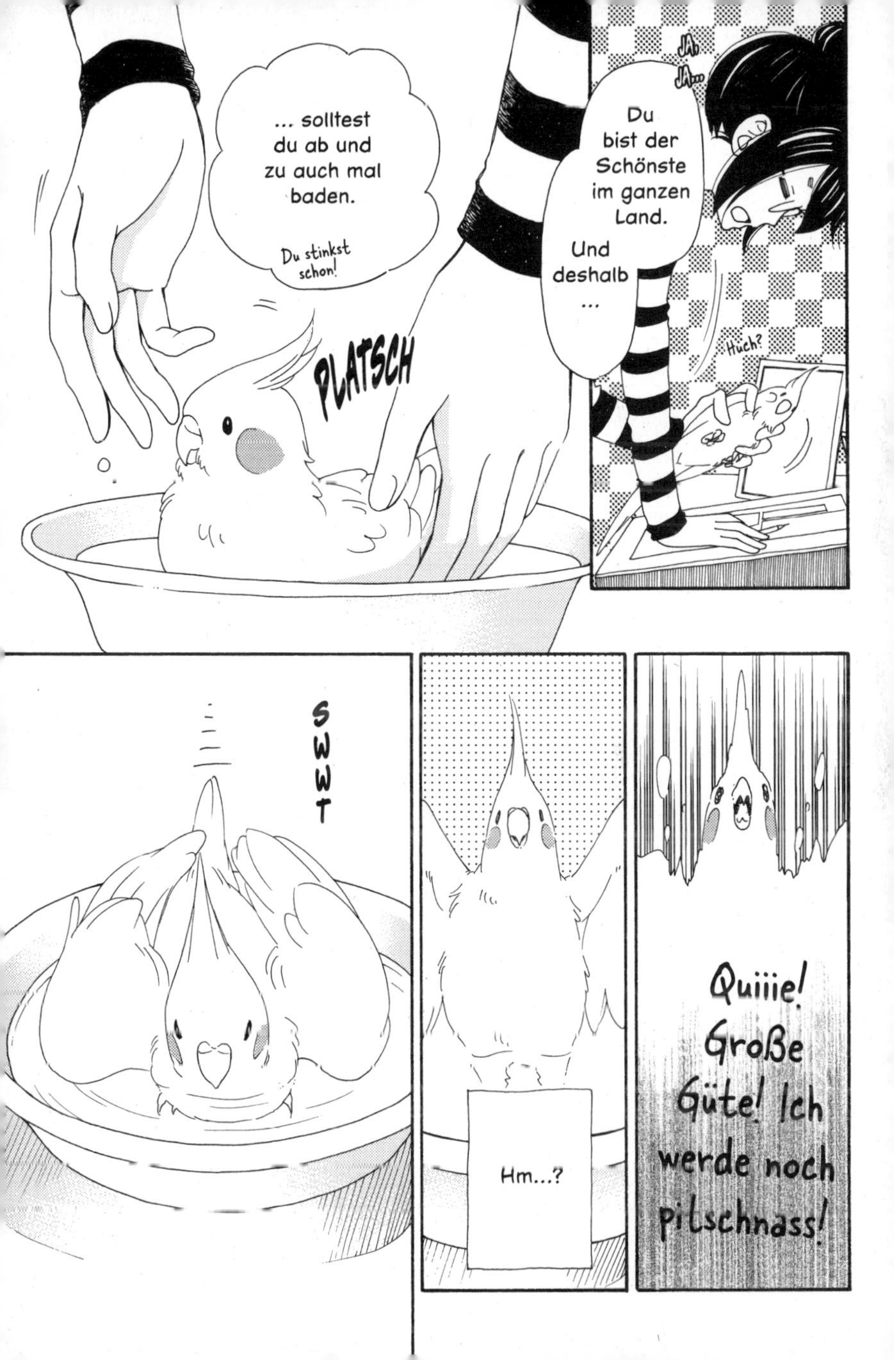
JA, JA...
Du bist der Schönste im ganzen Land.
Und deshalb ...
Huch?
... solltest du ab und zu auch mal baden.
Du stinkst schon!
PLATSCH
SWWT
Hm...?
Quiiie! Große Güte! Ich werde noch pitschnass!

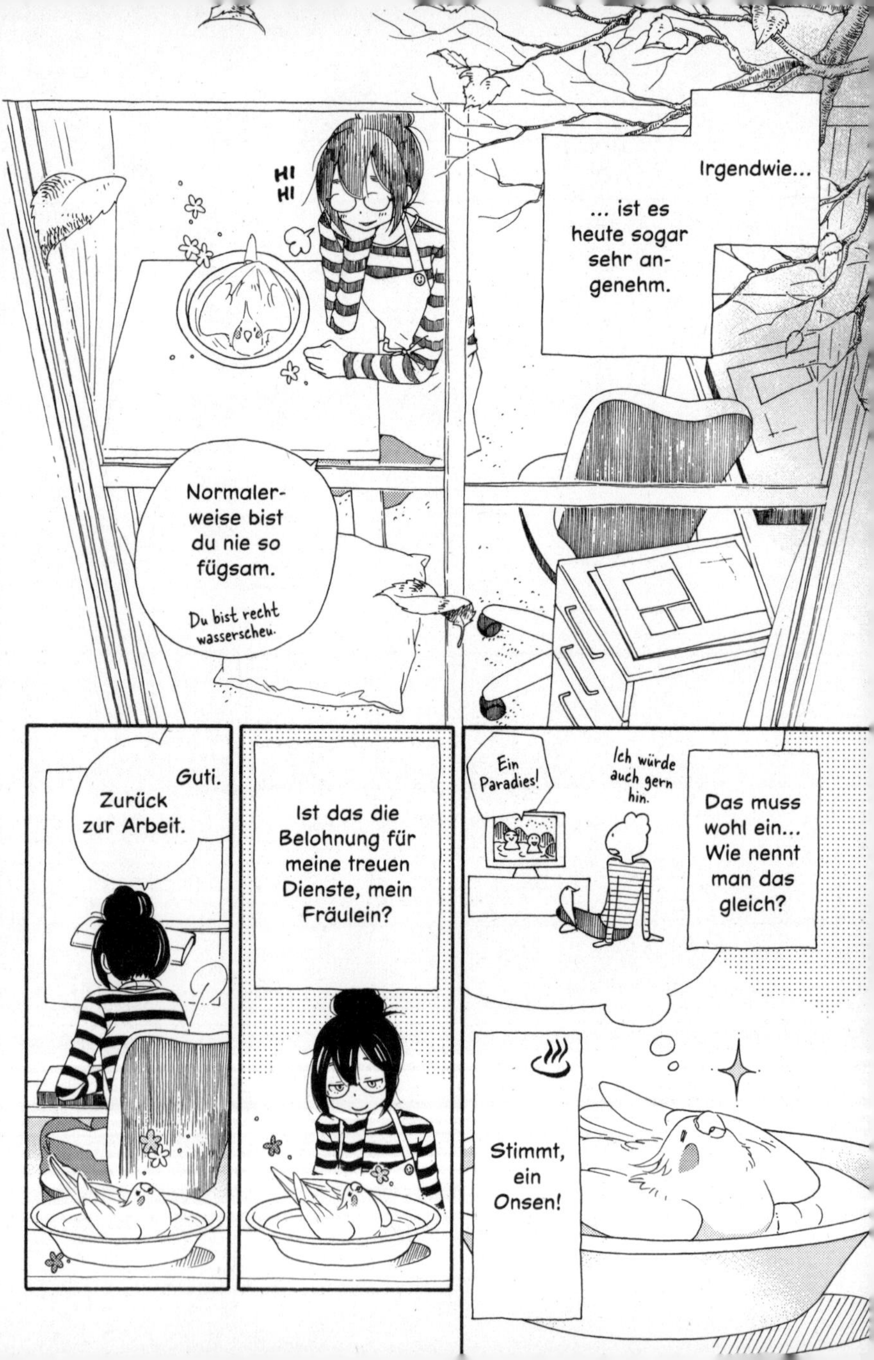
Irgendwie...
... ist es heute sogar sehr an-genehm.
HI HI
Normaler-weise bist du nie so fügsam.
Du bist recht wasserscheu.
Das muss wohl ein... Wie nennt man das gleich?
Ich würde auch gern hin.
Ein Paradies!
Stimmt, ein Onsen!
Ist das die Belohnung für meine treuen Dienste, mein Fräulein?
Guti. Zurück zur Arbeit.

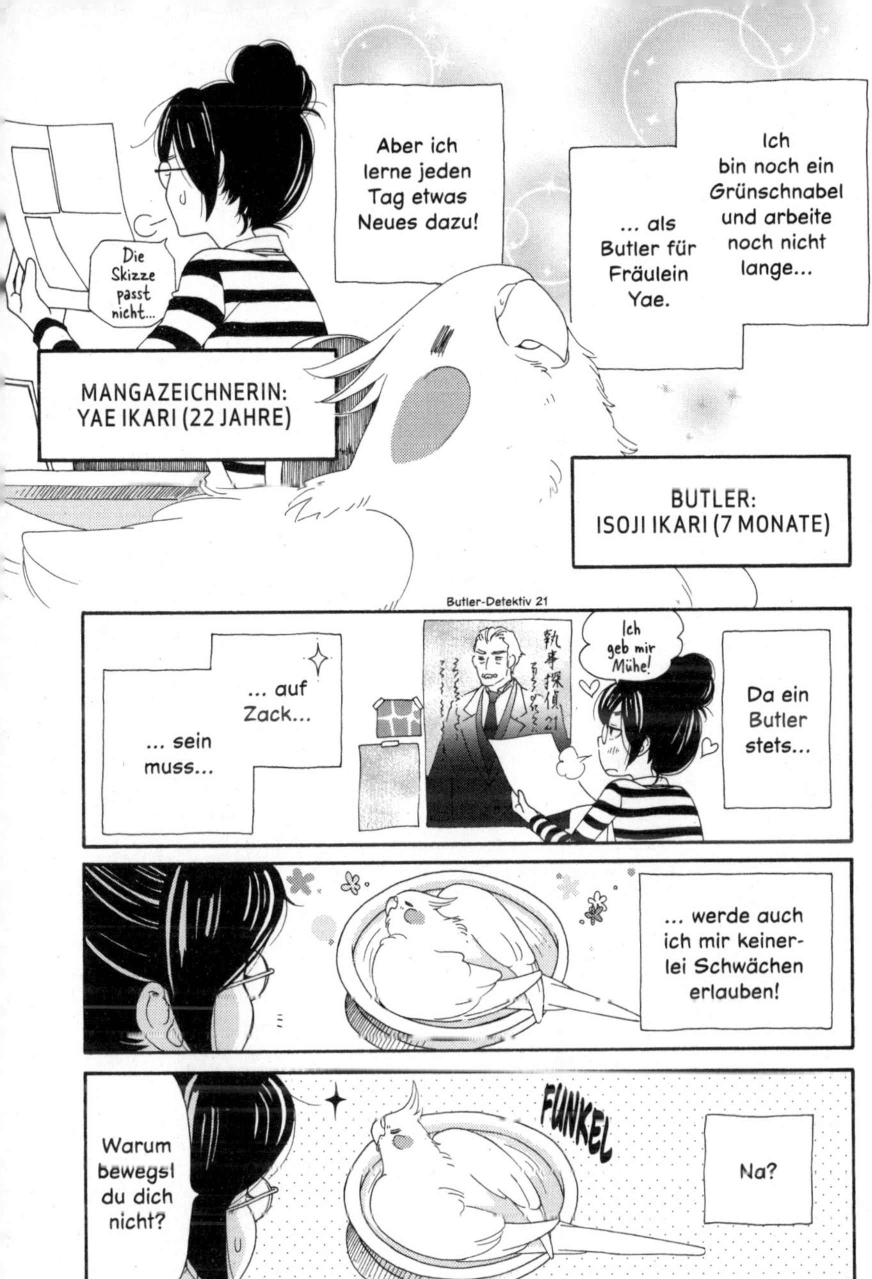

Ich bin noch ein Grünschnabel und arbeite noch nicht lange...
... als Butler für Fräulein Yae.
Aber ich lerne jeden Tag etwas Neues dazu!
Die Skizze passt nicht...
BUTLER: ISOJI IKARI (7 MONATE)
MANGAZEICHNERIN: YAE IKARI (22 JAHRE)
Butler-Detektiv 21
Da ein Butler stets...
Ich geb mir Mühe!
執事探偵21
... auf Zack...
... sein muss...
... werde auch ich mir keinerlei Schwächen erlauben!
Na?
FUNKEL
Warum bewegsl du dich nicht?

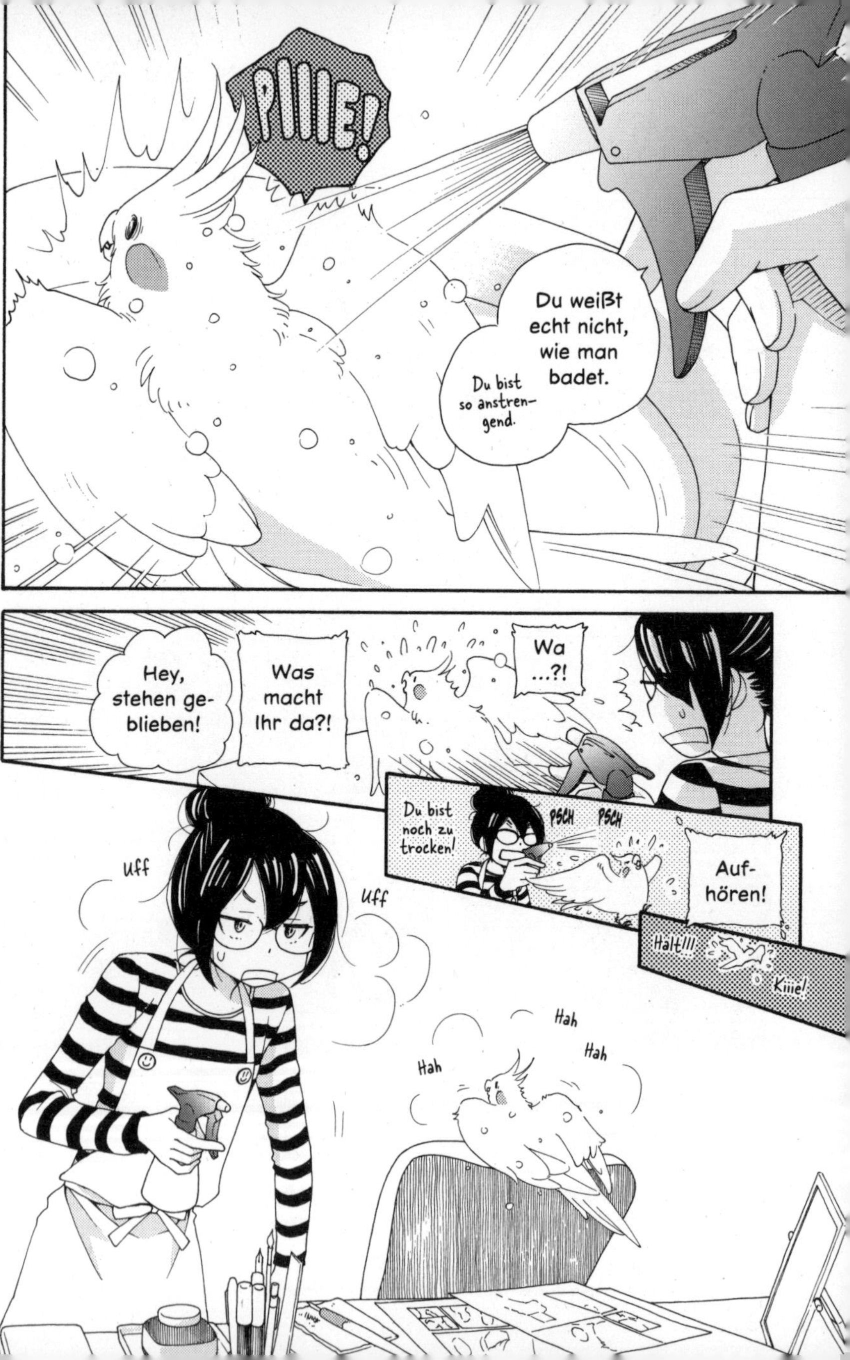
PIIIE!
Du weißt echt nicht, wie man badet.
Du bist so anstrengend.
Wa ...?!
Was macht Ihr da?!
Hey, stehen geblieben!
Du bist noch zu trocken!
PSCH
PSCH
Aufhören!
Halt!!!
Kiiie!
Uff
Uff
Hah
Hah
Hah

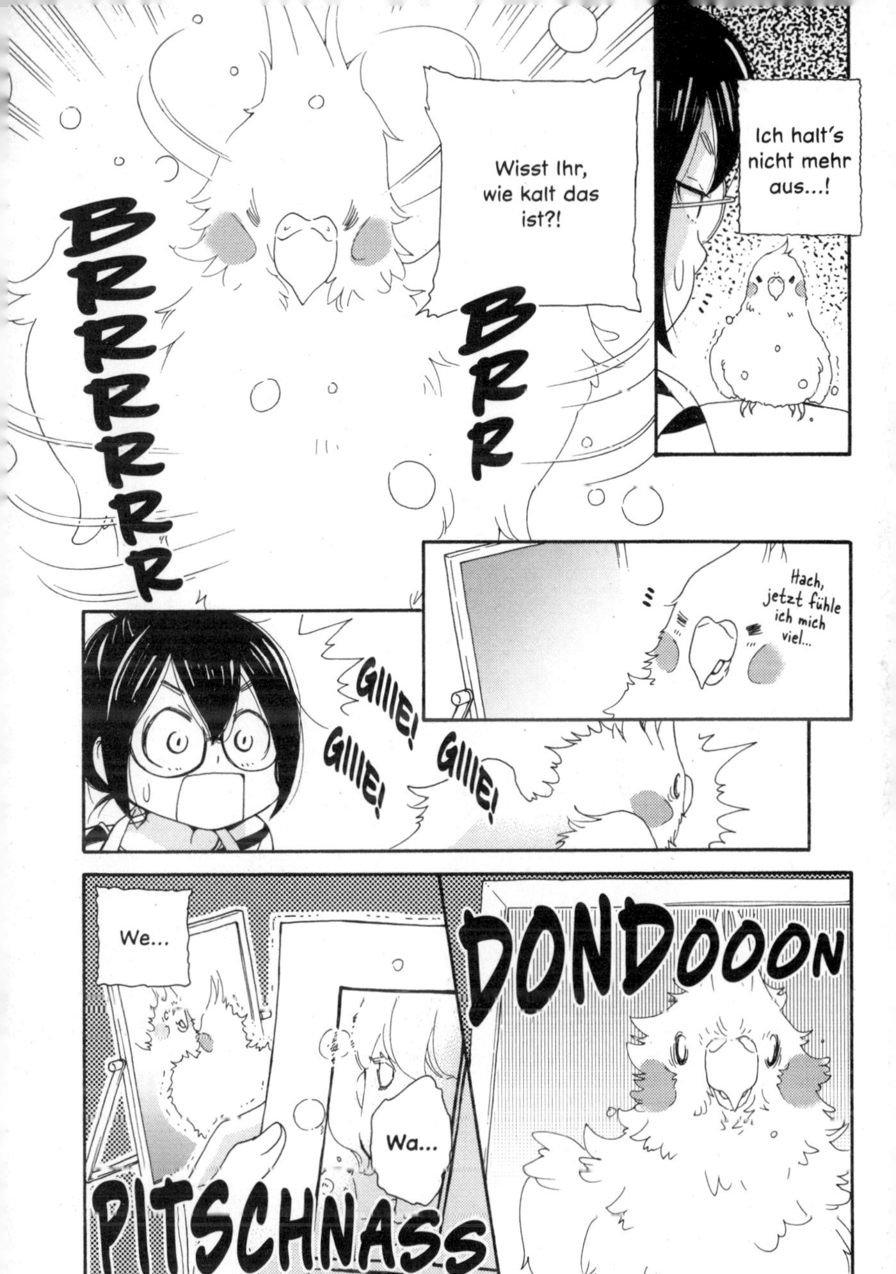

Ich halt's nicht mehr aus...!
Wisst Ihr, wie kalt das ist?!
BRRRRRRR
BRR
Hach, jetzt fühle ich mich viel...
GIIIE! GIIIE! GIIIE!
DONDOOON
Wa...
We...
PITSCHNASS

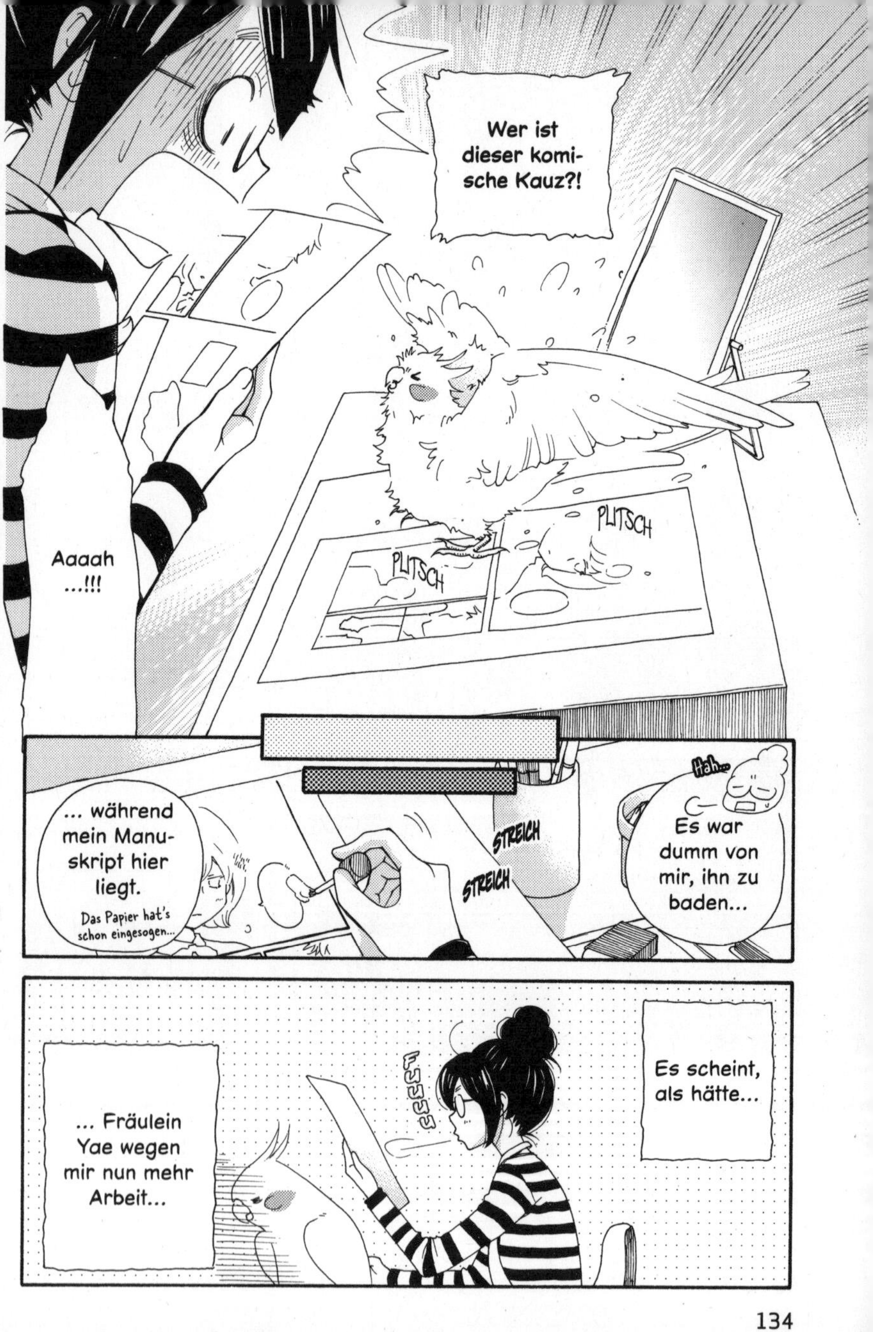
Wer ist dieser komische Kauz?!
PLITSCH
PLITSCH
Aaaah ...!!!
Hah...
Es war dumm von mir, ihn zu baden...
STREICH
STREICH
... während mein Manuskript hier liegt.
Das Papier hat's schon eingesogen...
Es scheint, als hätte...
Fuuuuu
... Fräulein Yae wegen mir nun mehr Arbeit...

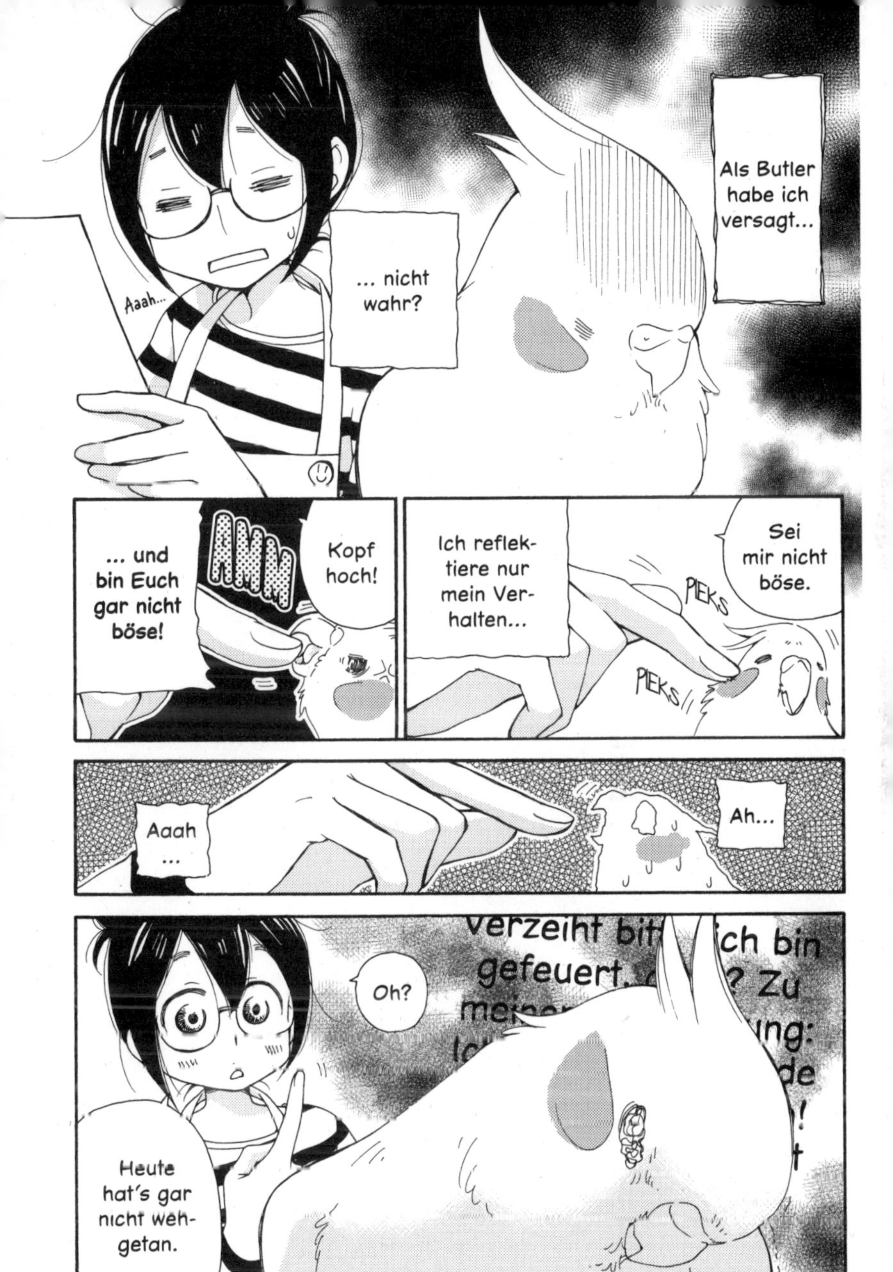
Als Butler habe ich versagt...
... nicht wahr?
Aaah...
Sei mir nicht böse.
PIEKS
PIEKS
Ich reflektiere nur mein Verhalten...
Kopf hoch!
AMM
... und bin Euch gar nicht böse!
Ah...
Aaah ...
Oh?
Heute hat's gar nicht wehgetan.

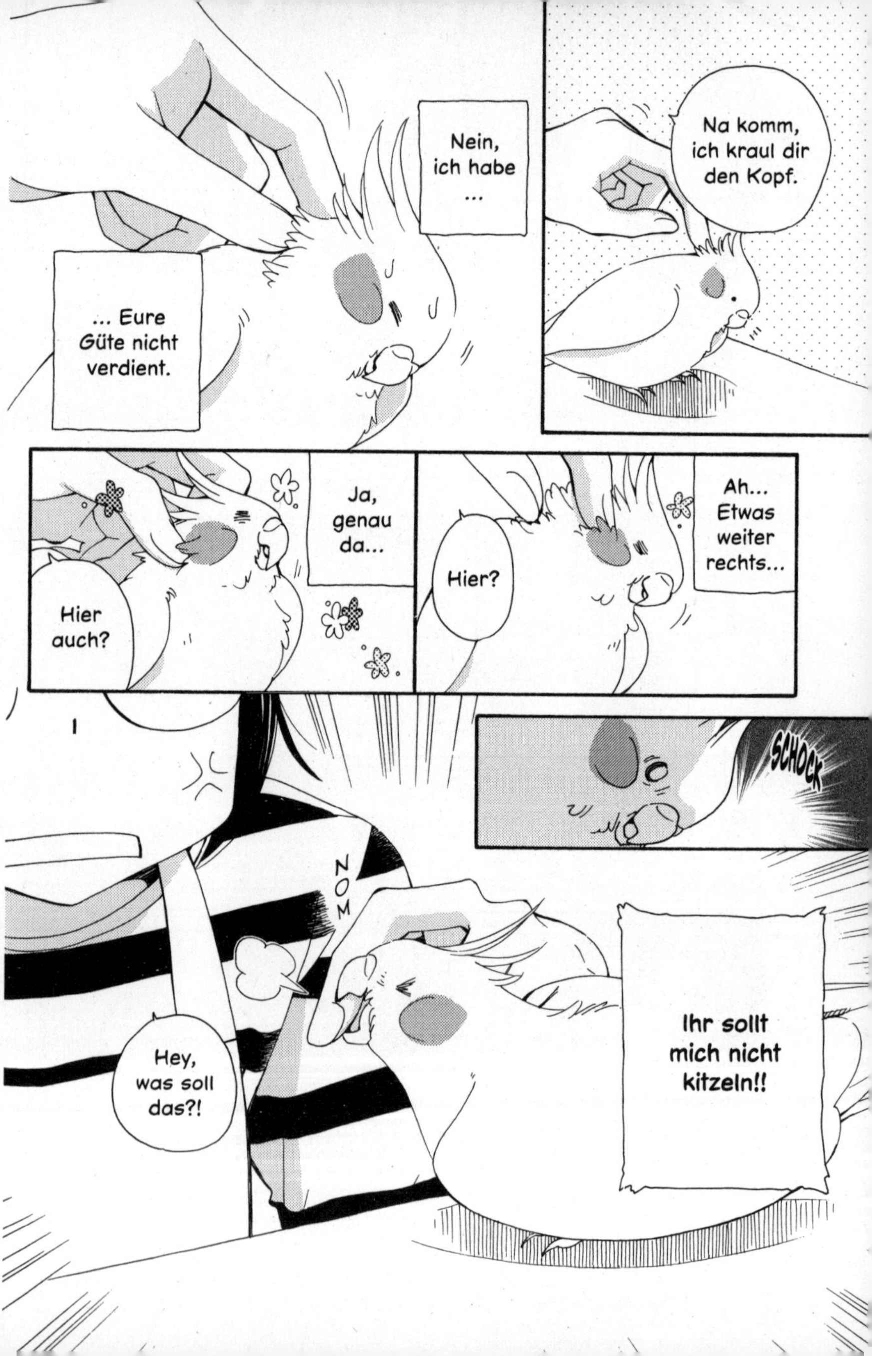

Na komm, ich kraul dir den Kopf.
Nein, ich habe ...
... Eure Güte nicht verdient.
Ah... Etwas weiter rechts...
Hier?
Hier auch?
Ja, genau da...
SCHOCK
NOM
Ihr sollt mich nicht kitzeln!!
Hey, was soll das?!

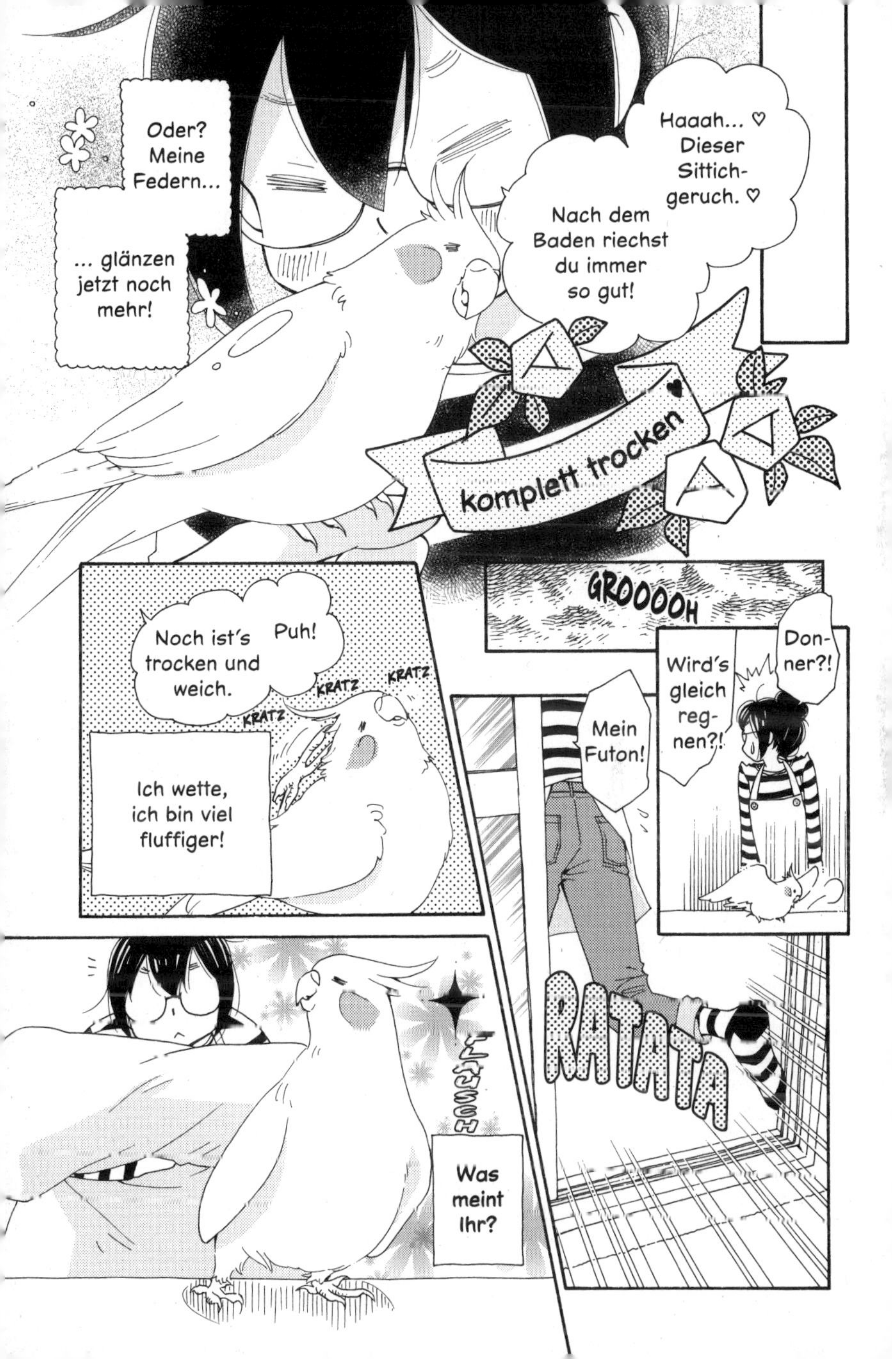
Haaah... ♡ Dieser Sittich-geruch. ♡
Nach dem Baden riechst du immer so gut!
Oder? Meine Federn...
... glänzen jetzt noch mehr!
komplett trocken
GROOOOH
Donner?!
Wird's gleich reg-nen?!
Mein Futon!
Puh!
Noch ist's trocken und weich.
KRATZ
KRATZ
KRATZ
Ich wette, ich bin viel fluffiger!
RATATA
Was meint Ihr?

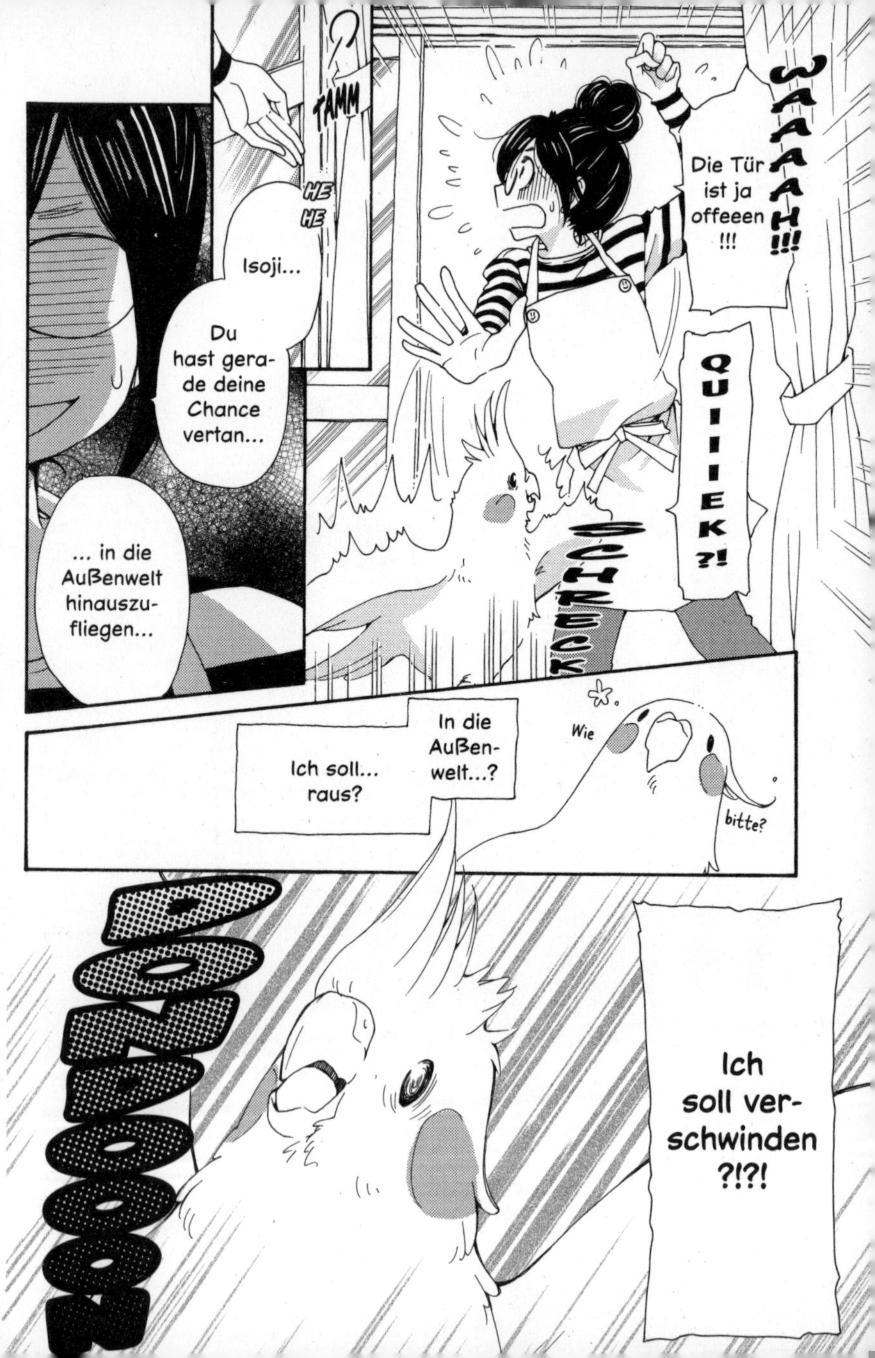
WAAAAAH!!!
Die Tür ist ja offeeen !!!
QUIIIEK?!
SCHRECK
TAMM
HE HE
Isoji...
Du hast gerade deine Chance vertan...
... in die Außenwelt hinauszufliegen...
Wie bitte?
In die Außenwelt...?
Ich soll... raus?
Ich soll verschwinden ?!?!

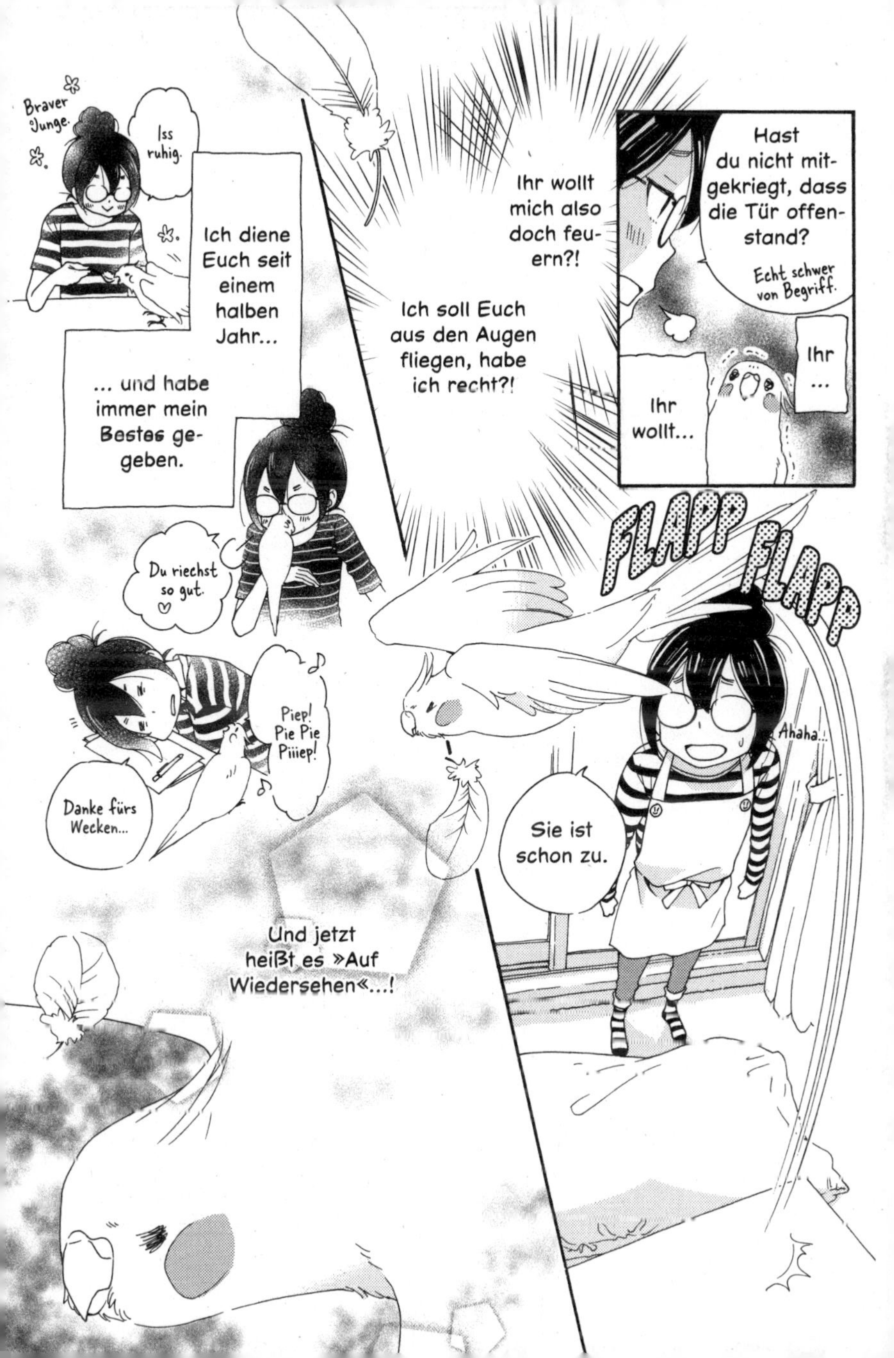
Hast du nicht mitgekriegt, dass die Tür offenstand?
Echt schwer von Begriff.
Ihr ...
Ihr wollt...
Ihr wollt mich also doch feuern?!
Ich soll Euch aus den Augen fliegen, habe ich recht?!
Ich diene Euch seit einem halben Jahr...
Iss ruhig.
Braver Junge.
... und habe immer mein Bestes gegeben.
Du riechst so gut.
Piep! Pie Pie Piiiep!
Danke fürs Wecken...
FLAPP FLAPP
Ahaha...
Sie ist schon zu.
Und jetzt heißt es »Auf Wiedersehen«...!

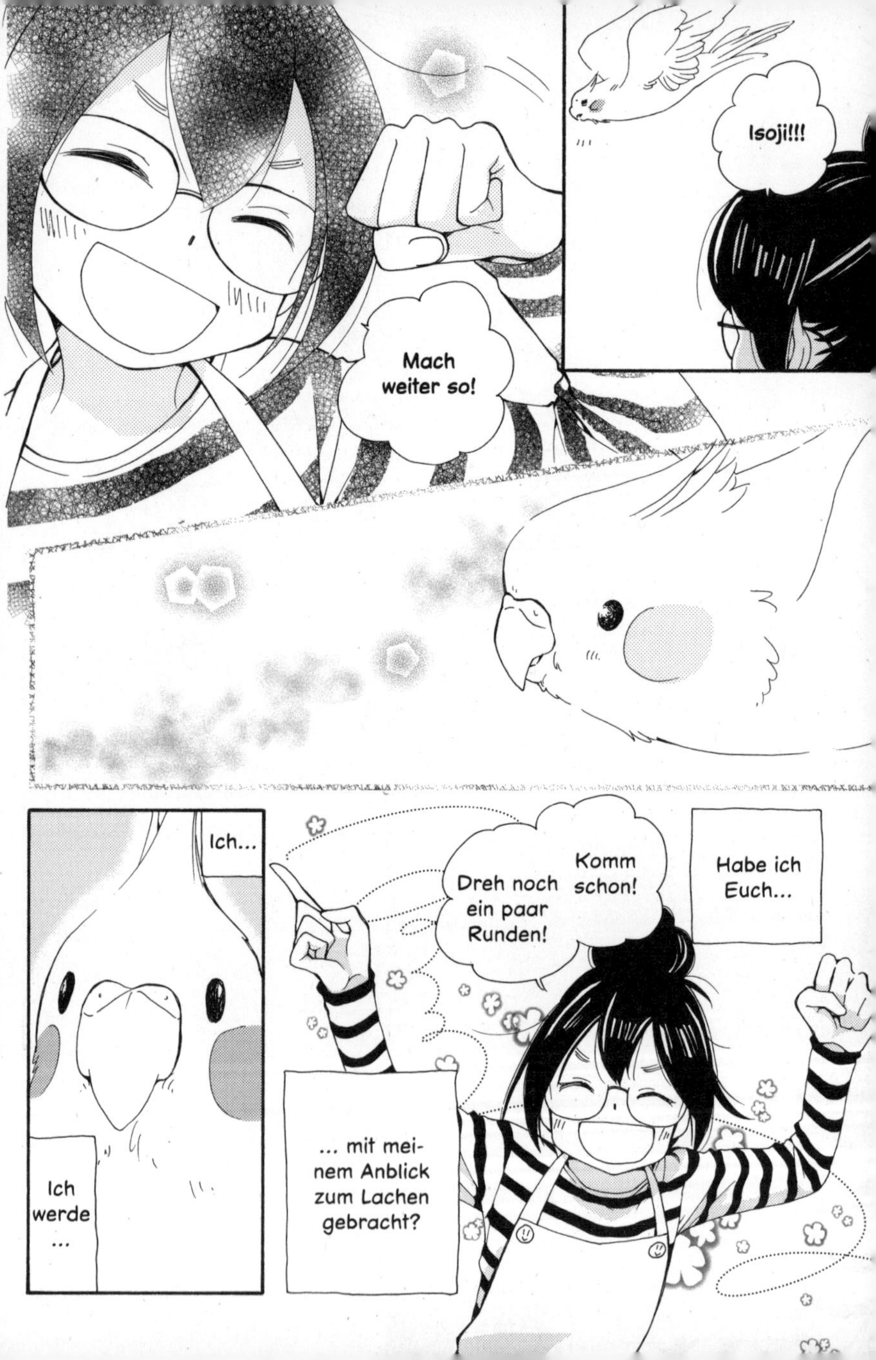
Isoji!!!
Mach weiter so!
Habe ich Euch...
Komm schon!
Dreh noch ein paar Runden!
... mit meinem Anblick zum Lachen gebracht?
Ich...
Ich werde ...

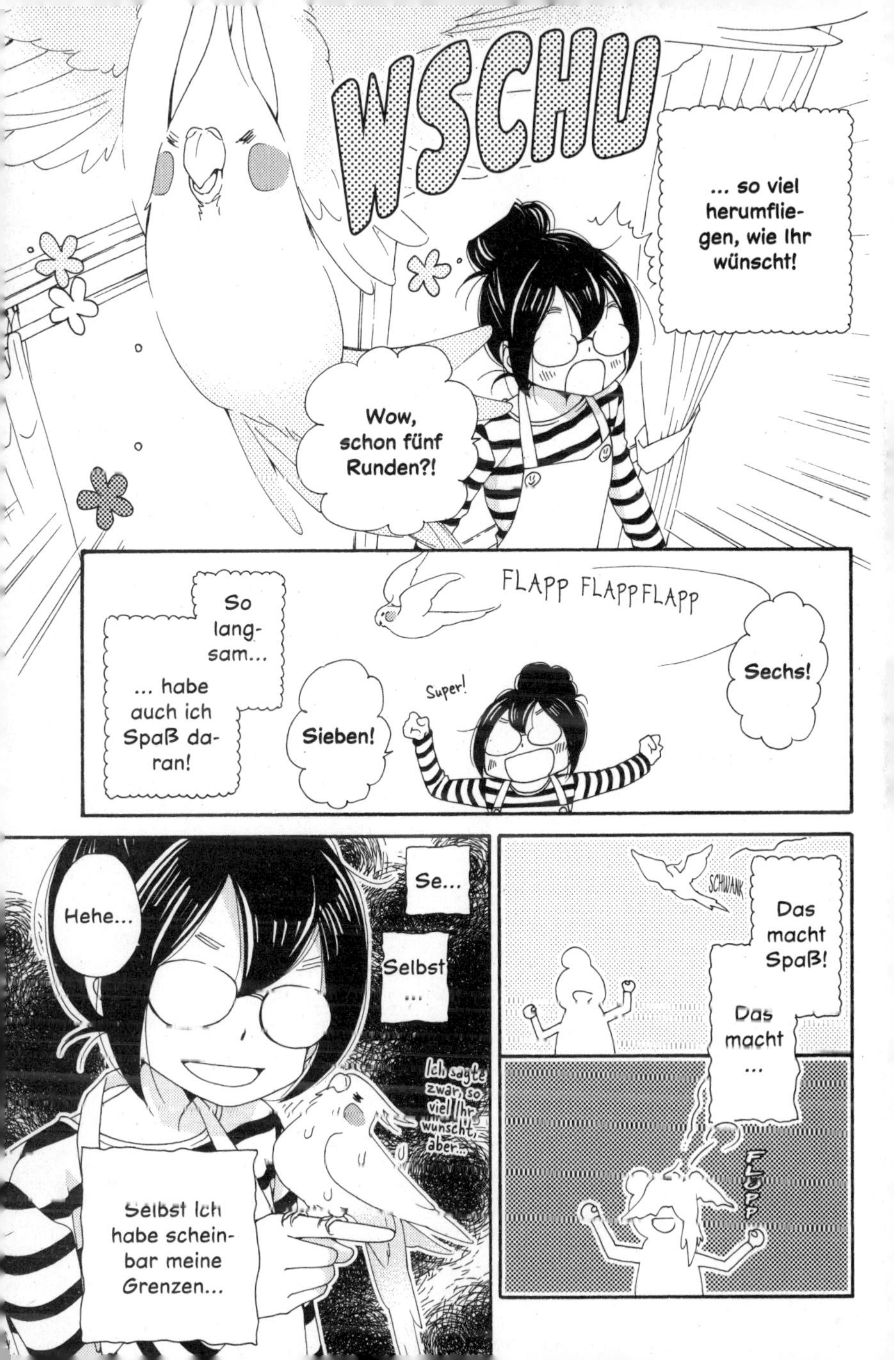
WSCHU
... so viel herumfliegen, wie Ihr wünscht!
Wow, schon fünf Runden?!
FLAPP FLAPP FLAPP
Sechs!
Super!
Sieben!
So langsam...
... habe auch ich Spaß daran!
SCHWANK
Das macht Spaß!
Das macht ...
FLOPP
Se...
Selbst ...
Hehe...
Ich sagte zwar, so viel Ihr wünscht, aber...
Selbst Ich habe scheinbar meine Grenzen...

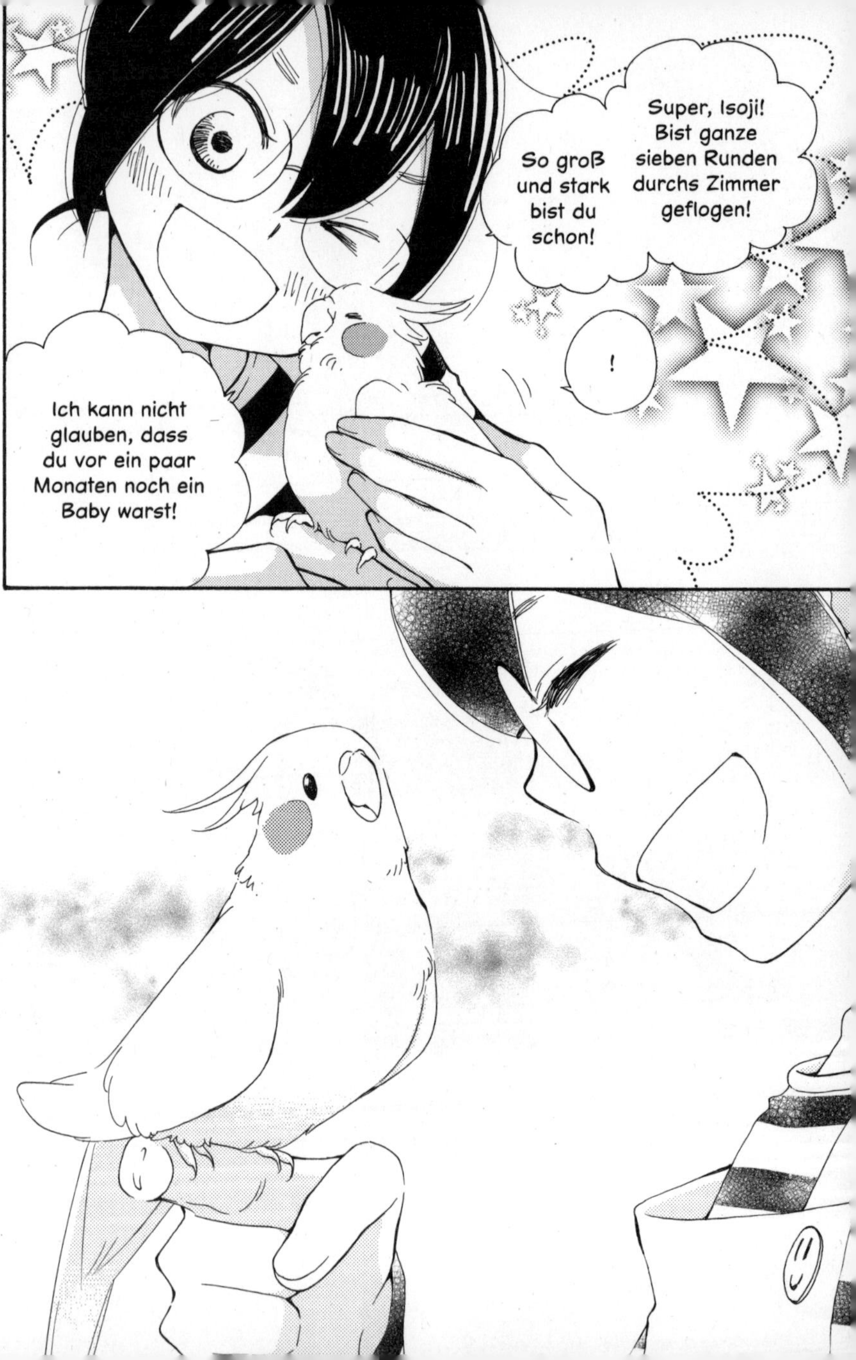
Super, Isoji! Bist ganze sieben Runden durchs Zimmer geflogen!
So groß und stark bist du schon!
!
Ich kann nicht glauben, dass du vor ein paar Monaten noch ein Baby warst!

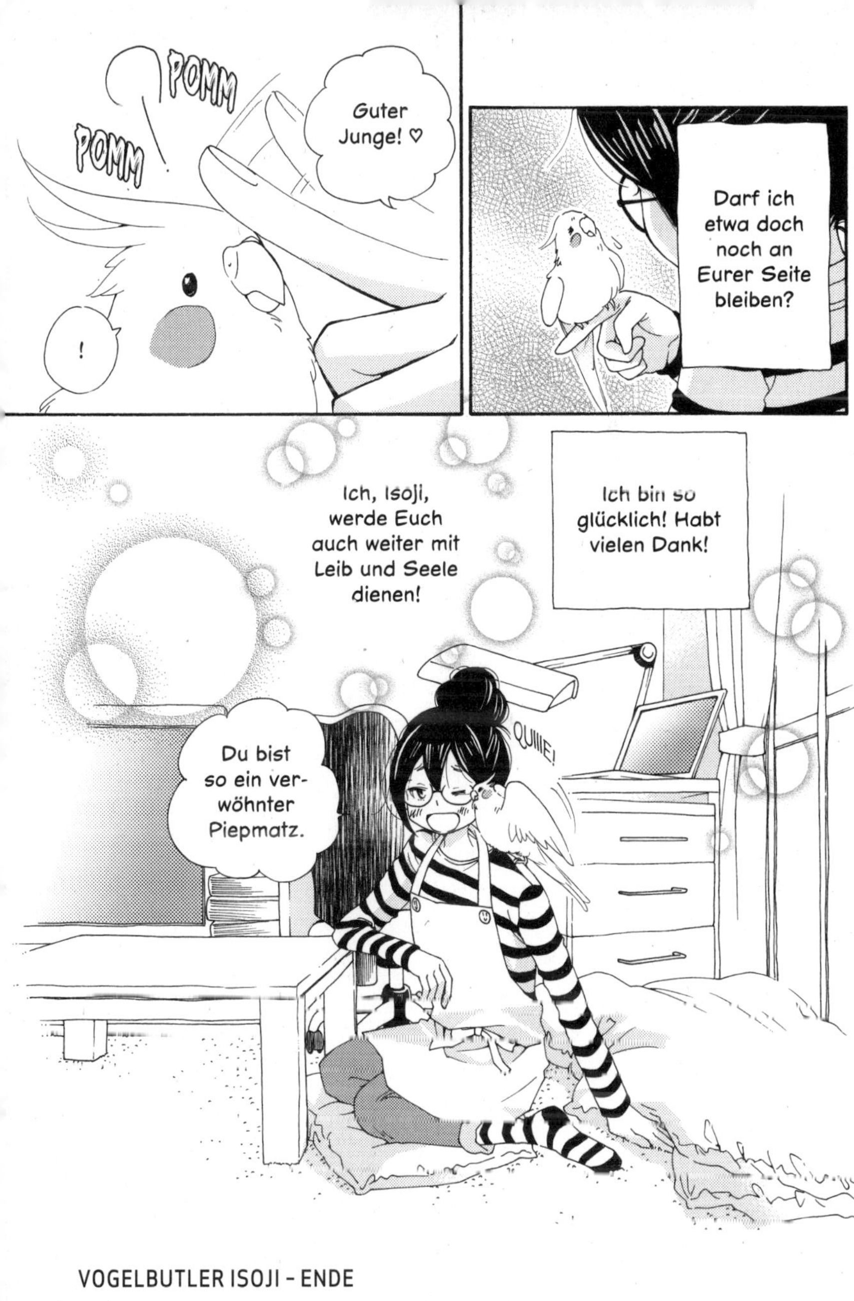


VOGELBUTLER ISOJI – ENDE

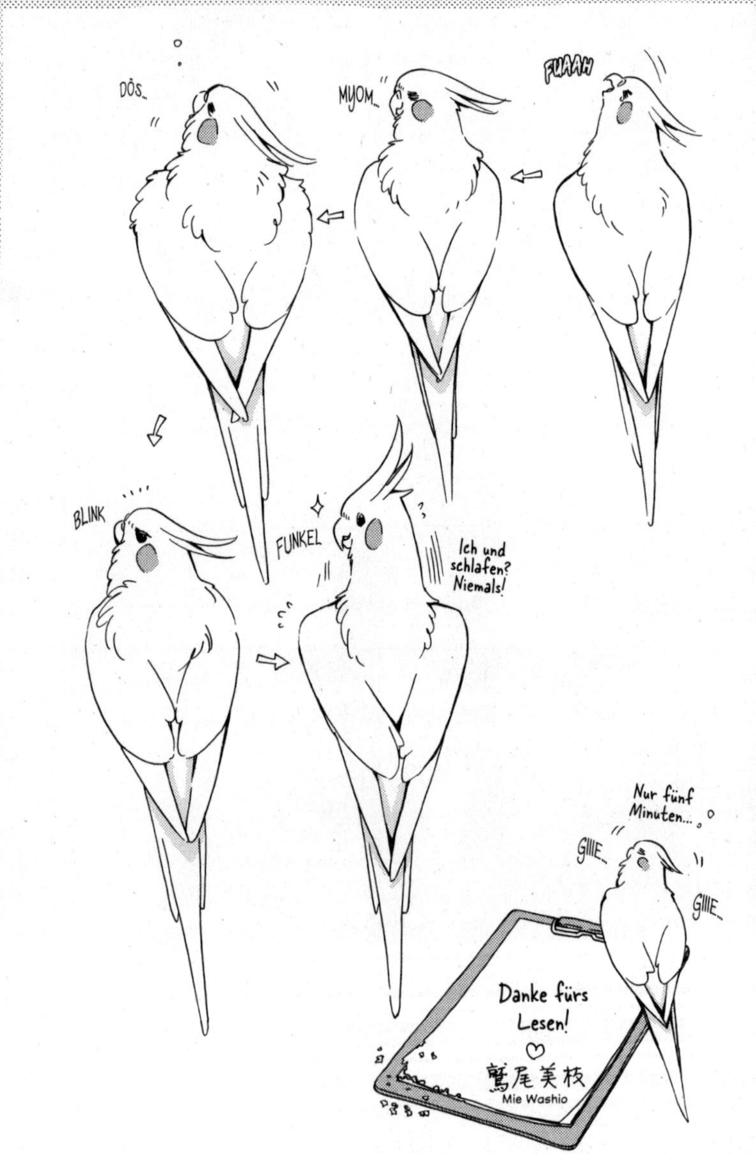
FUAAH
MYOM...
DÖS...
BLINK
FUNKEL
Ich und schlafen? Niemals!
Nur fünf Minuten...
GIIIE...
GIIIE...
Danke fürs Lesen!
鷲尾美枝
Mie Washio

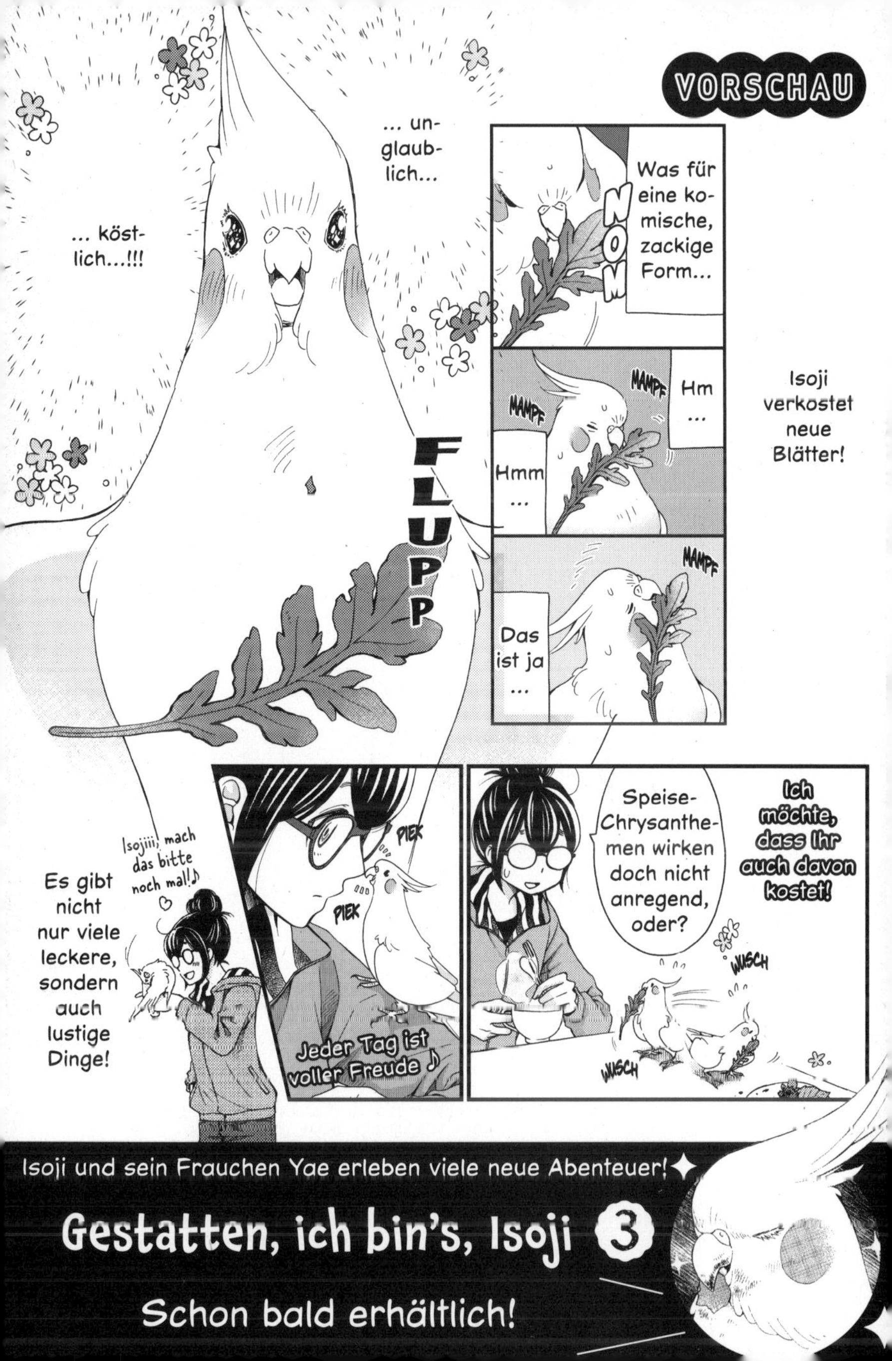
VORSCHAU
Was für eine komische, zackige Form...
NOM
MAMPF
Hm ...
MAMPF
Hmm ...
Isoji verkostet neue Blätter!
MAMPF
Das ist ja ...
... unglaublich...
... köstlich...!!!
FLUPP
Ich möchte, dass Ihr auch davon kostet!
Speise-Chrysanthemen wirken doch nicht anregend, oder?
WUSCH
WUSCH
PIEK
PIEK
Jeder Tag ist voller Freude ♪
Isojiii, mach das bitte noch mal!♪
Es gibt nicht nur viele leckere, sondern auch lustige Dinge!
Isoji und sein Frauchen Yae erleben viele neue Abenteuer!
Gestatten, ich bin's, Isoji 3
Schon bald erhältlich!

# HALT!

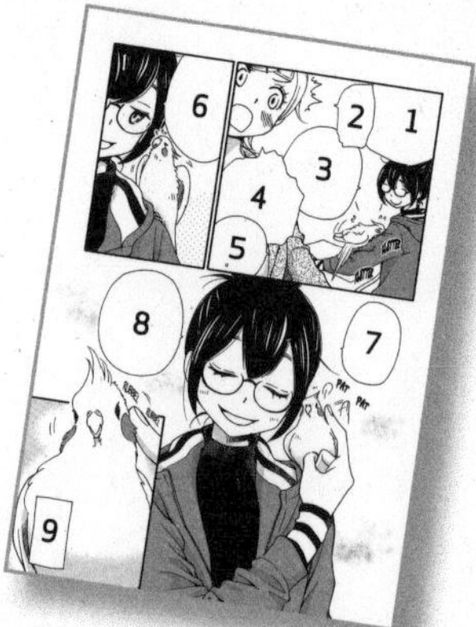


**GESTATTEN, ICH BIN'S, ISOJI** ist eine japanische Serie, und in Japan wird von hinten nach vorn umgeblättert und von rechts oben nach links unten gelesen.

## Wir wünschen viel Spaß mit Isoji und Yae!




Völckersstraße 14-20, 22765 Hamburg
Aus dem Japanischen von Katarina Rinas
TORINO, ISOJI SAN

First published in Japan in 2017 by Flex Comix Inc.
German translation rights arranged with BookLive Co., Ltd. through Tuttle-Mori Agency, Inc., Tokyo
Redaktion: Petra Lohmann
Produktionsmanagement: Wiebke Düsedau

ISBN: 978-3-551-71088-8



**Wir produzieren nachhaltig**

- Klimaneutrales Produkt
- Papiere aus nachhaltigen und kontrollierten Quellen
- Hergestellt in Europa

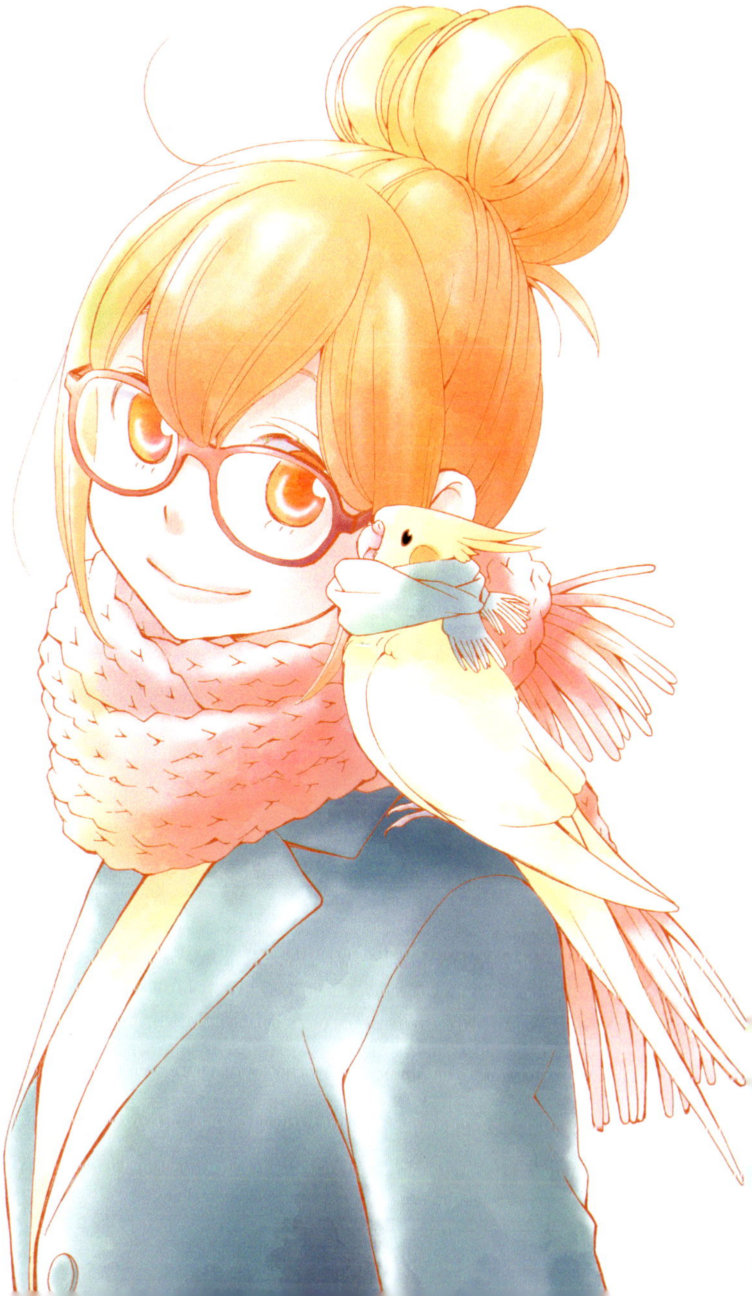

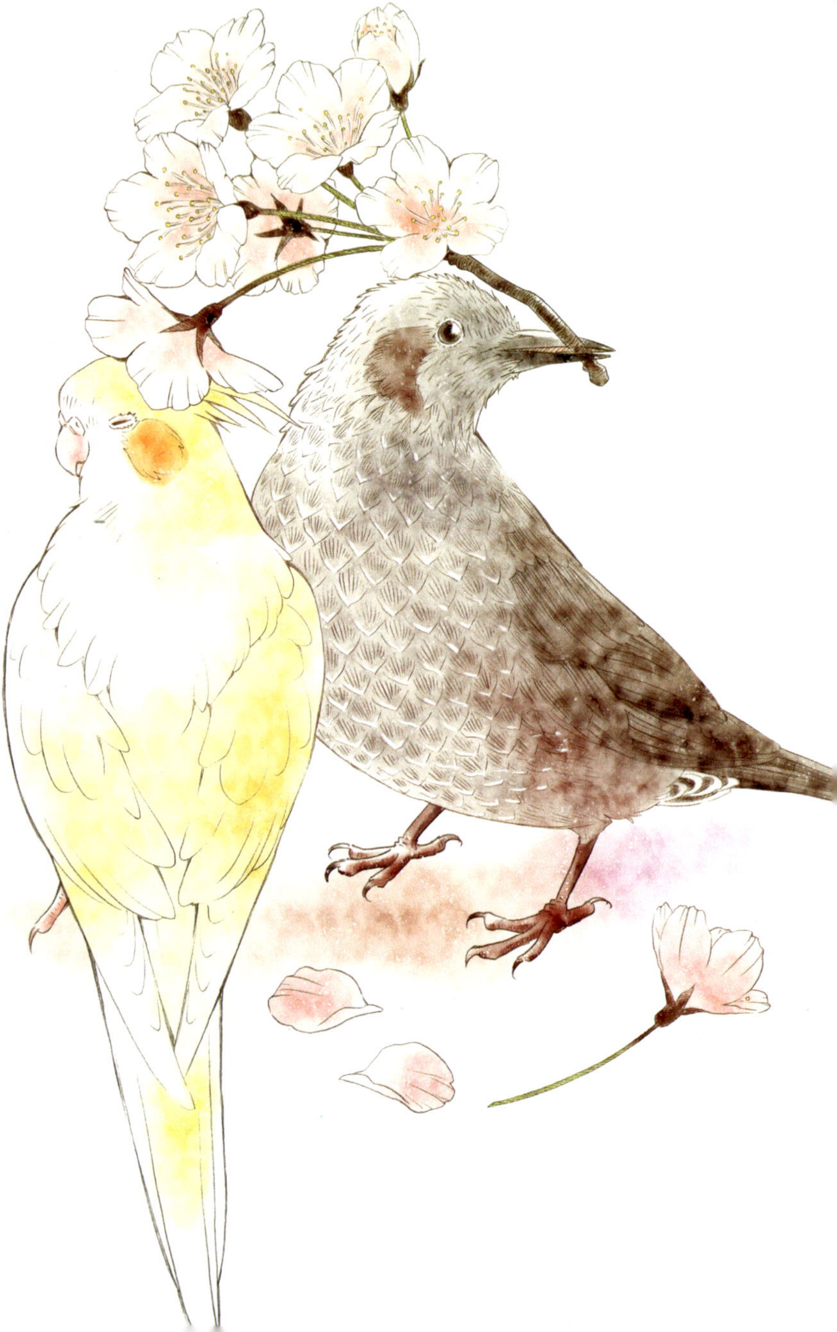